竞争性商品价格规制研究

Jingzhengxing Shangpin Jiage Guizhi Yanjiu

陈红霞　著

西南财经大学出版社

中国·成都

图书在版编目(CIP)数据

竞争性商品价格规制研究/陈红霞著. 成都:西南财经大学出版社,2021.11
ISBN 978-7-5504-5106-3

Ⅰ.①竞… Ⅱ.①陈… Ⅲ.①商品价格—物价管理—研究 Ⅳ.①F714

中国版本图书馆 CIP 数据核字(2021)第 209635 号

竞争性商品价格规制研究

陈红霞 著

责任编辑:乔雷
责任校对:张博
封面设计:张姗姗
责任印制:朱曼丽

出版发行	西南财经大学出版社(四川省成都市光华村街55号)
网 址	http://cbs.swufe.edu.cn
电子邮件	bookcj@swufe.edu.cn
邮政编码	610074
电 话	028-87353785
照 排	四川胜翔数码印务设计有限公司
印 刷	四川煤田地质制图印刷厂
成品尺寸	170mm×240mm
印 张	15.75
字 数	256 千字
版 次	2021 年 11 月第 1 版
印 次	2021 年 11 月第 1 次印刷
书 号	ISBN 978-7-5504-5106-3
定 价	88.00 元

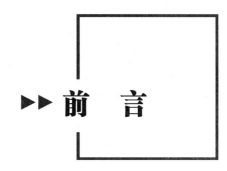

▶▶ 前　言

　　改革开放 40 多年来，价格体制改革始终是我国经济体制改革的关键领域之一，其基本目标是形成和完善市场化的价格形成机制，充分发挥市场在资源配置中的决定性作用。党的十八大以来，价格体制改革已经成为我国推动国家治理现代化的重要内容，党的十八届三中全会通过的《中共中央关于全面深化改革若干重大问题的决定》，将"完善主要由市场决定价格的机制"作为"加快完善现代市场体系"的重要内容。党的十九大再次将价格机制改革置于"加快完善社会主义市场经济体制"这一重大历史任务的核心位置。

　　为了建立由市场决定价格的机制，我国价格体制改革始终坚持"放管结合"，即一方面坚持以"放"为主，逐步加快价格放开的步伐，发挥"无形之手"的调节作用，使各种市场主体可以根据市场供求、成本变化和宏观经济情况自主决定价格；另一方面始终没有放弃发挥"管"的职责，逐步完善价格监督管理体制机制，发挥"有形之手"的规制作用，既包括对非竞争性商品价格的规制，也包括对竞争性商品价格的规制。

　　但是在实践中，无论是实践界还是学术界关于竞争性商品价格规制的争议都较多，学者们认为竞争性商品价格规制是政府对微观经济行为的干预，不仅会导致市场扭曲而且会导致商品质量下降；不仅会增加交易成本而且会耗费大量的公共资源，且效果无法检验。因此，学术界对竞争性商品价格规制的关注较少，较多关注的是非竞争性领域价格规制的合理性和合适性，即规制的必要性和有效性。

然而，竞争性商品价格规制已经是一种客观的、普遍存在的经济现象，即便是奉行自由竞争市场经济的国家也纷纷出台法律，对价格机制进行适度调控和干预，以弥补价格机制自发调节的不足。事实上，由于公共领域与市场领域、私人领域的边界发生了巨大的变化，其内涵、外延都已经不再清晰，因而也很难划分竞争性商品和非竞争性商品，盲目地排斥政府对竞争性商品价格的规制已经不合时宜。

所以，部分学者开始认真思考竞争性商品价格规制问题，支持政府的行为，认为政府对竞争性商品价格的适当干预能够推动市场更好更平稳运行，能够促进资源更有效配置，甚至能提升企业经营效率。但总体来看，现有的研究成果对竞争性商品价格规制的解读还是宏观的、抽象的、粗线条的，既未能提供统一的、符合逻辑的、可运用的逻辑框架，也未能在微观层面解释各种因素是如何相互作用的。

法经济学视各种制度（包括非正式制度）为经济发展的内在变量，重点研究各种制度对经济运行的影响，进而对各种具体制度的合理性进行评估，提出改进的建议。运用法经济学基本理论解释与竞争性商品价格规制相关的问题，有利于对竞争性商品价格规制进行系统反思，为完善竞争性商品价格规制提供有效的对策与建议，为理解价格规制提供新的视角，以及有利于揭示竞争性商品价格规制的内在属性和特殊规律。

为此，本书基于法经济学的基本假设对竞争性商品价格规制进行较为系统和全面的讨论，认为市场参与者的理性是有限的，在追求效用最大化的过程中存在机会主义行为，这种机会主义行为必然导致价格偏离帕累托标准水平，进而造成价格机制失灵。为了避免这种偏离造成资源配置效率低下，必须通过特定的制度设计纠正价格机制失灵，发挥"有形之手"的作用，推动市场价格机制恢复功能。

围绕上述假设，本书在以下几个方面进行了重点尝试。

构建竞争性商品价格规制经济学分析的基本逻辑。由于有限理性、信息不完全、机会主义行为等因素的存在，价格机制运行需要付出成本，当这一成本高于一定水平时，就会出现价格失灵的现象，市场交易难以达成，市场活动的效率也会逐步下降，甚至会停滞。为此，需要通过"有形之手"降低价格机制运行成本，恢复价格调节市场供需的功能，进而恢复市场活动效率。由于价格机制可以分为价格形成机制和价格调节机制，前者与市场参与者的行为有关，后者则与价格信号的调节功能有关，因此，对竞争性商品价格规制的分析可以从价格行为规制和价格水平规制两个方面来进行。

厘清竞争性商品价格行为规制的发生机制和作用机理。根据法经济学的理论假设，在价格形成过程中，交易中掌握更多信息的一方如果利用自己的信息优势采取一些投机行为，就会极大地增加信息弱势一方的交易成本，当这个成本大到一定程度时就会影响交易的达成；当这种行为成为普遍现象时，整个市场交易效率就会下降甚至停滞。对竞争性商品价格行为进行规制，通过强制信息公开、提高机会主义行为的成本等方式，可以减少因信息不对称和机会主义带来的交易成本的提升，从而维护市场价格形成机制的正常运行。

厘清竞争性商品价格水平规制的发生机制和作用机理。价格调节功能的实现过程可以被看成一定的价格信号下的市场参与者的一系列决策过程，而决策过程不受市场环境的不确定性影响，市场环境的不确定性直接通过价格信号反映出来。当价格信号波动幅度超出预期时，市场环境的不确定性就会迅速增加，引起市场参与者决策的机会成本不确定性增加，进而拉升市场参与者的决策成本。当决策成本高于一定限度时，就会出现"迟滞决策"现象，即市场参与者将会延迟进入或退出市场，市场将会维持现有发展趋势，价格调节功能失灵。对竞争性商品价格水平进行规制，目的是降低市场环境的不确定性和降低机会成本的不确定性，进而降低决策成本，恢复价格调节功能。

梳理竞争性商品价格规制效率的分析思路。竞争性商品价格规制的成本包括决策成本、执行成本、监督成本和机会成本，但收益在价格行为规制和价格水平规制中表现得并不完全一致。在价格行为规制中，收益表现为具体市场参与者利益点的实现；而在价格水平规制中，收益则表现为社会福利的增加，当然这仅仅是一种相对的表现形式。笔者通过分析还发现，竞争性商品价格行为规制和水平规制的成本收益均呈现出边际特征：一方面当政府对某种竞争性商品价格进行有效规制时，这种商品的每一次交易所增加的社会福利或对某种不正当价格行为处理所带来的社会福利是递减的，符合边际递减规律；另一方面，随着交易活动的增加或价格执法活动的增加，某种商品价格规制的边际成本或执法的边际也呈现出先递减后递增的趋势，边际成本曲线呈现出 U 形。

为了将上述讨论建立在我国具体实践的基础上，本书专门回顾了我国竞争性商品价格规制的建立、完善的过程和成效，并以降低价格规制成本是否明显、降低价格机制运行成本是否明显或社会福利增加是否明显等作为评价标准，对我国现有竞争性商品价格规制存在的问题进行了分析。在此基础上建议瞄准降低交易成本、降低规制成本、增加社会福利的目标，进一步完善我国的相关制度措施。

当然，本书还存在诸多不足，相关问题的分析仍然停留在宏观的逻辑建构层面，缺乏实证分析和量化分析，需要进一步完善相关内容，引入新的分析方法。

陈红霞
2021 年 9 月

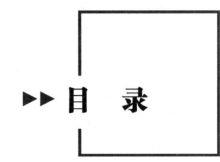

目 录

竞争性商品价格规制研究

1 | 绪 论

　　或被视为微观的商品价值的货币表现，或被看作宏观的供求关系信号，价格始终被视为市场活动的产物，科学合理的价格机制是成熟的市场经济的重要表现。只要完全竞争市场的条件被满足，价格这只"无形之手"就能够实现资源配置的最优化和社会福利的最大化。任何对完全竞争市场的干扰，都会干扰价格机制发挥作用，使得价格不能正确反映供求关系，进而影响资源配置的效率。但价格并不是一种消极的存在，相反，价格本来就是通过调节市场主体行为而发挥作用的，价格不仅能够塑造市场主体的行为，最大程度地发挥有限资源的效用，而且会直接或间接地释放市场的消极力量，打破供需之间的平衡。由此可见，自由放任并不构成完全竞争市场的充分条件，"无形之手"失灵也会成为一种常态，需要发挥"可见之手"的价格调节作用。

　　作为一种市场监管手段，价格规制已经成为我国经济体制和政府调控手段的重要组成部分，规制范围不仅包括公共产品和公共服务价格，还包括竞争性商品价格。竞争性商品价格规制也被视为优化资源配置、维护民众利益的重要手段，可以实现"公平"和"效率"的统一。然而，对竞争性商品价格进行规制并没有被普遍接受。学者普遍认为，政府与市场有着各自发挥作用的领域，政府是公共领域利益的代表，而市场机制则调节自由的理性人的行为。政府价格规制应仅限于非竞争性的公共产品和公共服务领域，而对竞争性商品价格进行规制则违背了市场机制的内在要求，影响了资源的配置效率。但这种担忧并不是否认市场对"公平"这一价值的追求，而是不确定能否科学确定这种规制的边界，也不确定这种规制的效用。因此，需要在成本—效率分析框架下，分析价格规制能否以及如何提升资源配置效率，并找到规制适用的边界。

法经济学范式是运用经济学的概念和方法研究法律及各种规制问题的一种范式，其关注制度背后的经济逻辑，可以为理解竞争性商品价格规制提供新的视角。运用法经济学对竞争性商品价格规制进行分析，可以了解这种规制是否有利于克服市场失灵，最大限度地提升资源利用效率，并切实扩大社会总体福利，为评价竞争性商品价格规制的成效、发现其中的问题并进一步改进提供重要的依据。本书从政府是否应该对竞争性商品价格进行规制这一经常被讨论的问题入手，分析其合理性，即竞争性商品价格规制的内在逻辑；分析其工具性，即现实的规制能否恢复价格机制对竞争性商品供需的自发调节；分析其有效性，即经过成本—收益分析评估规制措施是否增加了社会福利。此外，本书还探讨了现有的竞争性商品价格规制的不足及改进方向。

1.1 问题的提出和研究的意义

1.1.1 问题的提出

改革开放40余年来，作为我国经济体制改革的重要内容和关键领域，价格体制改革始终同整个改革和经济发展的需要相联系，价格不改革，经济发展就会遇到很多障碍，经济体制改革就难以全面深入。虽然改革初期的目标是为了进一步完善计划经济体制下的价格管理制度，而现在则是为了完善中国特色社会主义市场经济体制，但总体来看，我国价格体制改革的总方向始终没变，即努力恢复价格的基本功能——市场信号、资源配置、调节收入、市场竞争等，形成市场化的价格形成机制，为发挥市场在资源配置中的决定性地位奠定核心基础。2013年11月，中共中央出台了《中共中央关于全面深化改革若干重大问题的决定》，就"完善主要由市场决定价格的机制"作出具体部署，要求政府不得不当干预市场形成价格，即便是水电油气领域也要放开竞争性环节。党的十九大报告再次将"价格反应灵活"作为完善的社会主义市场经济体制的重要内容和标准。

回顾我国价格体制改革历程，总体上是以"放"为主、"调""管"为辅。改革开放初期，以"调"为主，即为了解决价格管理中管得过多、统得过死、监督不力等问题进行调整和改革，目标是"完善计划价格形成，提供物价工作的科学性"，重点是建立"计划为主、市场为辅"的价格形成机制。党的十四大以后，价格管理体制改革进入了以"放"为主的阶段，即进一步放开价格管理，着力建立以市场形成为主的价格机制。这种"机制"即"无形之手"，允许各种市场主体根据商品的供需状况、生产成本变化和宏观经济波动自主决定商品价格，自发地调节经济，使价格趋向于价值，使供求关系趋向于平衡，从而较好地发挥价格调节财富分配、优化资源配置、平衡商品供求和进行价值核算等各项功能。与计划经济体制下的集中管理的价格机制不同，市场化的价格机制是一种分散性的机制，能够把利益分配、资源优化、信息传递等市场运行的关键环节有机地连接在一起，自动且灵敏地调节市场供需。

以"放"为主的价格管理机制改革思路高度相信市场的力量，认为由市场的供求关系决定价格，能够实现资源的最优配置，进而自动地实现经济的均衡稳定增长。这种理念来自西方经济学传统。西方经济学中，无论是古典学派还是边际学派、制度学派，都将完全自由的市场条件作为价格运行机制的前提。这种理想的完全自由的市场包括以下条件：所有的市场主体都是理性的，且是同质的；市场竞争是完全的；信息传递是无代价的；市场交易成本为零。正是因为如此，市场价格机制排除了任何形式的政府干预，尤其是要防止计划价格机制对价格信号的扭曲，破坏价格机制自发调节功能，无法使企业的边际成本等于边际效益，无法使市场达到均衡与出清的状态，也就无法达到资源配置的最优状态。

但在实践中，信息充分且无偿、零交易成本以及市场主体同质化等假设是不存在的，价格机制也无法自动地导致市场均衡。为此，在我国价格体制改革过程中，我国政府除了坚持"放"这个主基调外，始终没有放弃"管"这个"有形之手"的作用，只是随着时间的推移，"管"的对象、范围、原则和形式在不断调整。这种"管"就是价格规制，既包括非竞争性的公共产品和公共服务的价格规制，也包括竞争性商品的价格规制。根据《中华人民共和国价格法》，"管"主要针对与国民经济发展和人民生活关系重大的极少数商品、资源稀缺的少数商品、自然垄断经营的商品、重要的公用事业、重要的公益性服务等垄断行业的规制，实行政府指导价或者政府定价。政府对电力、通信、油气、铁路等垄断产业价格进行规制，主要是为了在市场机制容易失效的领域提高资源配置的有效性和公平性，维护社会公平和经济的可持续发展。由于市场机制失灵已经被普遍接受，因而政府对垄断产业价格进行规制也获得了普遍的认可。

然而，虽然针对竞争性商品价格进行规制的做法事实上普遍存在，但仍然存在争议。反对规制的观点包括：一是认为政府不应该直接干预微观市场主体的价格行为，即便是对价格倾销等行为。因为随着新经济的出现，政府无法证明企业定价是否合理，同时，价格高低并不意味着市场机制失灵。在此情况下，如果政府贸然对微观市场进行干预必然会导致市场扭曲，增加市场的不公平程度①。二是认为政府价格规制不仅会导致市场供需失衡，而且会导致产品质量下降②。三是认为政府实行价格规制不仅会增加市场的交易成本，而且自身也会耗费大量的费用，规制的总成本会远远超过规制带来的效益③。四是认为无论是限制最低价还是限制最高价，价格规制都会引起市场混乱。如1998年原中国民航总局的"禁折令"不仅未能统一市场、扭转全行业亏损的局面，反而导致了民航市场秩序空前混乱，甚至影响航空安全④。五是认为价格规制的效果无法得到检验。如政府在房地产领域的种种限价行为，成效并不显著，导致了社会和学术界均对直接干预房地产价格的有效性产生怀疑。

也有不少学者为竞争性商品的价格规制进行了辩护。如科登（Corden W M）认为，政府对价格的干预能够使市场更好更平稳地运行，进而对因价格竞争地位发生变化而受到影响的人或集团提供援助，从而稳定社会⑤。但绝大

---

① 李怀. 政府微观价格管制行为的误区：最低限价为什么不可行 [J]. 中国国情国力，2001（1）：17-18.

② 高鸿业. 西方经济学 [M]. 北京：中国人民大学出版社，2004.

③ 徐小青. 政府限制价格的经济学分析：对传统教科书中"短缺"程度的质疑 [J]. 广东商学院学报，2002（4）：13-17.

④ 方敏. 中国民航业价格管制的经济学思考：兼评中国民航总局的"禁折令" [J]. 价格理论与实践，2003（2）：43-45.

⑤ 汪雯健. 行政限价的运用与思考 [J]. 现代商业，2009（2）：175-176.

多数论证的视角都很宏大，其中从政府职能定位甚至从社会主义社会本质属性出发的论证尤其多。如，有学者认为，政府可以通过价格规制，促进区域均衡发展，缩小收入差距等①。此外，还有学者将价格规制视为对价值规律的自觉运用，认为不应将自觉运用价值规律贬低为行政干预，认为政府价格规制与社会制度有关，私有制下的政府无法自觉尊重价值规律，而公有制下的政府则可以自觉运用价值规律。同时在商品经济不发达情况下，也不应该放弃对市场价格的规制。社会主义国家价格管理机制改革就是通过合理的价格体系，实现在全社会规模上自觉运用价值规律，使价格成为国家有效的调节手段，通过调整重要商品价格水平和控制物价总水平，有效调节国民经济运行②。总体来看，这种观点突出的是价格的价值计量功能，对价格的市场信号作用重视不够，价格不被视为市场的产物，而被视为一种政府的调控手段，随政府战略目标变化而变化。这种观点在 20 世纪 90 年代以前比较流行，之后影响力逐渐减小。

虽然从宏大视角解释竞争性商品价格规制的合理性有一定的道理，但这种解释是宏观的、粗线条的、抽象的，是一种规范解读，不能提供实践的细节，也不能解释竞争性商品价格规制究竟是如何运转的，也无法解释各相关因素具体是如何发生关系的。此外，宏大命题概括性强、覆盖面广，有利于找出事物的一般属性，但很难找出特殊事物的个性特征。用放之四海而皆准的理论解释竞争性商品价格规制的合理性，无法揭示其自身的运行特征，也无法对其进行个性化的评价。为此，我们有必要从微观层面寻找合适的解释角度，对现有的竞争性商品价格规制问题进行解读和评价。法经济学视各种制度（包括非正式制度）为经济发展的内在变量，重点研究各种制度对经济运行的影响，进而对各种具体制度的合理性进行评估，提出改进的意见建议。运用法经济学基本理论解释与竞争性商品价格规制相关的问题，有利于揭示其内在属性和特殊规律。

1.1.2 研究的意义

对竞争性商品价格规制的研究，有利于进一步认识价格机制，厘清政府

---

① 张学鹏. 政府干预价格在市场经济中的作用 [J]. 价格与市场，1996（5）：24-25.
② 张维达. 价格改革的理论基础要坚持劳动价值论 [J]. 江西社会科学，1990（1）：5-10.

与市场的关系，既具有理论意义，又有实践意义，具体包括以下几点。

1.1.2.1　有利于完成对竞争性商品价格规制的理论反思

把竞争性商品价格规制作为一个普遍性问题提出来，一是有利于对竞争性商品价格规制体系进行梳理，进一步完善我国价格规制体系，充实相关内容。二是有利于形成竞争性商品价格规制的一般性理论。与垄断性产品价格规制不同，竞争性商品价格规制应该拥有自身的一般性理论，以利于应对竞争性商品价格规制中的各种问题，提升应对效率。三是有利于加深对市场化的价格机制的总体理解，而不仅仅局限于价格形成理论。

1.1.2.2　有利于完善竞争性商品价格的整体安排

竞争性商品价格规制具有非常强的实践性，但由于这种实践内容更多的是继承了计划经济时代的有关做法，甚至基本的组织实施方式都保留了改革开放初期的痕迹，既有合理之处，又存在一些问题，不仅需要新的理论支持，而且需要重新思考价格规制行为的组织方式。在新的理论指导下，对竞争性商品价格规制进行结构性解读，能够找出现有制度的优点和不足，这既能够完善竞争性商品价格规制，又能够丰富价格规制的内容，提升价格规制的效率。

1.1.2.3　有利于从新的视角理解价格规制

在社会主义市场经济条件下，政府拥有经济调节、市场监管、社会管理和公共服务四大职能，价格规制作为市场监管的有机组成部分，被视为市场机制缺陷的有效补充。但现有的理解是，价格规制是为了维护市场公平，保护市场主体的权利，这是法律的视角。然而，价格规制本身就具有经济属性，所追求的并不仅仅是公平这一价值目标，还包括效率这一目标。这里的效率涉及两个方面，一方面是价格规制本身是否有效，另一方面是价格规制是否能够提升市场交易的效率。两个方面既有差异性又有一致性，价格规制本身的有效性通过市场主体的效率反映出来。从法经济学视角出发，将价格规制过程视为一个经济过程，承认价格规制是能够对市场主体和经济运行产生重要影响的内在变量，通过对价格规制进行成本—收益及经济—效率分析，可以实现对价格规制的效率、效益和公平的综合评价。这一视角和方法有助于更好地理解价格规制的合理性和对价格规制效率进行评估。

1.2 国内外研究综述

1.2.1 国外价格规制研究

1.2.1.1 价格规制的理论研究

有关价格规制的理论构建是从解释政府实践开始的，目标是在自由竞争与政府规制之间建立起合适的理论关系，重点是厘清价格规制的合理性、有效边界和重点方式。

一是关于价格规制合理性问题。Wright C W 虽然承认政府价格规制的困难，但认为价格规制能够有效地抑制垄断的负面影响，并系统地反驳了各种否定价格规制的理论[1]。但此后有关价格规制的合理性的解释——支持或反对的观点，都散落在一些经验性研究成果中。如 Vogelsang I 认为一般的激励措施和价格上限（price-cap）为公共事业监管注入了新的活力。价格上限成功地将降低成本的激励措施与激励更有效的定价结合起来，有助于开放公用事业部门的竞争[2]。Gu Y Q 和 Wenzel T 证明，在双寡头垄断的情况下，价格规制能够带来更透明的定价，推动生产要素转向效率更高的低成本的公司，从而增加社会福利[3]。当然，也有一些研究力图证明某些特殊行业的价格规制是无效的。

二是关于价格规制的适用范围。Simpson F R 通过研究 1934 年美国最高法院支持纽约州政府干预牛奶价格以及森夏恩无烟煤判例（The Sunshine Anthracite Coal Case）指出，虽然自古以来，价格规制就被视为仅限于与公共利益有关的（affected with a public interest）产业领域，即公共事业（public utility）领域，但随着时间的推移，对于价格控制法律法规（price-control

① Wright C W. The economics of governmental price regulation some objections considered [J]. American Economic Review, 1913, 3 (1): 126-142.

② Vogelsang I. Incentive regulation and competition in public utility markets: A 20-year perspective [J]. Journal of Regulatory Economics, 2002, 22 (1): 5-27.

③ Gu Y Q, Wenzel T. Consumer confusion, obfuscation and price regulation [J]. Scottish Journal of Political Economy, 2017, 64 (2): 169-190.

legislation）而言，公共事业的概念已经扩大了，传统的公共事业的概念（the utility concept）的重要性已经被大大降低了，由于自由裁量权的扩大，法律对产业的自由定价的保护逐步减弱，民意（polls）而不是法院（court）才是决定某个产业是否是公共产业的最终力量①。Jones H F 认为 1941 年美国最高法院关于奥尔森诉内布拉斯加州案的判决，延续了 1934 年的 Nebbia 案（即纽约州政府干预牛奶价格案）的趋势，给了传统的公共事业（the public utility）的概念一个致命的打击，旧的公共事业概念是一去不复返了②。总体来看，价格规制的适用范围经历了从确定到不确定、从明确到不明确的过程，其原因在于"公用事业"的内涵和外延发生了巨大变化，对"公共事业"的理解不仅受到市场实践、法律规定的影响，而且还受到政治因素的影响，边界不再清晰。

三是关于价格规制的方式。学者们尤为关注最高限价的研究，如 Lyon T P 和 Toman M A 研究了最高限价机制对天然气供应和运输服务费率规制的适用性，认为综合了价格和利润的运输费用规制不仅能够提高配置效率，而且能极大地刺激企业提高生产效率③。Engel C 和 Heine K 通过实验模型证明了最高限价存在消极的一面，认为最高限价建立了一种交易条件：监管机构依法在事先确定的点上进行干预且只能限制价格上限，而公司通过社会化的创新来证明价格规制是合理的，但如果监管机构实施了过于慷慨的最高限价，就会被企业所利用，进而严重损坏社会利益④。Okumura Y 重点分析了最高限价变化的福利效应，认为即使价格上限高于竞争价格，价格上限的降低也可能对社会有害⑤。关于盈利率规制的研究较少。Doherty N A 研究了盈利率规制

---

① Simpson F R. Price regulation and the public utility concept: The sunshine anthracite coal case [J]. Journal of Land and Public Utility Economics, 1941, 17 (3): 378-379.

② Jones H F. Price regulation and the public utility concept: Olsen v. Nebraska [J]. Journal of Land and Public Utility Economics, 1942, 18 (2): 223-225.

③ Lyon T P, Toman M A. Designing price caps for gas-distribution systems [J]. Journal of Regulatory Economics, 1991, 3 (2): 175-192.

④ Engel C, Heine K. The dark side of price cap regulation: A laboratory experiment [J]. Public Choice, 2017, 173 (1-2): 217-240.

⑤ Okumura Y. Asymmetric equilibria under price cap regulation [J]. Journal of Economics, 2017, 121 (2): 133-151.

与公平收益率的关系①。Sysuyev R 证明了通过联营的方式，使得在美国农村地区盈利率规制和最高限价两种价格规制方式都能运行，且能提高市场效率②。还有学者提出了其他价格规制形式，Wittmann N 证明价格税是一种可行的价格规制方法，通过征收边际利润税，能够使价格规制成为一种强有力的手段，解决不充分竞争带来的问题，获得更有效的市场结果③。

三是关于价格规制的影响因素。Baron D P 先后讨论了信息不对称（asymmetric information）④ 和信息不充分（incomplete information）⑤ 条件下价格规制、产品质量之间的关系。Duarte J 和 Han X 等探讨了监管公平披露（regulation fair disclosure）对企业信息环境和资本成本的影响，认为监管会增加公司的资本成本⑥。Basso L J 等研究了信息不对称情况下限制价格和限制产量两种规制方式对垄断企业的价格和产量的影响⑦。

1.2.1.2　价格规制对市场行为的影响

作为一种重要的变量，价格规制的效果要通过其最终的影响（impact）体现出来。价格规制的影响主要涉及以下几个方面的内容。

一是价格规制与投资（investment）。Teisberg E O 的研究解释了在规制不确定的情况下，被规制的公司为什么会延迟投资或者投资规模较小、短期效益明显的技术，并证明了静态模式下的补贴方式无法激励动态模式下被规制公司的投资积极性⑧。Gerlach H 和 Zheng X M 研究了最高限价是如何影响能

①　Doherty N A. Retroactive price regulation and the fair rate of return ［J］. Insurance Mathematics & Economics, 1987, 6（2）：135-144.

②　Sysuyev R. Pooling, a missing element in the rate of return and price cap regulation debate：A comparison of alternative regulatory regimes ［J］. Information Economics and Policy, 2013, 25（1）：1-17.

③　Wittmann N. Regulating gasoline retail markets：The case of Germany ［J］. Economics-the Open Access Open-Assessment E-Journal, 2014, 8（2）：15-18.

④　Baron D P. Price regulation, product quality, and asymmetric information ［J］. American Economic Review, 1981, 71（1）：212-220.

⑤　Baron D P. Regulation of prices and pollution under incomplete information ［J］. Journal of Public Economics, 1985, 28（2）：211-231.

⑥　Duarte J, et al. Information asymmetry, information dissemination and the effect of regulation FD on the cost of capital ［J］. Journal of Financial Economics, 2008, 87（1）：24-44.

⑦　Basso L J, N Figueroa, J Vasquez. Monopoly regulation under asymmetric information：Prices versus quantities ［J］. Rand Journal of Economics, 2017, 48（3）：557-578.

⑧　Teisberg E O. Capital-investment strategies under uncertain regulation ［J］. Rand Journal of Economics, 1993, 4（4）：591-604.

一
绪
论

源企业投资绿色能源的，认为单纯地对绿色能源实行最高限价无法有效刺激电力企业投资绿色能源①。

二是价格规制与质量（quality）。早在 1970 年，Spechler M C 就专门研究了苏联的价格和质量监管②，后来学者们专注于垄断情况下价格规制与质量管理、产量管理的关系③。从学者们的研究成果来看，不同行业的企业应对价格规制所采取的行为并不一致，在有些行业，企业面对价格规制时致力于改进产品质量。Ma C A 认为在不完全竞争的市场中，企业会通过质量和价格两种办法来争夺客户以应对价格规制，简单的价格规制可能会导致价格下降和质量提高，进而导致了一个社会的最优的质量水平④。

三是价格规制与生产率（productivity）。Appelbaum E 和 Berechman J 在 1991 年研究了价格规制对以色列公共汽车运输部门成本效率（生产率）的增长率的影响⑤。Filippini M 等对斯洛文尼亚供水产业生产效率进行了估算，认为现有的价格规制不能刺激供水产业的生产效率，并建议建立一个基于激励的价格调节机制以提高斯洛文尼亚供水产业的绩效⑥。Seo D 和 Shin J 探讨了最高限价（PCR）和其他形式的激励监管对传统盈利率规制的替代对美国电信行业的生产率增长的影响，认为最高限价对电信行业生产率有显著和积极的影响⑦。

四是价格规制和效率（efficiency）。Devany A S 较早建立了价格和准入受到规制的行业的产能利用率模型，证明了被规制企业的产能利用率、产出和成本是由规制机构的政策、消费者时间的价值和其他外生变量共同决定的。

---

① Gerlach H, Zheng X M. Preferences for green electricity, investment and regulatory incentives [J]. Energy Economics, 2018, 69: 430-441.

② Spechler M C. Decentralizing soviet economy-legal regulation of price and quality [J]. Soviet Studies, 1970, 22 (2): 222-254.

③ Sheshinski E. Price, quality and quantity regulation in monopoly situations [J]. Economica, 1976, 43 (170): 127-137.

④ Ma C A, Burgess J F. Quality competition, welfare, and regulation [J]. Journal of Economics, 1993, 58 (2): 153-173.

⑤ Appelbaum E, Berechman J, Demand conditions, regulation, and the measurement of productivity. [J], Journal of Econometrics, 1991, 47 (2-3): 379-400.

⑥ Filippini M, Hrovatin N, Zoric J. Productivity growth and price regulation of Slovenian water distribution utilities [J]. Proceedings of Rijeka Faculty of Economics, 2010, 28 (1): 89-112.

⑦ Seo D, Shin J. The impact of incentive regulation on productivity in the US telecommunications industry: A stochastic frontier approach [J]. Information Economics and Policy, 2011, 23 (1): 3-11.

Kolpin V 研究了在广泛的环境中，包括任意的监管机制、多个输出/输入、不确定性、时间动态、价格歧视等的监管导致的低效率①。Sherman R 发现如果一个公司生产多种产品则不会夸大需求弹性，从边际成本定价中最优地脱离边际成本定价，这是由利润限制所要求的。相反，在各种各样的目标下，利润受监管的公司会低估边际成本，然后在选择相对价格时充分利用需求弹性。当受利润管制的公司产品的需求弹性不同时，公司往往会被激励去区别价格，甚至在不同的服务之间交叉补贴②。

此外，还有学者研究了价格规制的成本问题，Boyer K D 的研究表明：解除管制不仅不会降低铁路费用，而且不会带来更大的客流量③。还有的学者研究了价格规制对企业的市场营销的影响。

1.2.2 我国学者关于价格规制的研究

改革开放以来，价格改革始终是我国经济体制改革的两条主线之一，其与税收、财政、金融等改革构成了经济体制改革的重要内容。特别是 20 世纪 90 年代以来，随着以"放"为主的价格改革主体方向的形成和国有企业改革深入推进，我国学者关于价格规制的研究迅速增多起来。

除了国际学术界关注的热点内容外，我国学者关于价格规制的研究主要涉及以下内容。

1.2.2.1 关于价格规制的必要性

在早期，学者们重点关注的是价格规制与市场经济的关系，着力解释价格规制的必要性以及其他相关性问题。张学鹏系统讨论了价格规制在市场经济中的作用，认为市场经济条件下的价格结构是由市场价格和政府干预价格构成的二元价格结构，认为价格规制是市场价格机制的重要补充，并将政府价格规制分为直接干预和间接干预两类，其中直接干预包括行政管理价格、

---

① Kolpin V. Regulation and cost inefficiency [J]. Review of Industrial Organization, 2001, 18 (2): 175-182.

② Sherman R. Pricing inefficiency under profit regulation [J]. Southern Economic Journal, 1981, 48 (2): 475-489.

③ Boyer K D. The costs of price regulation-lessons from railroad deregulation [J]. Rand Journal of Economics, 1987, 18 (3): 408-416.

限制价格和支持价格等方式，而间接干预就是"政府通过补贴、税收等经济杠杆或直接介入市场买卖活动来影响价格的形成"①。还有学者从马克思主义经济学和西方经济学理论方面对价格规制的合理性进行论证。如王天义认为"供求均衡价格并不是合理的价格"，通过市场机制调节而实现的价格并不能真正反映社会生产结构和社会需求结构，也不能反映商品的真正价值，必须重视调节工农业产品价格②。而郭宗杰则从西方经济学的角度对价格规制进行了研究，认为"西方微观经济学中的价格理论中的支持价格和限制价格对我们今天的价格体系的形成、价格政策的制定具有重要的启示"③。当然，并不是所有的学者都认为政府的价格规制一定能够实现理论目标，特别是在房地产等领域的限价实践，让学者们对政府的价格规制效果持怀疑态度④。

1.2.2.2 关于政府限价行为的研究

行政限价是一种价格干预措施，简而言之就是政府对商品价格水平或涨幅进行限制。在有关政府价格规制的相关研究中，政府限价是我国学者较为关注的领域之一，这与普通民众对价格规制方式的直观感受有关。市场经济与价格规制并不矛盾，相反，限制价格本身就是国家管理价格的重要手段。但市场经济条件下的限价行为与传统的国家定价行为的性质并不相同，传统的国家定价行为是国家为了自下而上地实现自身的经济目标，以经济人的身份直接参与微观经济活动；限价则是国家为了实现自身的经济目标，以经济警察的身份自上而下地去引导市场上微观经济主体的活动⑤。二者在表现形式、使用目的、法律意义等方面均存在很大不同。汪雯婕将政府限价分为最高限价和最低限价两种形式，认为其具有"实施主体的确定性、实施手段的强制性、实施时期的特殊性、实施商品的限定性、实施管制的临时性"五个方面的特征。汪雯捷认为政府限价是政治和市场的博弈，不仅会带来市场的

---

① 张学鹏. 政府干预价格在市场经济中的作用 [J]. 价格与市场，1996 (5)：24-25.

② 王天义. 马克思的价格理论及其现实意义 [J]. 河南大学学报（社会科学版），1990 (6)：7-12.

③ 郭宗杰. 简论欧盟对不正当价格竞争行为的规制 [J]. 价格理论与实践，2002 (10)：45-46.

④ 贾卧龙. 全面限价楼市调控的又一紧箍咒？限价令"路遥"才知"马力" [J]. 城市开发，2011 (7)：15-17.

⑤ 李永宁. 限价的性质与实施保障 [J]. 理论导刊，1995 (7)：20-22.

积极或消极反馈，而且会造成政府限价机制的调整①。但并不是所有学者都支持政府限价，如徐小青通过建立模型得出结论，政府限价会导致市场混乱和价格上涨，最终损坏消费者利益②。

1.2.2.3 关于价格规制的影响

关于价格规制的影响是我国学术界对接国际学术界的切入口，体现在国际学术刊物上发表的研究成果较多，涉及的内容十分广泛，定量研究多、热点问题多。Oum T H 等探讨了不同形式的价格规制对机场效率的影响，发现盈利率规制（ROR）可能导致产能过度投资，但最高限价（price-cap）容易导致投资不足，而且在双重价格上限下投资不足的程度低于单一（single-till）的价格上限③。Yang H J 和 Zhang A M 探讨了价格规制对交通基础设施容量和服务质量的影响，证明最高限价能够实现社会福利最大化④。Wang Z H 和 Feng C 利用三种分析模型揭示了环境监管对中国全要素能效的影响⑤。Qian Z 等证明了在一定条件下，最高限价和税收补贴都能有效降低系统成本和通勤成本，并有助于确保停车市场的稳定性⑥。Qiu L D 和 Wang S S 证明在特许经营期间，BOT 合同与价格规制相结合，在特许期后的许可扩展能够达到完全的效率⑦。

1.2.2.4 关于价格规制体制机制的完善

关于价格规制体制机制的研究主要是围绕我国价格体制改革过程中出现的问题展开的，实践导向非常明显，不少学者更是系统地提出了进一步完善价格规制体制机制的对策建议。范王榜和王惠贤认为，完善我国价格规制体

① 汪雯婕. 行政限价的运用与思考 [J]. 现代商业，2009（2）：175-176.

② 徐小青. 政府限制价格的经济学分析 [J]. 广东商学院学报，2002（4）：13-17.

③ Oum T H, Zhang A M, Zhang Y M. Alternative forms of economic regulation and their efficiency implications for airports [J]. Journal of Transport Economics and Policy, 2004, 38 (2): 217-246.

④ Yang H J, Zhang A M. Impact of Regulation on Transport Infrastructure Capacity and Service Quality [J]. Journal of Transport Economics and Policy, 2012, 46 (3): 415-430.

⑤ Wang Z H, Feng C. The impact and economic cost of environmental regulation on energy utilization in China [J]. Applied Economics, 2014, 46 (27): 3362-3376.

⑥ Qian Z, Xiao F, Zhang H M. The economics of parking provision for the morning commute [J]. Transportation Research Part A-Policy and Practice, 2011, 45 (9): 861-879.

⑦ Qiu L D, Wang S S. BOT projects: Incentives and efficiency [J]. Journal of Development Economics, 2011, 94 (1): 127-138.

制机制，除了学习西方的成功经验和做法外，还应该立足自己的实际进行配套改革，并认为推动政府职能转变、使企业成为独立主体和加快市场法律法规建设等，是建立适应市场经济体系的重要措施①。近年来有一些研究就市场规制问题进行了系统研究，也有学者针对现代市场经济条件下价格规制体制机制重构进行了研究②。总体来看，几乎所有研究的最终目标都是为了更好地改进现有的价格规制体系，提升社会福利，如 Ouyang X L 和 Sun C W 研究了价格规制对中国能源消耗的影响，发现价格规制导致了能源等要素价格的扭曲，降低了能源的配置效率，因此，其建议通过建立透明合理的定价机制来提高能源配置效率。

1.2.3　现有研究的特点和进一步研究的空间

1.2.3.1 研究对象：非竞争性商品价格规制

价格规制被视为市场失灵的有效补充，其主要研究对象包括公用产业（pubilic utility）、垄断行业（monopoly）、关于民众生活的行业。Aubert C 和 Reynaud A 研究了价格规制对水务公司成本最小化的影响③。Breton M 和 Kharbach M 研究了最高限价对天然气运输网络的福利效应④。

1.2.3.2　研究内容：新的热点逐渐减少

有关价格规制研究的最热门研究主题出现得较早，形成了研究的基本范畴和重点内容，这些研究一直影响着现在的研究。随着时间的推移，受到关注的价格规制研究领域越来越多，讨论的深度和广度也较以前深得多，但影响较大的热门主题越来越少。这与新产业、新业态的不断出现有关，也与新的理论、新的研究方法不断引入有关，造成了学术界关注的热点不再聚焦。当然，这一特点仅仅是指研究热点的变化，价格规制研究的理论基础并没有改变，研究的主要内容仍然是制度变革对市场、产业和企业带来的各种影响

---

① 范王榜，王惠贤. 论市场经济下的价格政策 [J]. 南方经济，1994（11）：21-23.
② 吴东美. 政府价格监管重构研究 [D]. 北京：中国政法大学，2009.
③ Aubert C, Reynaud A. The impact of regulation on cost efficiency: An empirical analysis of Wisconsin water utilities [J]. Journal of Productivity analysis, 2005, 23（3）：383-409.
④ Breton M, Kharbach M. Transportation and storage under a dynamic price cap regulation process [J]. Energy Economics, 2012, 34（4）：918-929.

和效益。

1.2.3.3 薄弱领域：竞争性商品价格规制

总体来看，学术界有关竞争性商品的价格规制关注得较少。一方面，这与西方经济学的基本假设有关。市场被视为优化资源配置的唯一力量，"看不见的手"能够自主调节竞争性商品的供求，对其进行规制的理论基础不存在。另一方面，这与西方经济的实践有关。在很长一段时间内，自由放任的市场经济在西方国家取得了巨大成功。虽然随着垄断产业的出现以及政府公共服务范围的不断扩大，西方社会也逐步认识到政府规制经济的必要性，但仍然认为这种规制必须限制在一个较小的范围内，完全自由竞争才是理想的经济发展的根本动力，对竞争性商品价格进行规制是不必要的，也是不科学的。

然而，竞争性商品价格规制是一种客观存在的经济现象，学者们并没有完全忽略这一问题，部分学者已经以不同的形式对其进行了探讨。Jones H F指出，"公用事业"的边界已经发生了巨大变化，内涵和外延已经不再清晰，即便是法律法规都无法明确规定①。正因为如此，价格规制的范畴已经不限于传统的"公用事业"领域，而是随着社会经济的发展，特别是社会治理实践和理论的变革，公私边界已经不再是固定不变的，公共利益的边界因时因地而不断变化，即便在西方国家对"公用事业"的理解也不一致，不同时间、不同国家对"公用事业"的定义受到政治体制、经济发展阶段、社会价值观、社会治理方式、政治竞争等因素的影响，不具有统一性。总体来看，一切与国民生活密切相关的商品都有可能被纳入价格规制的范畴，如药品、牛奶等。

目前学者们关于竞争性商品价格规制研究的主要特点有：

一是系统的理论研究缺乏，即关于竞争性商品的价格规制的经济学解读还不系统，没有把竞争性商品的价格规制作为一种单独的现象予以重视，甚至仍然在"公用事业"或"垄断产业"的框架下予以研究。当然，也有学者对此进行了理论思考。如邹积亮定义了竞争性商品的内涵和外延，并阐述了竞争性商品价格规制的基本原则和主要内容，并建议政府加强对经营者价格

---

① Jones H F. Price regulation and the public utility concept: Olsen v. Nebraska [J]. Journal of Land and Public Utility Economics, 1942, 18 (2): 223-225.

协调、价格歧视、掠夺性降价、控制零售价格四个方面行为的规制①。王恒久、刘戒骄认为，竞争性商品价格规制的目标不是制订和控制价格，而是纠正企业的自发行为引发的低效率，并认为不应该采取统一定价或者禁止企业低价销售的方式来进行规制②。蒋淑玲认为对竞争性商品进行规制，不仅会引起商品的相对价格变化而且会引起政治市场的价格变化，并以棉花为例对竞争性商品价格规制进行了一般均衡分析，发现竞争性商品价格规制不会引起市场的活跃，但会导致资源从生产性领域向非生产性领域转移，不仅会影响消费能力，而且会影响商品质量，其带来的社会福利损失要远远大于简单的产业损失③。郭毓洁、张辉也认为我国竞争性商品有自身的特殊性，并提出了我国竞争性商品规制的原则、目标及路径④。刘戒骄从工业品市场竞争的新现象看竞争性商品的政府管制⑤。但这些研究关注的重点是价格规制操作层面的问题，对于竞争性商品价格规制的合法性并没有论及，同时，对于竞争性商品价格规制的效率等问题也没有涉及。

二是关注的重点是不正当价格竞争行为。竞争性商品价格规制的内容涉及众多，但国内外学者关注的重点主要是不正当价格规制。Gandal N 等研究了比特币交易中的价格操纵问题，认为价格操作可能会破坏支付系统和传统货币⑥。Kim K 等研究了网上购物过程中的价格欺诈问题，并通过建立模型证明可以利用集群的数量来提高对定价欺诈的研判效果⑦。Cabral L 研究了两个私营的网络公司通过入网价格竞争吸引消费者所带来的影响⑧。Welch O J 等

---

① 邹积亮. 论市场经济中竞争性产业的价格管制 [J]. 湖北经济学院学报，2007 (3)：27-33.

② 王恒久，刘戒骄. 竞争性商品的价格规制 [J]. 中国工业经济，2000 (1)：68-71.

③ 蒋淑玲. 价格管制的一般均衡分析 [J]. 财会研究，2005 (7)：70-72.

④ 郭毓洁，张辉. 中国竞争性行业产业规制问题新探 [J]. 社会科学战线，2016 (6)：250-254.

⑤ 刘戒骄. 从工业品市场竞争的新现象看竞争性商品的政府管制 [J]. 社会科学，2001 (1)：12-15.

⑥ Gandal N, et al. Price manipulation in the Bitcoin ecosystem [J]. Journal of Monetary Economics, 2018 (95)：86-96.

⑦ Kim K, Choi Y, Park J. Pricing fraud detection in online shopping malls using a finite mixture model [J]. Electronic Commerce Research and Applications, 2013, 12 (3)：195-207.

⑧ Cabral L. Dynamic price competition with network effects [J]. Review of Economic Studies, 2011, 78 (1)：83-111.

运用神经网络理论研究了招投标中的定价欺骗行为①。国内学者也特别重视不正当价格竞争行为。张莉和万光彩研究了价格歧视的属性，并认为《中华人民共和国反垄断法》中关于价格歧视规制存在标准不清、责任不完备等问题，建议明确价格歧视行为违法的法律要件和滥用市场支配地位的法律责任等②。曾晶研究国有企业价格垄断对市场竞争和经济效率的损坏，并就国有企业价格垄断规制的原则、类型及方法等提出了建议。邹俊和徐传谌分析了价格垄断行为的几种具体行为，并认为现有的解释价格垄断的理论均存在问题，建议运用行为经济学的预期理论、心理账户理论、"自我约束问题"和信息不对称等理论对价格垄断行为产生原因加以阐释，并进一步提出利用行为经济学规制价格垄断行为的对策③。

三是关注具体的竞争性商品价格规制问题。国内外学者对于具体的竞争性商品价格规制问题都有所关注，其中较为重要的产业包括：医药和医疗服务行业，如 Brekke K R 等研究了价格规制对专利药品进口的影响，认为严格的价格管制的影响关键在于生产者是否面临来自平行进口的竞争，虽然平行进口提高了经销商的谈判地位，但价格管制抵消了这种影响，甚至可能对生产者有利④。Sorek G 发现对医疗创新的价格规制可以扩大医疗研发的投资，并导致帕累托优越的社会结果，因为价格规制能够提高储蓄能力，但这种效果只有在价格上限机制广泛存在的情况下才会出现⑤。我国学者刘丽杭也就我国医疗服务的价格规制进行了理论和实证研究⑥。Wu B Z 等评估了我国药品价格管制的影响，发现价格规制对药品价格指数产生了短期影响，如果将价格管制应用于更多的药品，其影响可能会得到轻微的加强。但价格管制未能

① Welch O J, Reeves T E, Welch S T. Neural network model：Bid pricing fraud ［J］. Journal of Computer Information Systems，1998，38（3）：99-104.

② 张莉，万光彩. 价格歧视行为的反垄断规制探究 ［J］. 价格理论与实践，2017（10）：38-41.

③ 邹俊，徐传谌. 价格垄断问题的行为经济学分析 ［J］. 经济问题，2015（4）：23-28.

④ Brekke K R，Holmas T H，Straume O R. Price regulation and parallel imports of pharmaceuticals ［J］. Journal of Public Economics，2015（129）：92-105.

⑤ Sorek G. Price controls for medical innovations in a life cycle perspective ［J］. Health Economics，2014，23（1）：108-116.

⑥ 刘丽杭. 医疗服务价格规制的理论与实证研究 ［D］. 长沙：中南大学，2005.

减少家庭卫生支出和制药行业的平均盈利能力[①]。Fox J A 和 Hennessy D A 开发了一种生物经济模型，研究了固定和可变控制成本等经济参数，以及污染物的随机感染率和污染物的生长速率等经济参数，研究了成本高昂的干预与经济损失之间的均衡[②]。胡友基于水果价格形成机制以及水果价格波动的影响机制的特殊性，提出了构建水果价格调控政策体系的对策建议[③]。Dachis B 等利用 2008 年年初多伦多征收土地转让税（LTT）的自然实验，估计了房地产转让税对单一家庭住宅市场的影响，发现社会福利损失的规模堪比房地产市场的干预措施造成的损失[④]。王吓忠着重就中国住宅价格经济规制的理论和实践思路进行了思考[⑤]。

这些研究所涉广泛，开启了竞争性商品价格规制的道路。但实事求是地讲，目前的研究还存在很多不足，对于竞争性商品价格规制未能提供较为全面的理解，既缺少系统的理论解释，也缺乏独特的解释视角，具体不足前文已经讨论过了，此处不再赘述。

1.3 研究的思路和内容

1.3.1 研究思路

本书是一个建立在规范研究基础上的理论探讨，属于法经济学研究的范畴，研究的重点在于运用现有的经济学理论解释我国竞争性商品价格规制实践的依据并对规制的绩效进行评价。

本书基于法经济学的基本假设，即市场主体的理性是有限的，在追求效用最大的过程中存在机会主义行为，这种机会主义行为必然会导致价格偏离

① Wu B Z, Zhang Q, Qiao X. Effects of pharmaceutical price regulation：China's evidence between 1997 and 2008 [J]. Journal of The Asia Pacific Economy, 2015, 20 (2): 290-329.

② Fox J A, Hennessy D A. Cost-effective hazard control in food handling [J]. American Journal of Agricultural Economics, 1999, 81 (2): 359-372.

③ 胡友. 水果价格形成、波动及调控政策研究 [D]. 武汉：华中农业大学，2014.

④ Dachis B, Duranton G, Turner M A. The effects of land transfer taxes on real estate markets：Evidence from a natural experiment in Toronto [J]. Journal of Economic Geography, 2012, 12 (2): 327-354.

⑤ 王吓忠. 中国住宅市场的价格博弈与政府规制研究 [D]. 厦门：厦门大学，2007.

帕累托标准水平，造成价格机制失灵。为了避免这种偏离造成资源配置效率低下，必须通过特定的制度纠正价格机制失灵。

竞争性商品价格规制的目的是纠正价格机制失灵，通过改变市场信息不对称不充分以及机会主义等问题，切实降低市场交易成本，提升市场交易效率，推动市场价格机制重新恢复功能。目前关于公共产品、自然垄断产品价格规制的必要性和有效性都有了较为充分的理论证明，各国实践也充分证明了对这类非竞争性商品进行价格规制的必要性和有效性。但对竞争性商品价格进行规制的合理性的讨论还不深入，对现有的规制措施是否有效，是否能够恢复市场价格机制的调节功能，甚至是否能够对经济行为和经济发展产生影响，仍需要进一步探讨。

本书首先界定了研究对象的范畴，厘清了"竞争性商品"和"价格规制"的基本内涵、基本特征和基本要求，梳理了我国竞争性商品价格规制的实践体系。其次，运用法经济学的理论和方法，确定竞争性商品价格规制分析的理论基础，并综合国内外学者已有的研究成果，尝试构建竞争性价格规制的经济学分析框架。再次，运用已经构建的分析框架，分别对竞争性商品价格规制两大重点问题——价格行为规制和价格水平规制进行分析，前者的目的是构建价格规制降低价格形成机制运行成本的内在逻辑，后者则是为了构建价格规制降低价格调节机制运行成本的内在逻辑，并运用成本收益分析对价格行为规制和价格水平规制的效率进行评估：是否降低了价格机制运行成本，是否增进了市场参与者的效用和社会福利。最后，根据理论分析框架和分析结论，分析我国现有竞争性商品价格规制存在的不足，并按照成本—效益标准提出进一步完善的对策建议。

本书具体分析脉络见图1-1。

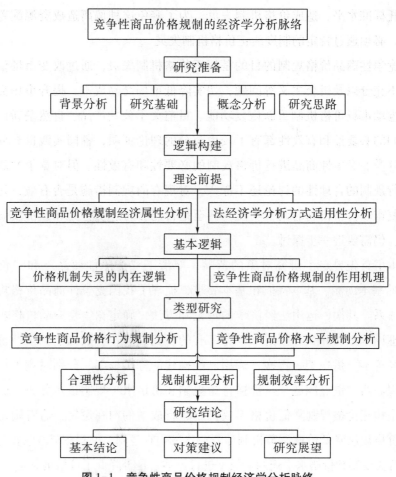

图 1-1　竞争性商品价格规制经济学分析脉络

1.3.2　研究内容

本书由绪论、正文和结语三部分组成，其中，第 1 章为研究准备，第 2 章主要是构建我国竞争性商品价格规制经济学分析的理论基础，第 3 章回顾我国竞争性商品价格规制的实践，第 4 章分析竞争性商品价格行为规制，第 5 章分析竞争性商品价格水平规制，第 6 章为研究结论、对策建议。

全书主要内容如下：

第 1 章：绪论。绪论分为研究背景、研究对象、研究现状和基本思路。由于自由主义视竞争性商品规制为一种无效行为，会损害市场的效率，因此，竞争性商品价格规制虽然一直是政府价格规制实践的重要组成部分，但却一直未受到认真对待，既没有对政府实践进行系统梳理，更没有就这一实践进行较为系统的、深入的理论解释，仅有的一些探讨均较为宏观和不系统，不能完全揭示竞争性商品价格规制的运行规律和实践效果。本书将竞争性商品价格规制作为研究对象，基于交易成本、成本—收益、效率等法经济学的基本理论主张和分析方式，着力分析竞争性商品价格规制的合理性和实践效率，力争为我国价格规制的实践提供更多的理论解释，并为改进价格规制提供新的视角。

第2章：竞争性商品价格规制经济学分析的理论基础。有限理性、信息不完全和信息偏在、机会主义行为等众多因素使得价格机制运行并不像想象中那样灵敏到零成本，相反，价格机制的运行是需要成本的，这一成本决定了价格调节市场的效率。价格机制运行成本越低，则其调节市场供需的效率越高，市场活动的效率越高；然而，当价格机制运行成本高于一定水平时，就会出现价格失灵的现象，市场交易难以达成，市场活动的效率也会逐步下降，甚至会停滞。这一事实在竞争性商品领域也不例外。对竞争性商品价格进行规制，本质上是对价格机制失灵的补充，通过"有形之手"降低价格机制运行成本，恢复价格调节市场供需的功能，进而恢复市场活动效率。但竞争性商品价格规制本身也需要成本，需要对其效率进行评估，当交易成本下降幅度大于规制投入时即认为是有效的。

第3章：竞争性商品价格规制的实践。我国竞争性商品价格规制的体系是在改革开放过程中形成的，是一种历史成果。改革开放以来，由于反复出现的通货膨胀和不正当价格行为的负面影响，国家在逐步放开竞争性商品定价权的同时，逐步完善了价格监督和调节机制。在我国，竞争性商品主要是指由市场形成价格的商品，已占到全部商品和服务的97%，竞争性商品在市场竞争中形成价格并受价格信号的调节。目前，我国已经形成了从国家到乡镇五级物价监督管理体系，建立了较为完善的价格法律法规体系，形成了以经济手段和法律手段为主、以行政手段为辅的价格规制手段。我国竞争性商品价格规制总体上以维护市场价格形成效率、恢复价格机制的调节功能为核心，是在尊重市场规律基础上对竞争性商品价格进行监督管理。

第4章：竞争性商品价格行为规制的经济学分析。竞争性商品价格行为规制主要是指对经营者不正当价格行为的规制，目的是维护价格形成机制的正常运行，确保市场价格形成的有效性，提升市场活动效率。根据法经济学的观点，价格形成机制的运行也存在交易成本，主要由信息成本、谈判成本、管控成本、避险成本等组成。在价格形成过程中，交易中掌握更多信息的一方如果利用自己的信息优势地位采取一些投机行为，就会极大地增加信息弱势一方的交易成本。当这个成本大到一定程度时就会影响交易的达成；当这种行为成为普遍现象时，整个市场交易效率就会下降甚至停滞。对竞争性商品价格行为进行规制，通过强制信息公开、提高机会主义的成本等方式，减少因信息不对称和机会主义带来的交易成本的提升，一方面可以维护受害者的利益，另一方面也可以维护全社会的利益。竞争性商品价格行为规制的成本和收益均呈现出边际特征，即随着纠正不正当价格行为的次数的增加，价格行为规制的边际收益是下降的，当边际收益为零时，总效益最大；同时，价格行为规制的边际成本曲线也会呈现出 U 形。

第 5 章：竞争性商品价格水平规制的经济学分析。竞争性商品价格水平规制具有重大的政治、经济和社会意义，有其内在的逻辑。作为一种市场信号，竞争性商品价格水平并不总是围绕商品价值有序波动，有时甚至会释放错误的市场信息触发盲目的市场行为，出现这种状况的根本原因在于价格调节机制运行也存在成本。对于市场参与者而言，价格传递的信息并不充分甚至是错误的，当价格信号波动幅度超出预期时，市场环境信息的不确定性就会迅速增加，进而引起市场参与者决策的机会成本不确定性增加，而机会成本的不确定性水平决定了市场参与者的决策成本。决策成本高于一定限度时，就会出现"迟滞决策"现象，即市场参与者将会延迟进入或退出市场，市场将会维持现有发展趋势，有效的资源配置状况将会无限期持续下去，价格调节功能失灵。对竞争性商品价格水平进行规制，目的是降低市场环境的不确定性，进而降低机会成本的不确定性，降低决策成本，提升市场效率，恢复价格调节功能。竞争性商品价格水平规制的成本和收益也呈现出边际变化特征，即在价格水平规制情况下，每一次特定商品交易所带来的社会福利增量是递减的；同时，每一次特定商品交易分摊的边际成本也呈现出 U 形。

第 6 章：研究结论和对策建议。笔者经过论证基本可以得出如下结论：法经济学的基本假设和分析方式是适用于对竞争性商品价格规制的理解的，竞争性商品价格规制具有一定的合理性和有效性。但根据降低价格规制成本是否明显、降低价格机制运行成本是否明显或社会福利增加是否明显等评价标准，可以看出我国现有竞争性商品价格规制还存在成本较高、效率较低、规制失灵等问题，需要瞄准降低交易成本、降低规制成本、增加社会福利的目标进一步完善。当然，本书还存在诸多不足，相关问题的分析仍然停留在宏观的逻辑建构层面，缺乏实证分析和量化分析，需要进一步完善相关内容，引入新的分析方法。

1.4　基本假设和研究方法

1.4.1　基本假设

1.4.1.1　有限理性（bounded rationality）假设

有限理性的哲学基础为经验主义，无论是洛克还是休谟都认为人的理性是有限的，不能完全解释人类认识行为。经济学家阿罗率先提出有限理性概念，认为人的行为虽然是理性的，但这种理性却是有限的，其原因既有外部的也有内部的，所谓外部的原因是指人所处的环境是复杂的、不确定的；所谓内部的原因是指人自身的认知能力有限，无法完全掌握环境信息[①]。西蒙（H A Simon）详尽地批判了完全理性假设的致命弱点，认为完全理性假设外在条件的稳定性和认识主体对所有选择方案的彻底知晓，在实践中是不现实的。在此基础上，西蒙认为是否满意备选行动方案，其前提是用评价行为后果的某个价值体系夫判定和选择，而其中满意的标准，即是区别于经济人完全理性假定下，有限理性的管理人所追求的"理性"[②]，概括而言，有限理性即人的认知局限与环境的不确定性[③]。哈耶克也是有限理性的拥护者，他认为人的认识局限不可能通过理性建构而得到完善[④]。总体来看，我们可以认为有限理性描绘的是一种现实状况，即复杂和运动的世界是不稳定的、不可确知

①　肯尼斯·阿罗. 组织的极限［M］. 万谦，译. 北京：华夏出版社，2006.

②　赫伯特·西蒙. 管理行为［M］. 杨砾，韩春立，译. 北京：北京经济学院出版社，1988.

③　赫伯特·西蒙. 现代决策理论的基石［M］. 杨砾，徐立，译. 北京：北京经济学院出版社，1989.

④　哈耶克. 法律、立法与自由（第一卷）［M］. 邓正来，张守东，李静冰，译. 北京：中国大百科全书出版社，2000.

的，人的认知能力也是无法掌握这个世界的规律性的。在有限理性下，人们虽然追求利益的最大化，但也会考虑成本问题。由于个体理性的有限性，因而社会需要科学的组织发挥集体理性的优势以应付社会的复杂性和不确定性，也正是如此，人们制定的制度和规则的科学性也是有限的。

1.4.1.2 效用最大化（utility maximization）

所谓效用最大化，就是实现既定约束条件的最大程度的满足，这种满足既可能是物质的，也可能是非物质的。效用最大化理论来源于哲学家边沁（Jeremy Bentham，1748—1832）的功利主义思想，即人们总是追求快乐而逃避痛苦，并努力实现快乐的最大化。古典经济学虽然没有将效用最大化作为独立的分析视角，但经济学家的假设中已经含有效用最大化的意味①。新古典经济学和行为经济学则高度重视效用最大化，将其视为行为主体的唯一目标，并认为行为主体最为满足时即实现了效用最大化。市场主体行为的根本动力在于追求效用最大化，即在可支配资源和信息有限的条件下，实现利润的最大化或个人需要、愿望的最大满足。从社会来看，如果每个市场主体的行为都能实现效用最大化，整个社会的资源配置就能实现最优化。效用最大化暗含以下假设："效用"大小并无一定标准，与个人偏好相关；同样的选择具有不同的效用；不同效用之间可以进行比较和排序②。当然，效用并不仅仅指利润、财富，也包括社会地位、个人荣誉、个人精神感受等各种非财富因素。值得指出的是，人们的最大化效用只是一种理想状态，有限理性决定了人们得到的永远只是有限效用，但生命的特性决定了人们绝不放弃追求效用最大化③。

1.4.1.3 机会主义行为假设

机会主义本意是指投机取巧，后来被解释为市场主体有策略地利用信息实现自身目标的价值，其基本特征包含三个方面：自身利益高于一切；具有

---

① 何文君，王雅梅. 经济人"效用最大化"假定在非市场中的运用 [J]. 中共成都市委党校学报，2002（2）：13-15.

② 何大安. 经济学世界中理性选择与非理性选择之融合：从质疑效用最大化角度对若干理论观点的理解 [J]. 浙江学刊，2007（2）：137~145.

③ 韩静静. 机会主义行为对供应链企业间合作绩效的影响机制研究 [D]. 天津：天津理工大学，2016.

投机取巧心理；实现目标的手段可能是不正当的。Williamson O E 最早将机会主义行为定义为"具有欺诈性的利己追求"，这些手段包括偷窃、欺骗、违约、不诚实等不道德行为①。Das T K 和 Rahman N 将机会主义行为进一步界定为"联盟成员有意识地通过欺骗追求私利，以牺牲另一合作伙伴的利益为代价获得收益"②。这种界定指出了机会主义行为的五个构成要素：行为、动机、利己性追求、欺骗和以他人利益为代价的收益目标。但到目前为止，关于机会主义行为的内涵仍然没有定论，但有一个趋势是：机会主义行为定义的道德色彩越来越淡，法律色彩越来越浓，学者们更多地主张要更加明确地区分欺诈性和利己追求行为，将其界定为与契约不一致的行为③。关于机会主义行为的构成，不同的学者对其有不同的划分方式，Muris T J 将其分为隐蔽的和被掩饰的④，Luo Y 将其区分为强机会主义行为和弱机会主义行为，前者是指违背正式约定如合同，后者只是违背非正式约定或规范⑤。Wathne K H 和 Heide I B 将机会行为本身分为积极的和消极的，将机会行为所处情境分为新的和已有的，并通过一个二阶矩阵，将机会主义行为分为"逃避""违反""拒绝适应""被迫重新谈判"4 种形式⑥。目前，机会主义行为假设已成为交易成本分析的重要前提之一。

1.4.1.4 交易成本为正假设

交易费用也叫交易成本，目前并没有对其较为明确的定义，一般是指为促成交易而发生的费用。所谓交易成本为正，是指交易成本永远会存在。科斯（Coase）提出的交易成本理论已经成为社会科学研究的一种重要范式。由

① Williamson O E. Transaction cost economics：The comparative contracting perspective［J］. Journal of Economic Behavior and Organization，1987，8（4）：617-625.

② Das T K，Rahman N. Determinants of partner opportunism in strategic alliances：A conceptual framework［J］. Journal of Business Psychology，2010，25（1）：55-74.

③ Macneil I R. Economic analysis of contractual relations：Its shortfalls and the need for a "rich classificatory apparatus"［J］. Northwestern University Law Review，1981，75（1）：1018-1063.

④ Muris T J. Opportunistic behavior and the law of contracts［J］. Minnesota Law Review，1981，65：521-590.

⑤ Luo Y. Opportunism in inter-firm exchanges in emerging markets［J］. Management and Organization Review，2006，2（1）：121-147.

⑥ Wathne K H，Heide I B. Opportunism in solutions［J］. Journal of Marketing，2000，64（4）：36-51.

于人的理性有限以及机会主义行为的存在，交易成本在市场中始终存在，并决定着"生产"和"交易"的过程和效率，如果交易费用过高，可能导致生产者退出市场竞争，也可能导致消费者放弃某种需求。交易费用具体可以分为三种：信息搜寻成本，即供需双方搜寻市场信息的代价，确保能够实现供需对接；谈判成本，即供需双方就合作进行谈判和协商所付出的费用，包括信息搜集费用、顾问费用、内部管理费用、法律咨询费用、时间成本等，特别在信息不对称的情况下，谈判的成本还会大幅度增加；履约成本，包括监督成本和避免消费者退出契约所发生的费用等一系列成本，其中，监督成本是指监督供给方按照约定价格、期限和标准提供产品和服务而产生的费用①。由此可见，信息偏在是交易成本产生的关键，在信息不完全、不充分、不及时的市场环境中，信息优势者很容易采取败德行为以获取利益；相反，信息劣势者则处于不利的地位，面临较大风险。

1.4.2 研究方法

法经济学本身就是汇聚了法学和经济学理论和方法的综合性学科，且价格问题又是政治、经济、社会问题的集中反映。因此，本书采用的方法也较为综合，主要有以下几个。

规范分析法。根据法经济学的基本价值主张——效率即正义，以及"交易成本"这一核心假设，评估竞争性商品价格规制是否根源于交易成本的影响，而规制本身是否能够有效降低交易成本，具有效率。根据这些规范性的假设，本书建立起了相应的分析框架，对价格行为规制和价格水平规制进行了分析。

案例分析法。针对我国竞争性商品价格规制实践中发生的典型案例，运用法经济学的基本假设对其进行分析，特别是一些被普遍关注的案例，比如稳定房地产价格的一系列措施、稳定粮食价格的相关措施，以及涉及价格垄断等案例，在书中都有所触及。本书力争通过具体案例分析，一方面佐证竞争性商品价格规制的分析框架的适用性，另一方面将相关价格规制措施纳入

---

① 王磊. 公共产品供给主体选择：基于交易费用经济学的理论分析框架及在中国的应用 [J].财贸经济，2007（8）：54-61.

一个统一价值体系进行理解。

比较分析法。比较分析法是本书普遍运用的基本方法之一，通过比较使得某些事件的特征更加突出。其中，最重要的比较结果涉及以下几个方面：一是经济学与法学基本假设、价值主张和分析方法的比较，引入法经济学分析范式；二是竞争性商品与非竞争性商品特性的比较，力争使竞争性商品的外延和内涵更加清晰；三是完全竞争市场与不完全竞争市场的比较，强调价格机制运行的现实环境；四是价格行为规制与价格水平规制的比较，加深对彼此的理解。

归纳分析与演绎分析相结合。本书对我国竞争性商品价格规制的历史和实践进行了归纳整理，使之与法经济学分析规范目标相一致；运用演绎分析法，将法经济学的价值主张运用于归纳分析结果的解读，并在此基础上提出进一步改进竞争性商品价格规制的逻辑起点、基本思路和着力重点。

1.5　创新和不足之处

1.5.1　主要创新之处

本书正视竞争性商品价格规制现象，认为运用经济学的基本假设、理论和方法能够更好地对其进行理解和评价，为此以我国竞争性商品价格水平规制为例从以下几个方面进行了尝试。

将竞争性商品价格规制纳入研究范畴。虽然现有的研究已经或多或少涉及竞争性商品价格规制的相关问题，但这些研究是零散的、不系统的，对相关现象的解释也是宏大的。总体来看，学术界对这一问题还未产生足够的兴趣，特别是这一问题与自由主义经济学的基本假设相冲突，对其系统研究与主流经济学主张相悖。但针对这种实践，学术界不能视而不见，也不能想当然地认为其没有意义。将其引入研究视野，有利于进一步完善价格规制的研究和加深对市场经济的认识。

运用法经济学假设分析竞争性商品价格规制。法经济学是一门解释力很强、实践性很强的交叉学科，将其引入竞争性商品价格规制分析，容易找到契合点。传统的竞争性商品价格规制解释多从政治、道德需要出发，使得相关行为具有人格化特征，评价标准也具有主观性。引入交易成本假设和"效率"价值主张，较大程度地改变了竞争性商品价格规制的理解，使得竞争性商品价格规制在逻辑上的自洽性更强，对其效率评价也较为客观。

构建竞争性商品价格规制经济学分析的逻辑架构。本书从理性人假设出发，证明了价格机制运行成本存在的必然性和价格机制失灵的可能性，进而得出了竞争性商品价格规制的合理性。在此基础上，本书进一步构建了竞争性商品价格规制的作用机制，并据此探讨了竞争性商品价格规制效率评价方式。

对竞争性商品价格行为和价格水平规制进行经济学分析。本书尝试将价格行为规制、价格水平规制与价格形成机制、价格调节机制联系起来理解，建立一种统分结合、相互联系的分析框架，深化价格规制经济学分析逻辑架构，进而全面而深入地理解价格规制。其中，对于经营者不正当价格行为的规制往往被认为是一种出于维护公平正义的法律行为，对其经济学的意涵关注不够。

对竞争性商品价格规制进行评估。本书运用成本—收益分析法，对价格行为规制、价格水平规制的成本效益进行分析，观察在什么样的条件下价格规制能够有效地恢复价格机制功能，促进社会福利增加。其中，对价格水平规制的理解和评估相对较为复杂，本书尝试在个人主义分析方法的基础上对其进行理解，得出了与预期相一致的结论。

1.5.2　主要不足之处

本书尝试从法经济学的角度对竞争性商品价格水平规制的合理性和有效性进行分析，得出了一些结论，但受制于有限的知识结构和时间精力，本书对很多问题没有进行深入探讨。随着对法经济学的进一步学习，笔者还将就如下问题进行探讨。

本书的研究主题主要还停留在分析框架构建的层次上，将竞争性商品价格视为一个统一的社会现实加以研究，但现实生活中各种竞争性商品的属性是不完全相同的，这个分析框架是否对所有的竞争性商品有效还值得检验。

本书针对交易成本、成本—收益分析等开展讨论，但总体来看讨论的问题仍然十分宏观，未能深入讨论一些理论之间的自洽性，对于一些具体的问题也还未来得及深入讨论，如竞争性商品与非竞争性商品的区别；作为一种制度的竞争性商品价格规制的供需均衡状态到底如何；除降低决策成本外，竞争性商品价格水平规制还能产生何种影响；不确定型决策在价格水平波动中的作用机制具体是怎样的；等等。

本书主要关注的是政府的行为，关注的是规制主体的成本—收益情况，关注的是社会福利的增加，但对于竞争性商品价格规制下市场参与者经济行为的变化、市场参与者的效用增加情况等未能深入地讨论。

本书分别讨论价格行为规制与价格水平规制，并指出这种规制是为了恢复市场价格形成机制和价格调节机制的功能，但没有进一步讨论二者之间的关系，特别是未能分析价格机制运行成本的具体构成。

本书从交易成本、成本—收益的角度对现有的竞争性商品价格规制存在的问题进行了分析，并提出了改进的建议，但未能就具体的法律法规的不足进行分析，并提出具体的改进措施。

本书最为欠缺的就是实证研究和计量分析，虽然引用了一些案例，但未能建立计量分析模型并进行验证，使得现有的研究不够精确。

2 | 竞争性商品价格规制经济学分析的理论基础

《中华人民共和国价格法》实施以来，市场参与者的价格行为、政府的价格行为以及政府的价格监管行为均被纳入了法治轨道，对于竞争性商品价格规制合理性和有效性的评价是其是否维护了社会的公平和正义、是否维护了消费者的利益。这些标准的逻辑起点并不考虑竞争性商品价格规制的经济属性，也忽略制度的经济意义，判断是否有效也十分主观。从经济学的角度对其进行分析，有利于使竞争性商品价格规制回归经济本性，并找出更为客观的评价方式和评价标准。

2.1 相关概念的界定

2.1.1 竞争性商品

在市场经济背景下，商品光谱的两端是完全竞争和完全垄断两种类型的产品，二者之间分布着寡头和垄断两种类型商品。除此之外，靠近完全竞争商品的一端还存在另外一种商品类型，既不处于完全竞争状态，也不处于完全垄断或寡头垄断状态，这里用"竞争性商品"来描述这种商品。事实上，完全竞争和完全垄断商品都是非常罕见的存在，寡头和垄断两种状况也较为特殊，相反，竞争性商品却是一种广泛的存在。竞争性商品一直是学术界重点关注的对象，如一些学者十分关注竞争性商品的结构和变迁，还有一些学者关注竞争性商品的供需波动规律，以及各种要素变化对竞争性商品的影响等。目前，有关竞争性商品的一些基本理论甚至已经成为经济学底层逻辑的主要组成部分，但有关竞争性商品内涵和外延的专门论述却不多。

很多学者以公共产品为参照物来定义竞争性商品，将不受政府管制的、非垄断的、非盈利的商品①之外的商品统称为竞争性商品。钱勇生也持类似观点②。但更多的学者从竞争性商品的内在特征对其进行定义，如王万山等将其定义为"产权明晰，在市场交易中没有产权粘连性或粘连性很少，在消费时有竞争性和排他性的产品"③。而薛耀文等认为介于垄断和寡头垄断之间的混合竞争性商品为竞争性商品④。

为了方便研究，本书尝试将竞争性商品定义为供需不受政府或寡头干扰或干扰较小的商品。所谓竞争是市场经济的典型现象，在市场经济条件下经济行为主体为维护和实现自身的利益，采取的自我保护和扩张行为，就是竞争。竞争能促使社会生产力整体水平的提高，能打破条块分割和闭关锁国的束缚。关于"竞争性"可以从多个角度进行理解。一般指的是某人已消费了某个商品，则其他人就不能再消费该商品了，此时的"竞争性"实际上一种"排他性"⑤。根据"排他性"和"竞争性"标准，可以将商品分为四种类型。一种是在消费中既有排他性又有竞争性的私人物品，一种是在消费中既无排他性又无竞争性的公共物品，一种是在消费中有竞争性但无排他性的公有资源，还有一种是在消费中有排他性但没有竞争性的物品，即自然垄断物品。根据这个标准，竞争性指的是私有物品和公有资源，私有物品比较好理解，而公有资源大致包括公有的草地、清洁的空气以及拥挤的道路等。这与本书的目标并不一致。

本书尝试将"竞争性"定义为"可替代性"（substitutability），用来描述相似或相同商品之间的关系。"可替代性"有以下几种内涵：一是某种需求能

---

① 余晖. 竞争性商品的治理 [N]. 中国经济时报，2002-02-01（005）.

② 钱勇生. 基于土地利用特征的竞争性商品生长湮灭 CA 仿真 [J]. 系统工程理论与实践，2010（4）：611-614.

③ 王万山，伍世安，徐斌. 中国市场规制体系改革的经济学研究 [M]. 大连：东北财经大学出版社，2010.

④ 薛耀文，李建权，武杰. 对混合竞争性商品最低限价行为的研究 [J]. 生产力研究，2001（1）：13.

⑤ 曼昆. 经济学原理 [M]. 梁小民，译. 北京：北京大学出版社，2007.

够由不同的商品予以满足，即这些商品能彼此替代；二是替代是能够发生的，即特定的时空内对这些商品的需求是一定的，所有功能相同或相近的商品都必须通过取代其他商品而实现其价值；三是替代过程是自由的，只受供需双方的策略和供给者之间的行为影响，不受其他外力影响。

根据完全竞争市场的条件，笔者推导出竞争性商品应该同时具备以下特征：一是正常情况下，政府不会干预企业的经营管理，即政府尊重企业的自主权，企业能够根据市场信号就商品的生产经营进行决策；二是同一市场内部有大量生产者，即每一种商品都不能垄断市场，只能成为既有价格的接受者；三是市场上同类企业生产的商品具有同质性，具有较强的可替代性，如果企业不遵守市场价格，那么就有可能被消费者抛弃；四是资源在产业内部可以自由流动，即商品生产的门槛较低，企业进出产业的困难较小，不受政府影响，同时，企业能否获取生产该商品所需的生产资料是由其自身的能力决定而不是由其他企业或政府决定；五是产业内部企业在获得相关信息方面的机会是平等的，特别是产品和生产要素的价格信息，能够被所有的企业获取①；六是产品的消费和收益具有非排他性、非竞争性，即只有付费者才能取得产品的消费权，获得相关的利益。

有学者将竞争性商品分为一般竞争性商品和战略竞争性商品两类，前者完全符合上述标准，可以视为轻工业或一般消费品，而后者则是指钢铁、汽车、化工、造船等重化工业，商品存在规模经济性且存在自然壁垒，虽然价格、市场和准入均放开，但仍然是国民经济的基础②。

竞争性商品的价格形成机制与非竞争性商品的价格形成机制不同。

竞争性商品价格，大多数学者称之为"市场价格"，也有学者称之为"放开价格"③。这里我们将其命名为"竞争性商品价格"，特指价格放开领域的产品的价格，是与实行政府定价或政府指导价的产品（商品）、公共产品、准公共产品都大不相同的商品价格。竞争性商品的价格是通过具有"可替代性"的商品之间的直接竞争而形成的，供求关系是价格形成的决定性因素，市场

---

① 高鸿业. 西方经济学 [M]. 北京：中国人民大学出版社，2004：188-189.
② 邹积亮. 论市场经济中竞争性产业的价格管制 [J]. 湖北经济学院学报，2007 (3)：27-33.
③ 戈阊. 完善我国放开价格监管机制的研究 [J]. 价格月刊，2015 (3)：19-22.

主体定价的唯一主体①。其实市场价格是相对于计划价格而言的,在计划经济体制下,计划价格指的是价格由政府制订、调整,市场参与者仅仅是被动的执行者和接受者;而在市场经济体制下,市场参与者——无论是供给方还是需求方对商品价格的形成都是能够积极作为的。

本书中竞争性商品特指竞争性的商品和服务,主要是为了和实行政府定价、政府指导价的那些商品区分,具体特指经营者能够自主定价的商品和服务。从这个角度看,竞争性商品也就是指价格在市场上形成的商品。

2.1.2 价格及价格机制

2.1.2.1 价格的内涵

价格是市场交易的中介,是人类社会进入商品经济时代的历史性的经济现象。目前,关于价格的理论主要包括劳动价值理论、价格均衡论、价格刚性理论、博弈论和市场有效理论等理论,② 其中,劳动价值理论尤其受到我国理论界和实践界的重视。

根据马克思主义经济学理论,价格的本质是价值,是价值的货币表现。其中,商品的价值又分为使用价值和价值,使用价值即商品的功能,而价值则是凝结在商品中的无差别劳动,大小由一般劳动时间决定。然而,价格仅仅是价值的表现,尤其受供求关系的影响,价格与价值并不是始终保持一致的,相反,由于生产和需求的不一致,价格总是背离价值并围绕价值上下波动,当然,无论如何波动,价格始终以价值为中心。但决定商品价值的是社会必要劳动时间而不是个别商品生产时间。

由于生产某种商品的社会必要劳动时间和供求关系总是处于不断的调整之中,因而商品价格具有同一性和运动性特征,前者是指同一类商品的价格在社会必要劳动时间影响下会趋于相同,后者是指供求关系变化会导致价格的波动;前者是价格的相对稳定的前提,后者是价格调节功能实现的基础;前者是商品交易得以实现的条件,后者是商品结构得以调整的关键。

① 陈爱国. 论市场经济中的价格形成与价格改革 [J]. 东岳论丛, 1993 (6): 28-30.
② 汪建坤. 五种价格理论及其比较分析 [J]. 数量经济技术经济研究, 2001 (1): 91-93.

2.1.2.2 价格机制

"机制"是指能够实现某种功能的要素结构和运行规则。所谓价格机制是指决定价格生成和波动的系统和规则,一方面指价格与社会经济的构成要素以及价格构成要素之间如何相互作用以及这种相互作用产生何种结果;另一方面指价格形成后又以何种方式影响社会经济活动。前者指价格形成机制,后者指价格调节机制,二者辩证结合便构成了价格机制。价格机制反映的是价格决定因素和价格的作用规律,其运行规律反映的是价值规律,虽然在不同的时间和社会体制下价格机制的表现形式不同,但基本上都可以分为市场价格机制、市场干预价格机制、计划价格机制、计划市场价格机制等类型。马克思在肯定市场机制作用的同时,认为市场机制充分体现了自由竞争的剥削关系和运行的不稳定性。

价格机制是一系列要素的构成方式和运行方式。其中,价值构成了价格机制的基础;货币是价格的表现,反映的是价格机制运行的效果;供求构成了价格机制运行的内在动力,价格反映的是供需关系的变化;竞争是供需关系变动的实现模式,市场主体是通过竞争来改变供需关系的;市场主体是各种价格行为的载体。这些要素具有一定的构成规则和相互作用规律,与不同的商品以不同方式结合都会产生不同的结果,带来不同的经济社会影响[①]。值得指出的是,价格机制的形成既有可能是有意识的制度安排,也有可能是市场自发行为的结果,但无论是哪一种情况,价格机制一旦形成就会与社会经济活动产生深入的联系,无法轻易改变。

但价格机制发挥作用并不是没有条件的,而且价格机制的作用既有可能是积极的,也有可能是消极的。要使价格机制发挥积极的作用,必须具备以下基本条件:产权清晰,只有产权清晰的企业才能够主动应对价格波动带来的挑战和机遇;制度规范,即各类市场主体行为有法可依,行为规范,维护市场主体的有序合理竞争;市场健全,即商品、资本、劳动力和技术等市场体系十分健全,且各类市场统一互通,各类要素能够自由配置;信息完全,即各类市场信息能够及时充分地传递到各类市场主体;竞争充分,即市场主

---

① 穆鸿铎,曹建军,张宇. 价格机制论 [M]. 重庆:重庆出版社,1991:12.

体能够自主根据价格信号做出决策，改进经营管理①。当然，由于价格机制的作用有可能是消极的，因此，需要一个科学合理的干预价格的国家机制，发挥"有形之手"的作用，缓解价值机制的消极作用，避免价格机制对整个社会的猛烈冲击。

2.1.2.3 价格机制的功能

价格机制的根本功能是引导资源配置，最科学的价格机制能够引导资源最优化配置。价格机制的功能主要包括两个方面——微观功能和宏观功能，其中微观功能是指价格机制的基本功能，而宏观功能是指调节社会生产的功能。具体包括以下几个方面功能：

信息传递功能。价格上升或下降表明了供需的增加或减少，价格的一涨一落，向生产者和消费者传达着商品供需调整信息。信息传递功能是指价格变动为生产者和消费者提供经济信息，使企业能够根据商品价格波动情况及时了解市场需求，并调整经营管理。价格机制还为企业提供了研判商品效益的标准，通过对比商品的个别劳动和社会必要劳动，评估企业的生产状况和经济实力，为企业竞争提供信息。价格机制还通过利率、地租和工资等要素价格的变动，为企业投入选择和生产方法的选择提供信息。

刺激生产功能。刺激生产是价格机制的另一个重要功能。首先，刺激企业加强产销衔接，引导企业根据市场需求调整自己的产品供给量和质量，调整企业的产品结构和要素储备和使用，促进社会生产和消费的平衡。其次，刺激企业加强经济核算、降低产品成本的外部压力，并从经济利益上鼓励先进，鞭策后进，促进企业眼睛"向内"，改善经营管理，以提高企业的经济效益。加强经济核算，在降低成本的同时提高经济效益。最后，刺激企业加强技术革新，推动企业通过创新产品，提高产品质量，淘汰落后产品，赢得市场竞争。

收入分配功能。价格既是收入分配的工具又是收入分配的尺度。一方面，价格作为衡量劳动者价值的尺度，能够引导企业主和劳动者评估劳动价值，推动企业利润在企业主和劳动者之间的分配。另一方面，价格传递的信息引

· 35 ·

---

① 万解秋，李慧中. 价格机制论 [M]. 上海：上海三联书店，1989：3-4.

导供求和竞争关系变化，调节着生产者和消费者的收支关系。在市场经济条件下，在国民收入一定的情况下，物价的上涨或下降会极大地影响货币的购买力，进而影响国民收入在不同的行业部门、区域以及群体之间的分配过程。

资源配置功能。价格机制最根本的功能是调节资源配置。价格反映了市场供求，同时也向社会主体反映了不同产业领域的生产效率。当某一领域产品价格上涨时，说明该领域资源配置效率提升；相反，该领域效率下降。为此，价格波动不仅提供了供需调整的信号，而且反映了不同产业领域利润调整情况，会引导企业重新调整投资方向，进而推动资源配置结构调整，进一步提升资源配置效率。

2.1.3　价格规制

2.1.3.1　规制

规制（regulation）是公共权力规范市场行为的手段之一，在社会主义市场经济体系中占有重要地位，在近年来的国内外学术研究中，规制逐渐占据日益重要的地位。在竞争性商品价格规制中，"规制"也是作为研究的基点，是必须首先弄明白的问题。规制由英文 regulation 翻译而来，意为"to control or direct according to rule，principle，or law"，即通过实施法律、法规、制度来约束或规范，在学术界通常被译为"规制""管制"或者"监管"①。在《新帕尔格雷夫经济学大词典》中，regulation 被译为"管制"。1992 年，朱绍文根据植草益关于"regulation"的日文译法，认为"规制"带有依照规则行事的含义，更符合"regulation"原意。根据近年来学界使用习惯，本书统一使用"规制"一词，且对不同概念之间的细微差别不再辨析。

关于"规制"内涵的理解具有明显的学科差异，经济学家更倾向于将其定性为消极的"限制""禁止"②，而法学家则多视其为积极的"鼓励""促进"③。还有一些学者认为"规制"既应包括积极的诱导，也应该包括消极的

---

①　英文中"直接监管"是指 supervision.

②　植草益. 微观规制经济学［M］. 朱绍文，胡欣欣，等译. 北京：中国发展出版社，1992：1.

③　金泽良雄. 经济法概论［M］. 满达人，译. 北京：中国法制出版社，2005：45-46.

压抑两个方面①。在众多研究规制的学者中，植草益②、丹尼尔·史普博③等人的观点较多被接受，这些定义将"规制"视为政府为应对市场机制不完善而对私人领域的直接干预行为，目的是为了改变微观市场主体的经济行为。国内学者对规制的定义与这些定义大同小异，一般都认为规制的主体是政府行政机关，客体是各种经济主体，规制的依据和手段是各种法律法规和制度，明确限定被规制者的行为。一般意义上，规制主要是指公共规制，也称为政府规制，以市场机制为基础，以国家司法、行政以及立法机关为规制主体，以法律、政策、行政或劝告为手段，也就是说规制就是指具有法律地位的规制者依照一定的法律对被规制者采取的一系列行政管理和监督行为。

在理论研究中，规制有广义、狭义之分，广义的规制一方面指国家宏观经济干预，另一方面指微观经济规制。《新帕尔格雷夫经济学大辞典》中分别解释为：通过一些反周期的预算或货币干预手段对宏观经济活动进行调节，以及政府为控制企业的价格、销售和生产决策而采取的各种行动。规制经济学研究中，政府规制一般指的是微观经济意义上的监管。而政府对宏观经济的干预则称为宏观调控。宏观调控和市场监管是现代市场经济体制下政府的两种主要经济职能。

2.1.3.2 价格规制

价格规制是一种重要的经济规制，目的是通过纠正或防止价格机制失灵而优化资源配置，其主要形式是通过政府这种外在力量纠正市场力量的负面效应，进而使价格成为反映稀缺程度的信号，确切反映市场关系，激励和引导市场参与者调整自己的经济行为④。但价格规制仅仅是一种可资借用的力量，是特殊情况下为实现市场制衡和秩序而实行的"调制"⑤，并不能替代市场和市场机制的作用。

价格规制的主体是政府，对象是企业的价格行为，还包括工资、利率、汇率、地租和土地价格等要素价格，包括政府直接定价、政府指导价和对物

① 张守文，于雷. 市场经济与新经济法 [M]. 北京：北京大学出版社，1993：70-71.
② 植草益. 微观规制经济学 [M]. 朱绍文，胡欣欣，等译. 北京：中国发展出版社，1992：1.
③ 丹尼尔·史普博. 管制与市场 [M]. 余晖，等译. 上海：上海人民出版社，2008：45.
④ 刘士敏. 价格规制：缘由、目标和内容 [J]. 学习与探索，2001（5）：54-60.
⑤ 张守文. 略论经济法上的调制行为 [J]. 北京大学学报，2000，18（5）：19-21.

价总水平控制三种形式。一般情况下，价格规制被解释为对外部性等市场机制缺陷的补充。

2.1.3.3 价格规制的类型

规制经济学将规制分为多种类别，一是分为直接规制和间接规制。根据植草益的观点，前者是一种直接干预微观市场主体的决策的规制，目的是防止外部性等有损市场公平竞争和降低市场效率的现象发生[①]；后者则是为市场主体行为提供标准、规范或引导，维持竞争秩序，并不直接干预微观主体决策[②]。

二是分为经济性规制和社会性规制。"经济性规制"主要是为了防止不公平竞争带来的配置效率低下的问题，避免因某个市场主体的垄断和投机行为而造成对行为相对人利益的损害，主要包括设置市场门槛、价格监督等手段。经济性规制，从经济学的角度上看，首先是在具有以生产、配送的规模经济性，网络的经济性，范围的经济性，沉淀成本的大小，资源的稀缺性等作为重要原因而产生的自然垄断性的商品。"社会性规制"主要是为了解决市场主体经济行为的负外部性问题，其目标多为非经济性的目标，即目标一般难以量化测量但却对经济社会长远发展具有重要意义，如生态、健康、安全等社会价值，主要方式包括提供产品标准和生产过程监控，限制甚至禁止某些损害社会价值主张的行为[③]。

价格规制可以分为直接价格规制和间接价格规制，其中，"直接"或"间接"是针对是否直接影响微观市场主体而言的。前者主要是指政府通过法律手段或行政手段直接对微观市场主体的价格行为进行管理，维持市场公平竞争，即价格行为规制；后者则主要是以经济手段为主、以法律和行政手段为辅，通过释放特定的市场信息，引导市场参与者调整供求行为，恢复价格调节功能，因而主要是用于价格水平规制[④]。但无论哪一种，都是政府的公共管理行为，是政府提供的公共服务，而不属于市场行为，不受商品供需关系调节，而受公私关系、政府与公民的关系调节。

---

① 植草益. 微观规制经济学 [M]. 朱绍文，胡欣欣，等译. 北京：中国发展出版社，1992：1.
② 同①：21-22.
③ 同①：1.
④ 刘学敏. 价格规制：缘由、目标和内容 [J]. 学习与探索，2001（5）：54-60.

2.1.3.4 价格规制与价格机制、价格控制、价格监管的区别

价格规制（price regulation）经常与价格管制（price control）、价格监管（price monitoring）、价格监督（price supervision）、价格管理（price management）等词混为一谈。但这些词的内涵是有差别的，价格机制与价格机制与价格控制之间差距较大。

价格机制（price mechanism）。价格机制是市场机制的核心组成部分，是对具有某种市场功能的存在的静态描述，指的是反映商品供需的一种力量结构，力量结构变化通过价格波动表现出来。价格机制分为价格形成机制、价格调节机制和价格监管机制，前面两个机制是价格机制的内在组成，价格监管机制则是为价格机制运转提供保障条件，其中，价格形成机制又可以分为计划价格形成机制和市场价格形成机制。

价格控制（price control）。price control，在《21世纪大英汉词典中》，被翻译为价格管制、物价控制。在《新帕尔格雷夫经济学大词典》中，price control被翻译成"价格管制"，并提出价格控制的几种形式，表现出价格管制是一种较强的行政命令，是临时性的、非常规的经济应急政策。其目标是采用非市场手段维持总供求平衡和社会运转。

价格规制（price regulation 或 regulation of price）。从英文字面上来看，价格规制与价格控制的区别仅仅在于 control 和 regulation 的区别，而根据《牛津高阶英汉双解词典》，control 多用来对国家、地区、机构的管理、控制、支配权力，也有限定、限制的意思。而 regulation，controlling something by means of rulers，强调的是（运用规制、条例）的管理、控制。价格规制不仅在计划经济中存在，在人类历史的较初级阶段的自然经济中也自发存在，而市场经济中的价格规制主要是指对商品价格水平、形成过程和结构的限定①。

价格规制与价格机制很容易区分，价格机制是市场机制中的关键一环，是市场本身作用的关键。而价格规制和价格控制是政府对价格机制的一种干预，是政府的经济手段之一，价格规制与价格控制的区别多是在于政府对价格机制的干预程度、干预方式上以及是否遵守市场经济规律的基础上。另外，

---

① 曾国安. 论市场经济中价格管制的含义、类型以及必要性 [J]. 湖北经济学院学报，2007 (3)：12-18.

价格规制与价格监管也有不同，前者含义更为宽泛。

2.2 作为公共产品的竞争性商品价格规制

在传统的行政管理观念中，政府被视为一种道德的化身，与公众的关系是统治与被统治、教育与被教育、保护与被保护的关系。但这种建立在父权制度基础上的温情面纱已经被撕下，政府与公众的关系已经不再是一种恩赐关系，而是变成了一种类似生产者与消费者之间的非人格的关系，即政府已经被视为一种社会主体，与其他社会主体之间的关系是一种交换关系——政府通过提供公共产品获得其他社会主体的支持，价格规制即是这种公共产品之一。

2.2.1 作为"理性人"的政府

要对价格规制进行经济学分析，必须首先理解政府的经济属性，以及其经济属性带来的行为规则的变化，进而更好地理解价格规制的本质属性。概括来说，在经济学的语境下，政府已经成为一个理性人，而价格规制是其提供的特殊的公共产品。

2.2.1.1 理性人

理性人假设也称为"经济人假设"，是西方经济学的基石，是综合社会主体行为特征后的抽象概念，其主要特征是：从事经济活动的每一个人所采取的经济行为都是力图以自己的最小经济代价去获得自己的最大经济利益。"理性人"假设社会主体的一切行动都符合"理性"要求，在面临选择时总是知道并总是选择对自己最有利的，并努力将这一利己行为的代价降到最低①。

在西方，理性（rationality）原被视为人性之一种。在古希腊，理性就已被视为人的本质属性，柏拉图称之为一种隐藏在现象世界背后的完美秩序。与柏拉图关于"理性"的本体论解释不一样，黑格尔不仅接受了柏拉图的本

---

① 高鸿业. 西方经济学［M］. 北京：中国人民大学出版社，2004：17.

体论解读，将"理性"视为绝对至上的存在，是现象世界的生活准则和行为规范，而且从认识论的角度将"理性"视为一种调节和控制自身欲望和行为的实践力量。马克思对"实践理性"的特征有一段形象的描述：蜜蜂建筑蜂房令许多建筑师感到惭愧。但是，最蹩脚的建筑师从一开始就比最灵巧的蜜蜂高明的地方，是他在建筑过程开始前已经在头脑中把它建成了。劳动过程结束时得到的结果，在过程开始时就已经存在于劳动者的表象中，作为一种观念存在着①。正是由于存在理性这种工具，使得人类能够明确自身行为的价值，并能够找到实现价值目标的路径，从而将人类与动物区分开来。

以"理性人"假设解释经济现象肇始于伯纳德的理论。伯纳德在《蜜蜂的寓言》一书中将"贪婪自利"视为人的本性，但这种个人的"恶德"却是公共利益的基础，有利于社会繁荣②。边沁的功利主义哲学对"理性人"这一抽象概念的内涵进行了阐述。在《道德与立法原理导论》一书中，边沁阐述了最大幸福和自我偏好，并对人类的自利行为和趋利避害的行为特征进行了系统论述，认为"理性人"就是按照自己的偏好追求自己最大幸福的人，而"最大幸福"是可以计算的。

亚当·斯密在《国富论》中正式提出了"经济人"这一概念，并将其视为不证自明的公理。亚当·斯密认为理性人具有如下特征：自私，追求自身利益或者说追求幸福是行动的根本驱动力；理性，在各种限制性条件下，人们能够根据自己的目标作出最优的选择；个人自利行为能够增进公共利益，调节"经济人"行为的是"看不见的手"。米尔顿·梅尔斯认为这些命题构成了"经济人的灵魂"③。此后，约翰·斯图亚特又正式提出"理性人假设"，并认为"经济人"具有"完全理性"，即在信息确定的情况下，人的理性能够在限制性条件下作出最优的选择或决策以实现自身利益最大化，进而最大限度地促进公共利益④。

"经济人"假设提出后，曾经遭到各方面的非议和批评。19世纪末到20世纪70年代，较大的争论有三次：德国的历史学派与奥地利学派之争、利润

① 马克思恩格斯全集 [M]. 北京：人民出版社，1956：24.
② 伯纳德. 蜜蜂的寓言 [M]. 肖隶，译. 北京：中国社会科学出版社，2002.
③ 陈太福. 从"理性经济人"到人的全面发展 [J]. 改革与战略，2000（2）：14.
④ 穆勒. 政治经济学原理 [M]. 金镝，金熠，译. 北京：华夏出版社，2013.

最大化原则之争和理性行为之争。在经济学内部和外部的非难下，"经济人"假设经过不断的调整以一种全新的面貌来适应新的现实需求①。新古典经济学对"经济人"的行为规律进行了数学描述，此后学者又集中关注"理性经济人"中的"理性人"一面②，并将"理性人"限定为一种拥有完全信息、有序偏好以及精确计算能力的人，总是能够通过无懈可击的计算选择满足自己偏好的行为③。

2.2.1.2 政府理性人

作为一种人性假设，"理性人"假设具有极大的理论穿透力，逐渐被社会科学各领域广泛接受并予以发展。加里·贝克尔（Gary S. Becker）认为效用最大化是人类一切活动的直接动机，而"经济分析提供了理解全部人类行为的可贵的统一方法"和"满意的说明"④。在政治学领域，"理性人"假设的引入，将公共治理的理论基础从"道德人"——一种行为动机受利他主义支配的政治实践主体——转向了"理性人"，即追求个人整体效用最大化的政治行动主体，政府理性人即其中之一。

政府理性人假设认为，无论是政治活动中的人还是市场行为中的人都是同一个人，其行为都受效用最大化这一根本的动机影响，官员追求效用与企业家追求利润并无不同⑤。因而划分经济和政治、市场和政府、私人部门和公共部门，是没有意义的⑥。虽然政府理性人与其他市场主体的行为存在着共性逻辑，但与私人部门相比，政府理性人的假设远比"理性人"更为复杂和丰富，交织着更多冲突性的元素。从属性来看，政府理性人的行为基于物质需求和精神需求的双重激励；从层次来看，政府理性人的行为基于自身利益、集团利益和公共利益三个层次的利益刺激⑦。基于此，有学者将政府行为总结

---

① 杨春学."经济人"的三次大争论及其反思［J］. 经济学动态，1997（5）：55-60.

② 王印红，吴金鹏. 对理性人假设批判的批判［J］. 重庆大学学报（社会科学版），2015（6）：193-199.

③ 邓春玲."经济人"与"社会人"［J］. 山东经济，2005（2）：7-8.

④ 贝克尔. 人类行为的经济分析［M］. 王业宇，陈琪，译. 上海：上海人民出版社，1995：19，244.

⑤ Downs. An economic theory of democracy［M］. New York：Harper & Row，1957：295.

⑥ 布坎南. 自由，市场与国家［M］. 吴良健，桑伍，曾获，译. 北京：三联出版社，1989：31.

⑦ 张维迎. 博弈论与信息经济学［M］. 上海：上海三联出版社，2004：1.

成"双重需求激励下"的"三元利益互动"过程[1]。

理性人假设的引入带动了政治学对经济学理论和研究方法的大量吸纳，极大地改变了政府行为研究的理论基础和方法论，其中，经济学领域的公共选择理论、交易成本理论和委托—代理理论影响尤其巨大。公共选择理论与理性官僚制度不同，并不认为政府是公共利益的代表，相反，政府也是一个"理性人"，其行为逻辑与其他市场主体并无二致，认为在市场经济和政治活动中，政府行为的逻辑起点是一致的，经济人范式从经济活动分析推广到政治活动分析，从而打破了政府头上的神圣光环。公共选择理论对政府持一种敌视态度，要求严格控制政府规模和限制官僚权力。交易成本理论认为要提供有效的公共管理，必须建立一种合适的制度以尽量降低交易成本，通过一定的制度工具，使得决策、执行和监督的费用最小化。交易成本理论将政府组织中存在的交易费用及降低交易费用的制度安排引进了公共选择模型，成为评价和选择特定制度安排的重要指标，从而使后者更加具有说服力。委托—代理理论在承认官僚机构的道德风险的基础上提出设计科学的委托—代理制度，从而克服官僚的利己主义行为，实现作为委托人的公众的利益。理性官僚一般假设公共官僚的行为是公正的，也不具备较之政治家更多的私人信息。而委托—代理理论的最大贡献在于同时突破了这两个基本假设，从而将信息不对称和激励机制问题引入了对理性官僚的研究中。

2.2.1.3　公共管理效率

英文 management（管理）一词来源于拉丁语 manus，意为"亲自控制"，其具有两层含义：一是管理主体的意志直接作用于管理对象；二是管理主体主要是通过控制管理对象的行为来实现自己的目标。传统行政管理的理论建立在政治—行政分立、韦伯的科层制以及泰勒的科学管理理论的基础之上，强调的是政府对管理对象的直接控制[2]。除此之外，传统的行政管理理论还认为公共部门与私营部门、公共管理与私人管理之间是完全独立的部门，不仅二者所涉事务不同，而且彼此所遵循的价值标准也存在巨大的差别。总体来

---

①　王波."政治理性人"的基本逻辑：政治学基本人性假设的新思路［J］.海南大学学报（人文社会科学版），2018（1）：12-16.

②　宋煌平.西方公共管理理论的发展及其对我国的启示［J］.学术界，2009（2）：285.

看，传统行政管理是建立在较为稳定的社会环境和简单行政任务的基础之上的，但如果在经济发展迅速、社会变迁加快和行政事务复杂的现代社会，由于竞争缺乏、激励不足和监督困难，传统行政管理的理论和实践均受到诸多挑战，其中最严重的问题是，不透明、僵化的科层制被认为是浪费资源而非有效利用资源，甚至被认为是无效的①。

传统公共行政被挑战的直接原因在于行政效率经不起市场检验。"政府理性人"假设为政府应对这种挑战提供了新的逻辑起点，并推动公共行政向公共管理转变。作为一种新的管理主义和方式，公共管理最大的特征是高度重视政府的效率。为了提高效率，公共管理主张不仅要把政治与行政分开，而且要把决策与执行分开，具体主张包括两个方面：一方面，要把私营部门的管理方式引入政府部门，以结果为导向，提高个体绩效和组织绩效；另一方面，直接利用私营部门的高效资源配置方式。至此，政府的角色发生了较大的转化：首先，政府行为与其他市场主体行为的动力被建立在相同的逻辑起点上，政府实际上已经被视为市场的一部分，与其他的市场主体之间是平等的关系；其次，政府与其他社会主体的关系本质上是一种交易关系，公共产品并非免费的午餐，需要对其提供效率进行拷问；最后，政府的良善仁慈的道德形象被打破，要求关注政府的激励问题。政府理性人的理论和实践，为从经济学的视角对价格规制的动机、效率进行审视扫除了障碍。

追求效率或者效用最大化，本质上是对人的"趋乐避苦"的本性和"数量快乐"的功利主义幸福计算方式的再次肯定，为"好政府"提供了一个可资操作的评判标准②。然而这种建立在经济学和私营部门管理学基础上的实践价值并不能成为公共管理伦理的全部内容，一则是建立在经济学和私营部门管理学基础上的公共管理理论仍然存在诸多缺陷，二则公共管理比私营部门管理要复杂得多，其中服务对象的身份——是公民而非消费者，这决定了效用最大化并不能取代公正等价值观在决策过程中的地位。即便单纯考虑效率，经济效率也无法构成公共决策的全部依据：假如效用函数由两个子效用函数构成，即 $U(X) = u_1(x) + u_2(x)$，如果 $u_1(x)$ 表示决策在经济领域的效

① 休斯. 公共管理导论 [M]. 张成福，王学栋，译. 北京：中国人民大学出版社，2012：39-51.

② 郭夏娟. 公共管理伦理：理论与实践 [M]. 杭州：浙江大学出版社，2010：68-71.

用，u_2（x）表示决策在非经济领域的效用，那么 u_1（x）、u_2（x）的不同权重影响着公共决策的倾向。但 u_1（x）和 u_2（x）的比重变化只说明政府追求目标的不同，并不能完全决定政府的最终决策，即便 u_1（x）明显大于 u_2（x）或相反，也无法确定政府的决策倾向[①]。因此，效率或者经济效益最大化并不是政府的唯一价值追求。

2.2.2 价格规制的公共产品属性

2.2.2.1 作为公共产品的价格规制

公共产品的属性是在与私人物品的比较中得出来的。萨缪尔森一开始就将社会产品分为私人消费商品（private consumption good）和集体消费商品（collective consumption good）[②]，此后又将"集体消费商品"称作"共同消费商品"（public consumption good），并进而简称为"公共产品"（public good）[③]。但其本意仍是"共同消费的商品"，与后来的"公共产品"的意义不完全一致。后来的学者总结公共产品的特性包括"效用的不可分割性（Non-divisibility）""消费的非竞争性（Non-rivalness）""受益的非排他性（Non-excludability）"，并将其作为判定一个产品或服务是否为公共产品的步骤。相反，纯粹的私人物品则不具有外部效应[④]。而纯粹的公共产品的最佳产量应当在这一点实现，即所有消费者因此而获得的边际效益总和恰好等于该种物品或服务的社会边际成本。

价格规制的主要目的是降低参与市场主体间的交易成本，其公共属性非常突出。一是价格规制的效益具有不可分割性。价格规制的重要目的是确保价格水平稳定，实现经济平稳发展和社会福利的持续改善，所带来的效益由消费者和供给者共同享有，无法将其分割成独立的利益单位并由个人独自享有。二是价格规制具有非竞争性。作为公共服务，价格规制具有边际成本为

① 何大安，童汇慧. 理性行为人：对修正"理性经济人"范式的探讨 [J]. 浙江学刊，2014
（5）：163-171.

② Samuelson Paul A. The pure theory of public expenditure [J]. Review of Economics and Statistics，1954，36（4）：387-389.

③ Samuelson，Paul A. Diagrammatic exposition of a theory of public expenditure [J]. Review of Economics and Statistics，1955，37（4）：350-356.

④ 高培勇，崔军. 公共部门经济学 [M]. 北京：中国人民大学出版社，2002：42-43.

零和边际拥挤成本为零的特征，即不会因为消费者的增加或减少而影响价格规制供给的数量和质量，同时也不会因消费者的增加或减少而影响其他市场主体所享有的价格规制所带来的数量和质量。三是价格规制的效益具有排他性。没有办法设置条件将某些市场主体排除在价格规制的受益者范围之外，即便是没有承担价格规制成本（纳税）的市场主体，甚至是违法价格规制的市场主体，也能够分享价格规制带来的效益。

价格规制是政府提供的公共服务，是市场经济条件下政府提供的公共产品，既具有重要的政治意义又有重要的经济意义。但在公共治理的语境下，作为一种公共产品，价格规制的特殊性也十分突出。根据学者们关于规制经济学的研究，可以认为，价格规制的主要依托是政府的强制力，其手段既包括政府直接干预甚至限制市场主体价格行为①，也包括通过间接改变供需关系而影响市场价格的政府行为②。价格规制是一种无形的产品，主要表现为各种法律法规，具有灵活性和任意性；价格规制的主体是政府，其供应权具有垄断性，其他的市场主体无法提供；价格规制认为生产者和消费者的根本目标是一致的，政府要为所有的市场主体提供基本相同的服务；价格规制是国家制度的产物，不仅受到法律法规的直接影响，而且受到意识形态、文化习惯甚至市场波动的影响，不存在普适性的价格规制。价格规制的特殊性决定了对其进行经济学分析的重要意义。

2.2.2.2 竞争性商品价格规制的特征

竞争性商品价格规制的前提是尊重市场规律。虽然在竞争性商品领域资源配置完全受价格机制的影响，但价格机制本身也具有先天性的自发性和盲目性，历史上不断重演的通货膨胀和通货紧缩就是最好的证明。为了约束价格机制的自发性，发挥市场机制的资源优化配置功能，确保经济平稳发展，有必要对价格进行适当规制。价格规制的对象是价格，即供需关系的信号，但实质上调节的却是价格机制，即限制价格机制的负面作用的发挥。竞争性商品价格规制是为了克服市场的负面效应，是"无形之手"和"有形之手"

---

① 植草益. 微观规制经济学 [M]. 朱绍文，胡欣欣，等译. 北京：中国发展出版社，1992：1-2.

② 史普博. 管制与市场 [M]. 余晖，等译. 上海：格致出版社，1999：45.

力量互动平衡的重要表现，是政府权力作用于市场主体的一种形式，本质属于公共服务性质，但这仅仅是一种干预，并不是为了替代市场这只无形之手，相反，这种规制的最终目的是促进价格机制恢复功能。因此，政府对竞争性商品进行价格规制时，必须谨慎选择干预范围，并将市场机制的基本功能作为其边界。

竞争性商品价格规制是一种适度干预。所谓"适度干预"的内涵有多重：干预范围适度，即政府干预竞争性商品价格的范围有限，仅仅是那些价格上涨能够明显影响公众生活水平的产业；干预方式合适，即政府干预竞争性商品价格的方式方法具有一定的限制；干预程度适度，即对竞争性商品价格的干预程度必须合适，不能影响价格机制正常发挥水平。适度干预建立在"有限理性"的基础之上。"有限理性"是与"理性人"相对而言的，"理性人"被假设成是一种完全理性的人，其接收的信息具有确定性，具备完全的计算和推理能力，能够排除干扰选择最优效用，是一种无所不知的存在。但在实践中，具有"全知全能的荒谬理性的"①"理性人"是不存在的。由于人面临的世界是不确定的，而且这种不确定性随着人数的增加而增强，更重要的是人并不是无所不知的②，因而，只能依据有限理性行事。在实践中，有限理性成为一种更具真实性的假说。这种假说强调"根本的不确定性"和"信息的不完全性"③，认为当一个人进行决策时，是无法洞彻交易流程及规则，掌握完全信息、预测未来，达到完全理性的。根据"有限理性"理论，政府的理性也是有限的，在价格规制过程中仍然会存在一些"失灵"情况，因此，政府进行价格规制也应该是有限的。另一方面，如果价格规制的范围无限制扩展，势必会极大地压缩私营机构的活动空间，从而改变市场在资源配置中的地位，进而改变整个经济。因此，由于目标的多样性，即便信息充分，但由于信息处理能力有限和对资源配置效率的追求，价格规制的现实标准应该是"满意"而不是效用最大化或利益最大化。

竞争性商品价格规制具有一定的成本。公共产品的生产、运行和消费都

① 西蒙. 管理行为 [M]. 杨砾，韩春立，译. 北京：北京经济学院出版社，1988：18.
② 卢现祥. 西方新制度经济学 [M]. 北京：中国发展出版社，1996：10.
③ 杨小凯. 不完全信息与有限理性的差别 [J]. 开放时代，2002 (3)：76-81.

是需要成本的①，竞争性商品价格规制也不例外。竞争性商品价格规制的成本是指价格规制制订和实施过程中政府、企业和消费者所承担的各种费用。当竞争性商品价格规制的预期收益超过预期成本时，涉及价格规制的制度安排就会被创新。根据不同的理论，竞争性商品价格规制的成本构成并不相同。根据张五常的理论，我们可以将竞争性商品价格规制的成本视同为交易成本，包括"信息成本、谈判成本、拟订和实施契约的成本、界定和控制产权的成本、监督管理的成本和制度结构变化的成本"。基于帕克的理论，价格规制的成本又可以分为直接成本和间接成本，其中，直接成本包括立法成本、供给成本、权力成本和实施成本，间接成本也称为"服从成本"②。综合来看，竞争性商品价格规制的成本，是指竞争性商品价格规制过程中政府、企业和消费者所耗费的各种资源的总额③，可将其分为行政成本、寻租成本、信息成本和时滞成本以及机会成本等几类。竞争性商品价格规制存在的前提就在于，政府规制的成本应小于市场缺陷造成的社会成本。有鉴于此，要对竞争性商品价格规制的合法性进行评估，其核心就在于对价格规制的成本—收益进行分析。

竞争性商品价格规制是一种法律行为。价格是市场交换的产物，具有天然的自发性和内在的规律性，而价格规制是一种政府行为，是作用于市场机制的外生的、强制性的力量，必须具有一定的合法性，应该源于明确的法律规定。因此，竞争性商品价格规制本质上属于法律行为。首先，市场失灵表现为不同市场主体的利益失衡，而不同的市场主体对于公共产品的需求极不相同，存在较大的冲突，需要从宪法的层面确认政府干预市场失灵的合法性。竞争性商品价格规制的根本目的是完善和平衡不同市场主体之间的利益，是不同利益市场主体的共同的利益表达渠道，展示了宪法赋予政府的权力和责任。其次，竞争性商品价格规制的法律属性还表现为规制行为必须合法，即政府的行为必须是合法的，受到法律和各种规定的约束，而不能是任性而为

---

① Winston Clifford. Economic Deregulation：days of reckoning for micro-economists ［J］. Journal of Economic Literature，1993（3）：1263-1289.

② Parker，Christine. The open corporation：Effective self-regulation and democracy ［M］. Cambridgo：Cambridge University Press，2002：245-291.

③ 石涛. 政府规制的"成本—收益分析"：作用、内涵及其规制效应评估 ［J］. 上海行政学院学报，2010（1）：67-76.

的，且采取的规制措施必须符合法律规定。因此，竞争性商品价格规制的程序设计，必须提高透明度，以此加大对政府价格规制行为的监督和制约的力度。最后，竞争性商品价格规制本质上是规制主体意志作用于规制客体，即被规制的市场主体必须符合价格规制的要求，要依法采取价格行为。

2.2.2.3 竞争性商品价格规制效益的产生机制

巴罗（Barro）证明了随着公共开支的增长，增长率和储蓄率会下降；而随着生产性政府开支的上升，增长率和储蓄率一开始会上升但紧接着会下降①。与其他公共产品和服务一样，竞争性商品价格规制也会对经济增长产生影响，这种影响是通过对市场主体行为的调节实现的，可分为直接影响和间接影响。

价格规制有可能采取的是一种直接的法律规制。在这种情况下，竞争性商品价格规制可以被视为一种额外投入，其可以进入生产函数并进而影响投入产出，从而直接影响经济发展。一般而言，竞争性商品价格规制的一个最重要的结果就是引导市场主体对产品进行合理定价，使得市场价格围绕产品价值合理波动。竞争性商品价格规制的最直接方式就是限制企业的价格行为，防止企业通过不正当的价格行为实现自己的利益。正因为价格规制约束了市场主体的决策和行为，理论上市场主体必须以产品价值为目标，调整自己的生产函数，提升生产效率，降低生产成本，以确保生产成本低于市场平均价格，从而确保企业的利润水平。竞争性商品价格规制对市场主体的影响，还可能通过供应链以及同业竞争的方式扩散到整个产业，促使整个产业的价格水平围绕该产品的均衡价格波动。而某个产业价格水平回归产品本来价值水平，必然会影响其他产业的价格水平，引起不同产业之间的盈利能力的分化，刺激生产要素在不同产业间的重新分配，进而影响整个经济运行。当然，竞争性商品价格规制效益外溢性程度与其他公共产品并不相同，在不同的产业领域和不同的时间能发挥的作用也不相同。

竞争性商品价格规制有时候并不是直接限制企业的法律行为，也可以采取间接的经济规制的方式。实践中，竞争性商品的价格波动，特别是价格总

---

① Barro Robert J. Government spending in a simple model of endogenous growth [J]. Journal of Political Economy，1990，98（5）：103-125.

体水平的迅速攀升并不完全是由市场主体的不正当的价格行为导致的，而是由多种市场因素引起的，比如，改革开放初期，几乎每一个领域的改革都会带来价格的巨大波动，特别是农产品价格改革和国有企业改革引起价格总体水平的波动十分明显。针对这种情况，政府往往通过财政补贴、调整汇率和货币政策等方式调节价格水平。总体来看，竞争性商品价格的经济规制方式主要包括两种。一种方式，政府通过经济手段调节供给侧，即通过生产补贴、税收优惠、贷款支持以及生产要素优先配置等方式，鼓励企业生产或进口更多的产品，调整市场供给，改革开放以来，政府应对粮食、猪肉甚至药品等生活必需品供给短缺方面的问题，往往采取的是这一种方式。另一种方式，政府通过经济手段调节需求端，抑制需求的快速扩大，从而稳定价格总体水平，如政府对房子的限购采取的就是这种方式。与法律规制直接限制企业价格行为、强制企业围绕均衡价格定价不同，经济规制主要是调节市场供求关系，力争从根本上解决问题，这是尊重市场经济规律的一种方式。

值得一提的是，由于经济活动是发生在一定的空间范围内的，因而竞争性商品价格规制也表现为一定的空间维度，即价格规制及其影响都会在一定的空间内发生。前面所提及的改革开放初期，由于价格波动往往是全国范围内的，因而往往由国家采取统一的措施予以干预，各级政府根据中央政府的要求采取的行为也基本一致。但价格波动并不一定都是全国范围内的，也可能是局部的，特别是由于市场主体不正当价格行为造成的价格波动，往往是区域性的。地方政府针对本地区价格波动和不正当价格行为所采取的措施，往往是区域性的。但由于社会主义市场经济是一种统一的市场经济，局部的价格变化会导致本地生产资料的集聚和扩散，通过价格机制的作用，局部地区价格规制会造成更大范围内的商品和生产要素的流动变化，从而使得价格规制的外溢性超出本地范围。

2.2.3 竞争性商品价格规制的需求与供给

2.2.3.1 竞争性商品价格规制的需求

价格规制需求是政府制定规制政策的理论依据，实现价格规制的需求和供给的均衡是竞争性商品价格规制研究的重要目标。竞争性商品会产生对价格规制的需求，根本原因在于，虽然市场的主要功能是提供商品和服务，但市场并不是万能的，无法满足社会的所有需求，或者是提供商品和服务的方式不利于社会的长远发展，需要政府的有形之手予以引导，使市场能够更有效地实现其经济职能。具体而言，可以从宏观和微观两个层次上分析竞争性商品价格规制的需求，从宏观层次上看，竞争性商品价格规制的需求主要源于价格垄断、外部性（externalities）、信息不完全三大问题；从微观层次上看，则是由于人具有追求利益最大化的倾向。

价格垄断。"价格垄断"的情况较为复杂，但一般是指通过串通或滥用市场支配地位，以操作商品市场价格的方式损害其他市场参与者利益的行为。由此描述可以看出，价格垄断并不完全是由多个市场主体合谋完成的，拥有市场支配地位的独立的市场主体也可以进行。价格垄断一般包括统一确定价格、维持或变更价格、通过限制产量或者供应量操纵价格等行为。价格垄断行为发生的根源包括规模经济、控制稀缺资源、拥有商品专卖权、行政垄断等，但无论是由哪一种原因造成的，价格垄断都是不完全竞争的极端表现，会破坏市场竞争。为了避免因价格垄断而破坏市场秩序、降低资源配置效率、影响公众生活水平，有必要由政府对市场主体的价格行为进行干预，即开展竞争性商品价格规制，规范价格行为、减少或防止不规范价格行为。

外部性。很多时候，市场主体的经济活动会给其他社会成员带来好处或坏处，但其自身却无法直接从受益者那里得到补偿或惩罚，这种影响即"外部性"。对于市场主体行为外部性的认识，最早可以追溯到亚当·斯密对经济人的利他性的论述，后经马歇尔、庇古、科斯和奥尔森等人的开创性研究，外部性成为人们认识经济活动的一个重要的基础性的理论范式。虽然经济学界关于外部性的定义并没有统一的界定，有学者认为外部性是一个模糊的概念，可分为科斯外部性、马歇尔外部性和庇古外部性三大类[1]；有学者总结了关于外部性的四种观点[2]；等等。外部性主要表现为私人边际成本收益与社会边际成本收益之间的不一致，这种不一致会导致市场失灵，使资源无法实现最佳配置。政府规制是矫正外部性的重要途径，通过外部性内在化，实现私

---

① 胡石清，乌家培. 外部性的本质与分类 [J]. 当代财经，2011（10）：5-14.
② 柳杨. 关于"政府行为外部性"若干问题思考 [J]. 科技经济市场，2007（10）：112-114.

人和社会的边际成本收益的一致，平衡私人领域与公共领域之间的关系。对市场主体价格行为进行规制，一方面是因为市场主体对此种行为无能为力，另一方面是因为矫正这种行为本身就具有正外部性，只有政府才能承担这一责任。

信息不完全。市场经济理论往往假设市场主体有关商品或服务的信息是完全的，然而在实践中，这种假设是不成立的。市场中的信息偏在是普遍存在的，信息在市场参与者之间并不是均衡匀质分布，即彼此拥有对方不拥有的信息。从主观因素来看，市场上的买卖双方均不可能无限制地公开自己的信息；从客观因素来看，市场主体本身的认知能力各不相同，搜寻和研判信息的能力也是不同的。因此，信息不完全是一种必然的、普遍的、长期存在的经济现象。只要这种信息不完全的情况存在，市场就无法达到最佳，甚至会导致市场失灵。信息不完全会造成逆向选择、道德风险和信号失灵。逆向选择，主要指由于生产者具有垄断商品信息的优势，因而可以通过隐藏对自己不利的信息、提供不完全信息或者有意提供虚假信息欺骗消费者，最终造成产品平均质量下降，优质产品被排斥出市场。道德风险，即信息优势方有可能通过败德行为实现自身利益最大化。信号失灵，即交易双方获得的有用的信息极少以至于无法为彼此的决策提供有效参考，无法为达成合理的交易价格提供依据①，而且有可能会造成更加严重的后果。

犯罪理论。从微观层次来看，竞争性商品价格规制的对象主要是市场主体的不正当价格行为，这种不正当的价格行为可以视为扰乱市场秩序的行为，即在市场经济运行领域，为牟取不法利益，违反国家各种经济法规、扰乱市场秩序、应给予法律或行政处罚的行为。根据犯罪学理论，市场主体的这种犯罪行为有三种解释：生物学原因，即市场主体的价格犯罪行为根源于人的先天和遗传的性质，特别是累犯更是遗传的结果②，依据包括头骨学、人体测量学、遗传生物学、体质生物学等生理学知识；社会学原因，强调市场主体的价格犯罪行为是由社会环境造成的，菲利就阐述了贫穷、政治、道德、文

① 董成惠. 从信息不对称看消费者知情权 [J]. 海南大学学报（人文社会科学版），2006（1）：42-47.

② 加罗法洛. 犯罪学 [M]. 耿伟，王新，译. 北京：中国大百科全书出版社，1995：94-97.

化生活、富余等因素对犯罪产生的影响①，并提出了冲突理论、紧张理论、差别接触理论、标签理论等诸多理论解释社会环境如何造成市场主体犯罪；心理学原因，主要观点认为人的犯罪行为来自人格、道德发展、学习、智力、精神疾病方面的原因②，并形成了精神分析学、精神病学、正常个性心理学、社会心理学等学派。无论是从生物学、社会学还是心理学方面来认识不正当价格行为，其基本假设都是市场主体的不正当价格行为是无法避免的，要尽量减少这种行为带来的负面作用，必须借助政府的力量，对竞争性商品价格进行规制。

2.2.3.2 竞争性商品价格规制的供给

制度指的是为协调人们的相互关系而人为设定的规则，不同的学者对其认知不同③。其中，理性选择制度主义④将自己的观点坚定地置于人们追求个体利益最大化的理性人假设，并从集体行动理论假设出发，认为个体的理性行为会导致集体的不理性，因此，理性选择制度主义特别强调制度对人的行为的规约作用，认为制度是一种包含着允许和限制规则的组合⑤，是"社会中个人所遵循的行为规则。"在理性选择主义者看来，制度是个人和集体之间的博弈规则，用以规范人们之间的行为，能"确保违犯规则会付出沉重的代价和受到严厉的惩罚"⑥。政府从维护自己的统治出发，必须避免因商品价格波动导致社会动荡，而决定政府是否对市场价格进行规制的是社会结构，而不是个人利益最大化。但承认这种情境性因素对政府行为的影响与理性选择理论的主张并不矛盾，相反，正是由于市场主体的理性人特征，使得政府对竞争性商品进行价格规制具有了合法性。根据理性选择理论，竞争性商品价格规制的目的是对市场主体行为进行约束，强调政府规制约束下市场主体的合

---

① 菲利. 犯罪社会学 [M]. 郭建安，译. 北京：中国人民公安大学出版社，2004：36.

② 吴宗宪. 西方犯罪学 [M]. 北京：法律出版社，1999：305.

③ 彼得斯. 政治科学中的制度主义："新制度主义" [M]. 王向民，段红伟，译. 上海：上海人民出版社，2011：19-20.

④ 何俊志. 新制度主义政治学的流派划分与分析走向 [J]. 国外社会科学，2004 (2)：8-15.

⑤ 奥斯特·罗姆. 公共事务的治理之道 [M]. 余逊达，陈旭东，译. 上海：上海三联书店，2000：82.

⑥ North D C. Nstitutions, institutional change and economic performance [M]. Cambridge：Cambridge University Press，1990：3-4.

理策略选择，以免市场主体因追求自身利益最大化而导致市场主体的集体不理性。

竞争性商品价格规制的供给是对市场失灵的回应①，是为弥补市场之不足而主动进行的制度创造和设计的过程，具体包括各种法律、法规和政策的制定②，包括"制度创立、变更，随着时间变化而被打破的方式"等内容。作为一项正式制度，竞争性商品价格规制的达成和运转需要供给者花费大量时间和精力，同时由于此项制度具有明显的外部性，因而政府是其最佳的供给主体。竞争性商品价格规制供给权力由政府垄断，具有普遍约束力和强制性。作为政府主导的正式制度，竞争性商品价格规制供给的特征十分明显：该制度追求的是社会总产出的最大化；政府的制度供给能力和意愿决定其变迁的方向、深度和广度；该制度采取的是一种渐进的改革方式。竞争性商品价格规制供给是要付出相应的成本的，这些成本包括制定、执行、监督等成本，只有规制的预期收益大于规制成本时，政府才应该对竞争性商品价格进行规制。

竞争性商品价格规制的供给有两种方式——诱致性制度供给和强制性制度供给，前者指在利益诱致下，市场主体要求政府对现行制度安排的改造和创新；后者则是政府主动研判市场机制之不足而主动完善价格管理制度。和其他公共产品一样，其供给除了要获得参与者的一致认可外，还必须遵循一定的原则，其中最大的原则就是成本原则，即只有当新的制度安排所带来的收益超过新制度产生的成本或者旧制度安排的成本高于新制度安排的成本时，制度供给才有可能发生"。但这种成本和收益并不是社会成本和社会收益，而是个别制度的变革成本和运行收益③。但任何一项制度的变革都既有可能是激进的，也可能是渐进的，新中国成立后对竞争性商品价格既采用过激进的管制方式，也采取过渐进的管制方式，但主要是以渐进方式为主。无论哪种方式，竞争性商品价格规制的供给都是一个颇具挑战的过程，根据戴维斯和诺

---

① 诺斯. 经济史中的结构与变迁 [M]. 陈郁，罗华平，译. 上海：上海人民出版社，1980：225.

② 姜辉，许如宝. 制度均衡及其有效性分析：基于制度供需理论的视角 [J]. 经济论坛，2018（10）：34-41.

③ 袁庆明. 新制度经济学 [M]. 北京：中国发展出版社，2011：358.

斯的研究，也可以将其过程分为五个步骤①。

影响竞争性商品价格规制供给的因素较多，其中最重要的因素包括以下几点：①政府供给制度的意愿和能力，一方面是指政府官员的利益会影响政府制度供给，政府供给意愿不仅受到社会公众的需求影响，而且受自身的利益格局影响，只有当作为代理人的政府与作为委托者的社会公众的利益一致时，政府才会有足够的意愿提供竞争性商品价格规制；另一方面是指政府是否具有推动价格规制变迁的能力，具体指政府能否突破现有的制度和资源约束，制定有效制度和实施相关规制。②制度供给的成本，即制度设计和实施的预期成本，但学者们对于制度供给成本的观点并不一致，如菲尼突出强调了制度设计中的人工成本，而戴维斯和诺思则认为包括组织费用、技术革新、知识积累和传播等方面的成本。③现存制度的安排，即现存的法律法规和政策措施，如宪法就从宏观层面和意识形态角度对竞争性商品价格规制供给产生影响。科学知识进步和制度选择集的改变，科学知识的进步有助于制度创新和制度供给的实现，同时，与其他经济体接触也会影响到制度选择集的改变。除此之外，社会化也会影响竞争性商品价格规制的供给，一方面价格规制的初始选择强化了现有的价格制度的运行惯性，另一方面围绕现有的价格规制制度会形成一个较为稳定的利益格局和利益集团，改变现有制度安排和利益结构，必然会触发既得利益者的反对，不可避免地增加了规制的决策成本和实施成本。

根据对象不同，可以将竞争性商品价格规制的对象分为供给侧和需求侧；根据方式的属性不同，可以将竞争性商品价格规制的方式分为禁止的方式和鼓励的方式。由于规制对象和规制方式不同，导致了不同的竞争性商品价格规制产生机制：激励供给侧价格行为、激励消费侧行为和禁止消费侧行为、禁止供给侧价格行为（如图 2-1 所示）。具体规制方式包括：供应，即政府通过扩大财政预算扩大商品与服务供应；补贴，通过提供补助的方式引导市场主体按照政府的目标生产商品和服务；生产，与供应有点类似，只不过这里的商品和服务由政府所控制的公共企业进行生产；管制，即通过设立市场准

① 杨瑞龙. 论我国制度变迁方式与制度选择目标的冲突及其协调 [J]. 经济研究，1994（5）：40.

入门槛调整特定市场的商品和服务的生产和销售。

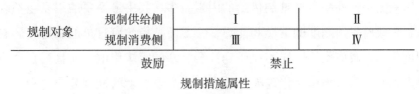

图 2-1　价格规制产生的类型

2.2.3.3　竞争性商品价格规制的供需均衡

均衡是新古典经济学的基本视角之一，均衡分析能够为竞争性商品价格规制的供需匹配情况提供评估和改进的依据，舒尔茨、斯蒂格勒、佩尔斯曼和贝克尔对此都作出了巨大贡献。而根据诺思的理论，竞争性商品价格规制的供需均衡可以理解为既定条件不变情况下的稳定状态，即现有制度的任何改变都不会给市场主体带来额外的效益①。均衡状态可以视为一种利益和力量达到平衡的稳定状态，即竞争性商品价格规制的供需双方的利益都达到了最优，因而双方都不愿意改变现有的价格规制体系。当然，如果改变现有价格规制体系的代价太高，也可能会导致双方无力改变现有价格规制体系②。关于竞争性商品价格规制供需平衡的理解，不同的学科有不同的理解，根据新制度经济学理论，竞争性商品价格规制本质上是一种市场主体之间的博弈规则，供需受设计和实施成本、利益集团和既有规则等因素影响，其供需均衡可以理解为一种博弈均衡，即既定条件下的博弈双方在一定时点上达到的稳定状态。根据规制经济学理论，竞争性商品价格规制的参与者包括政府、产业利益集团和消费者，实现价格规制的供给均衡就是条件一定的情况下公共利益（或部门利益）、产业集团利益和消费者利益最优化的状态。总而言之，竞争性商品价格规制供需均衡是参与各方对既定价格规制体系的满足，各方利益得到了较好的均衡，具体又可以分为静态均衡和动态均衡两种状态。

静态均衡。静态均衡是指在给定情况下竞争性商品价格规制边际收益最低的状态。静态均衡是一种理想化的状态，描述的是一种静态的制度供给关

---

① 罗必良. 新制度经济学 [M]. 太原：山西经济出版社，2005：150.

② 姜辉，许如宝. 制度均衡及其有效性分析：基于制度供需理论的视角 [J]. 经济论坛，2018（10）：34-41.

系，即假设在一段时间内，竞争性商品价格规制供给关系中的各种变量都是确定的，从而各种关系和力量对比也是稳定的，不会随时间的变化而变化。假设竞争性商品价格规制的供给与市场失灵造成的损失成反比，随着价格规制供给的增加，市场失灵造成的损失逐步下降，当价格规制系统取代市场体系时，市场机制的作用为零，市场失灵造成的损失也为零；相反，当竞争性商品价格规制供给为零时，市场处于完全的、野蛮的竞争状态下，市场失灵造成的损失最大。当然，在现代社会这两种极端状态都是不存在的。因此，在竞争性商品价格供给与需求之间存在一个最佳均衡点，此时竞争性商品价格规制的成本与规制市场失灵带来的效益相等。因此，竞争性商品价格规制的静态供给均衡可以表达为规制成本与市场失灵造成的损失之间的反比关系，当二者达成一致时，即为均衡状态，此时的价格规制体系即为最优的。

动态均衡。虽然理论上均衡状态下的竞争性商品价格规制是最佳的制度安排，但均衡状态是理想的、偶然的、短暂的，而非均衡则是常态，因而竞争性商品价格规制体系不断变迁是常态、绝对的。因而，竞争性商品价格规制供需始终处于一种动态均衡状态下，价格规制需求与供给双方的博弈的实际均衡点始终偏离最佳均衡点、不断变化。因此，所谓的动态均衡描述的是一种动态的价格规制体系，即随着时间的推移竞争性商品价格规制的需求与供给始终处于不断的均衡过程之中。动态均衡分析主要是研究在外在条件变化的情况下，竞争性商品价格规制供需如何偏离均衡中心又如何恢复均衡以及均衡状态的稳定性问题。

2.3 法经济学分析范式的基本思路

作为一项公共产品，人们对竞争性商品价格规制的理解大多是从公共行政伦理的角度来展开的，往往把公平和正义作为衡量其存在价值的重要标准。但这种传统的道德分析和就事论事的论证方式在解释竞争性商品价格规制的合法性时显得力不从心。法经济学采取了经济学的基本立场，将制度作为经济增长的内生性变量，将效益和正义两种价值较好地统一起来，为竞争性商品价格规制提供了更为精确的分析逻辑。

2.3.1 法经济学发展历程

2.3.1.1 法经济学的含义

由于法经济学（the Economics of Law）是一门蓬勃发展的新兴学科，因而其名称多种多样，有学者称之为"法和经济学"（Law and Economics）或"法律-经济学"（Law-Economics），有学者称之为"经济分析法学"（jurisprudence of economic analysis）或"经济法理学"（Economic Jurisprudence），还有学者将其定义为"法律的经济分析"（Economic Analysis of Law）或"法律的经济方法"（Economic Approach to Law）或"法律经济学"（Legal Economics）等。这里采用"法经济学"这一较符合汉语习惯的名称，呈现出发展中学科的特征。关于法经济学的内涵的理解并不一致，但无论哪种定义都包含一个基本观点，即运用经济学的基本理论和研究方法分析法律制度的合法性和运行成效。作为一门交叉学科，法经济学兼顾了法学和经济学的基本属性：承认法律是市场经济的内在属性，认为法律的制定和执行应以最大化资源配置效益为目标，主张运用经济学的理论假设和分析工具审视法律现象，找到效益和正义两种价值观的内在一致性，进而实现法律与市场行为的适应。法经济学不仅对于法治实践具有重要意义，而且对于经济实践也具有重要意义。

作为一门学科，法经济学的产生是经济社会实践与学科发展成果交织的成果，具有较为复杂的经济、社会、政治背景①。从经济因素来看，市场失灵是法经济学产生的根本原因。从宏观来看，20世纪30年代的经济危机，一方面让自亚当·斯密以来对自由竞争的信任产生了强烈的冲击，另一方面让人们对政府有形之手的积极作用有了全新的认识；从微观来看，随着现代化生产方式的广泛普及，单个市场主体生产经营活动的影响逐步显现，如何限制其负外部性而刺激其正外部性被提上了日程。在此情况下，克服市场失灵成为经济学家和法学家的共同关注点，作为政府干预市场重要手段的法律越来

---

① 赵凤梅，李军. 法经济学分析范式的历史性考察［J］. 山东大学学报（哲学社会科学版），2008（6）：80-85.

越深入到经济活动领域①，法学不可避免地与经济学发生了碰撞和融合②。从政治因素来看，公平公正不再成为评价政府行为价值的唯一标准。一方面，本质上，政府是管理社会和实现社会财富分配的机构，在传统社会里，政府职能范围较小，管理成本几乎可以忽略不计，但第二次世界大战以后，随着福利型社会的快速发展和政府职能的迅速扩张，政府必须认真处理好有限社会财富和无限政府职能之间的关系。另一方面，由于政府调节有利于恢复市场机制，提升要素配置效率，进而增加消费者剩余③，由此效益成为法学家追问法律行为价值的重要标准，有效增进了对法律本身以及法律问题的理解④。从法经济学的知识谱系来看，20 世纪 20 年代"法律现实主义"（legal realism）思潮是法经济学产生的直接原因。"法律现实主义"是在对"法律形式主义"（legal formalism）的反思和批判中产生的，"法律现实主义"怀疑司法判决的至高无上的地位⑤，认为其弥漫着"情绪化的、直觉的预感、偏见、情绪和其他的非理性的因素"⑥，事实情况是，由于法官是法律判决行为的核心，而支配法官判决行为的是主观价值判断而不是逻辑推理，司法判决的"至高无上"地位便值得怀疑。进而，法律应该被视为"一种运转的工具"⑦，法律变迁与经济因素是互为因果的⑧，"一个国家的法律不可能高于其经济发展"⑨。因此，经济分析可以成为理解法律和法律变迁的有力工具。在上述三个因素的影响下，法经济学破土而出，成为当代法学和经济学最重要的流派

① 林立. 波斯纳与法律经济分析［M］. 上海：上海三联书店，2005：107.

② 简资修. 经济推理与法律［M］. 北京：北京大学出版社，2006：2.

③ 消费者剩余概念是新古典经济学家马歇尔所首创的，它指的是消费者的保留价格与产品实际价格之间的差额的积分。该概念被主流经济学沿用至今并成为福利经济学的核心概念，在福利经济学里，消费者剩余概念是测量和评估消费者福利的基本工具.

④ 张文显. 二十一世纪西方法哲学思潮研究［M］. 北京：法律出版社，1996：202-203.

⑤ Richard A Posner. The problems of jurisprudence［M］. Mass.：Harvard University Press，1990：15.

⑥ Edgar Bodenheimer. Jurisprudence：The philosophy and method of the law［M］. Mass.：Harvard University Press，1974：125.

⑦ Lawrence M Friedman. A history of American law［M］. New York：Simon and Schuster，1973：592.

⑧ Karl N Llewellyn. The effect of legal institutions upon economics［J］. American Economic Review，1925，15：668.

⑨ Samuel Herman. Economic predilection and the law［J］. American Political Science Review，1937，31：821.

之一。

　　法经济学采取的是典型的市场本位主义，"看不见的手"是其思想内核，其基本主张与古典经济学并无二致，如假设市场主体都是独立、自主、自愿的权利主体，且这种独立的权利地位不应该被剥夺；制定和应用法律的主体和市场主体均为理性经济人，会趋利避害，追求效用最大化，等等。这种市场本位主义使得法经济学不可避免地带有对私法以及私有产权交易制度的崇拜和偏见，并乐于论证和支撑私有产权制度和自由放任的市场制度在提高效率方面的作用。因此，虽然法经济学认为法律的制定和运行情况可以用效率加以衡量，并将经济运行效率作为评价法律有效性的重要标准，即将效率代替正义作为法律的标准。然而，在法律领域，效益并不能完全替代正义这一价值，法律本身反映的是人们对秩序的深层次的、根本性的需求。因此，好的法律应该是有机结合了公正和效益二元价值准则，不仅仅应该有利于提升稀缺资源的配置效率，还应该有助于满足人们对社会秩序的需求，忽视了正义价值和效率价值中的任何一方面都称不上"善法"。

2.3.1.2　法经济学发展历程

　　如果将法经济学视为一种理论视角，其发展历史可以追溯到马基雅维利，但作为一门学科，法经济学则较为年轻，其发轫于 20 世纪 30 年代左右，真正确立则是在 20 世纪 60 年代。从理论演化路径来看，法经济学从一种法学研究方法演进为一种经济分析原理进而覆盖到全部法律；从研究内容来看，法经济学开始研究仅局限于反托拉斯法和政府规制领域，后来逐渐扩展到以财产、合同和侵权等为重点的几乎所有法律领域[①]；从空间路径来看，法经济学发源于欧洲[②]，兴盛于美国，随后影响又逐步扩散到欧洲、日本等地。目前，关于法经济学的发展历程，不同的学者有不同的划分方式，如曲振涛等将其分为萌芽、孕育阶段和形成、普及阶段两个阶段[③]；卢现祥等将其分为三个阶段，即 20 世纪 60 年代的初创期、70 年代的成长期以及 80 年代以来的繁

---

① 考特，尤伦著. 法和经济学 ［M］. 张军，译. 上海：上海三联书店，1991.

② Heath Pearson. Origins of law and economics：the economists' new science of law：1830—1930 ［M］. Cambridge：Cambridge University Press，1997：78.

③ 曲振涛，杨恺钧. 法经济学教程 ［M］. 北京：高等教育出版社，2007：3-7.

荣发展期①；赵凤梅等也将其分为范式发轫期、范式勃兴期、范式成熟期三个时期②；等等。具体而言，法经济学的发展历程可以划分为萌芽期、勃兴期和成熟期三个时期。

萌芽期（20世纪50年代前）。法经济学萌芽可以追溯到文艺复兴的启蒙思想家对一些经济现象的描述，亚当·斯密为法理和制度的解释奠定了新的基石。然而，这几百年的研究更多的是一些零碎的思想火花，真正的法经济学分析框架构建肇始于20世纪50年代前，即法经济学发展的第一次和第二次浪潮。其中，第一次浪潮从20世纪初期开始，由康芒斯、罗雪儿、卡尔·门格尔、亨利·梅因、凡勃伦等经济学家推动，但影响有限；第二次浪潮从20世纪30年代开始，由"芝加哥学派"的卡茨、西蒙斯、迪莱克特等法学家推动，此为旧法经济学时期。

勃兴期（20世纪60—80年代）。勃兴期即新法经济学时期或新经济分析时期。1958年《法经济学杂志》的创办成为划分新旧法经济学的重要标志。1960年科斯《社会成本问题》一文的发表使得法律的经济分析实现了一般化。法经济学全面勃兴的标志是法经济学全面进入法学院。新法经济学时期的代表人物有卡拉布雷西③、阿尔钦、德姆塞茨、威廉姆森、萨维尔、斯蒂格利兹等经济学家以及布朗、温特、罗伯特·考特、波斯纳、托马斯·尤伦等法学家，其中，法学家波斯纳的贡献尤为突出。这一时期法经济学在方法论上演化出科斯的进路和波斯纳的进路两条不同的分析路径：前者主张运用法律体系为分析工具研究经济学问题，评估法律制度对经济的影响，目的是为了完善经济制度；后者以经济学方法论为工具研究法律的效益问题，目的是评估和完善法律制度。

成熟期（20世纪80年代中期以来）。这一时期，法经济学影响日益扩大，不仅成为法学和经济学研究中的重要派别，并逐步向其他规范领域扩展，而且在实践中也得到了广泛应用，呈现出相对平稳甚至逐步减缓的趋势。法

---

① 卢现祥，刘大洪. 法经济学［M］. 北京：北京大学出版社，2010：4-7.

② 赵凤梅，李军. 法经济学分析范式的历史性考察［J］. 山东大学学报（哲学社会科学版），2008（6）：80-85.

③ Cento G Veljanovski. The economics of law: An introductory text［M］. London: Institute of Economics Affairs，1999：21.

经济学在应对各种批评中逐步完善，提升了理论和工具的解释能力，增强了学说的预测能力和实践性，特别是加强了新的分析工具，以及实证方法的跟踪和引入①。在一些学者着力推动以经济学、法学、哲学三者结合为主题的"经济法哲学"运动的同时，一些非主流的"法律的经济哲学分析"学派在努力突破法律的经济学分析框架，但这种努力成效并不明显②。总体来看，这一时期法经济学发展较为平和，既没有出现新的"领军人物"也没有代表性的论著诞生和新领域的开辟。

2.3.1.3 法经济学的基本范式和研究方法

范式（paradigm）是托马斯·库恩（Thomas S. Kuhn）提出的概念，主要用于描述"特定的科学共同体从事某一类科学活动所必须遵循的公认的'模式'，包括共有的世界观、基本理论、范例、方法、手段、标准等与科学研究有关的所有东西"③。英国学者玛格丽特·玛斯特曼（Margaret Masterman）将库恩的范式概括为三种类型：哲学范式或元范式、社会学范式、人工范式或构造方式。有学者根据上述理论，将法经济学范式分为基于理性选择理论基础上的形而上学范式、建立在科斯交易成本理论上的社会学范式和基于谈判理论的构造范式，其中，形而上学范式将法律规则约束下的行为选择视同于市场机制调节下的行为选择，经济学分析方法理所当然适用于此；社会学范式强调经济与法律之间的关系，强调法律的经济影响；构造范式认为自愿合作是实现效率的最佳途径，但促进合作却需要克服很多障碍，需要分析法律规则下的人与人之间的应对行为④。

法经济学范式为理解法律行为提供了新的视角和方式。法经济学认为法律的首要功能是提供激励社会福利改善的机制，因而人们应该从社会的角度来评估法律的效用是否达到最优。要更好地理解经济和法律的实质内涵，就必须揭示法律中隐含的激励机制，必须考察人们是如何根据他们所面对的法律规范中隐含的激励机制来调整自己的行为，以及这种行为调整会产生何种后果。为此，法经济学范式一方面基于理性选择假设预测法律规范的行为效

① 魏建. 法经济学：基础与比较 [M]. 北京：人民出版社，2004：10-14.
② 魏建. 理性选择理论与法经济学的发展 [J]. 中国社会科学，2002（1）：102.
③ 库恩，金吾伦. 科学革命的结构 [M]. 胡新和，译. 北京：北京大学出版社，2003：36-43.
④ 曲振涛，杨恺钧. 法经济学教程 [M]. 北京：高等教育出版社，2007：91.

应，认为法律的惩罚、制裁类似于经济学中的价格，而人们对制裁的反应类似于市场主体对价格的反应。人们会根据商品价格波动调节自己的交易行为，同样，人们也会根据法律制裁的严厉程度选择自己的行为：当法律较为严厉时，人们会避免遭到法律制裁。另一方面，法经济学分析范式将效率纳入了法律评估的规范性标准。法律不仅是调整个体关系的工具，而且是实现社会目标的利器，评估法律的标准不应该仅仅是个体主义的，相反，应该将整体主义的目标——社会的总体目标纳入评估体系，考察法律是否有利于促进社会福利的改进①。有鉴于此，耶鲁大学法学院的布鲁斯·阿克曼教授将法律的经济学方法描述为"20世纪法学中最重要的发展"。

总体来看，法经济学通过引入经济学基本假设实现了法律分析的范式革命，不仅提供了审视法律的新视角，特别是对社会福利的关注，必然要求关注法律制定和实施的成本；而且实现了分析工具的革新，以成本—收益分析、案例研究、经验性定量研究等作为基本分析工具，对法律成本—收益进行分析，可以对法律的社会价值做出更为精确和恰当的评估。法经济学的具体研究分析方式大体上可以分为两种。

一种是实证的经济分析方法，这种方法建立在个人主义基础之上，能评价诸多法律制度的效率问题，虽然无法从中得出价值判断，但能对法律制度的目的与其他社会目标进行比较，从而对其效率进行评估。同时，实证分析方法还可以解释存在交易成本时的法律或法院判决对资源的配置问题。

另一种是规范的经济分析方法，规范的经济分析方法源于福利经济学，假设如果在自由市场通过自主达成的契约一定能够让双方受益，但法律往往不是在自愿的基础上达成的，具有追求秩序的倾向，在这种情况下法律的制定和运行不一定能够兼顾双方的利益。此外，由于因信息不完全，立法者对受益者与受损者的个体收益或福利增减情况很难做出精确的判断和估量，因此法律判决仅仅是一种理性选择，即是否选择维护某种有利于促进人类社会福利的特定价值，进而不能用错误或正确评估法律判决，规范分析有利于对选择的价值进行判断。

① 考特，尤伦. 法和经济学 [M]. 施少华，姜建强，等译. 上海：上海财经大学出版社，2002：3.

2.3.2 法经济学分析的逻辑起点

2.3.2.1 理论假设：理性人假设

理性人是一种将行动建立在逻辑推理基础上使手段和目标统一的人，简而言之，就是能够实现手段和目的一致性的人[①]。作为经济学的逻辑起点，"理性人"假设的内涵包含四个层次：第一个层次是纯粹的形式理性，是一切假设的基础，将人抽象为一种不具有道德倾向的目的最大化的追求者，为实现目的最大化，理性人会从众多实现路径中选择最优方案。第二个层次是预期效用理论。预期效用理论认为，未来是不确定的，人按照最大预期效用进行决策，选择的依据就是对风险情境下各种决策后果进行加权评价后的结果，即通过比较不同方案下的成本—收益而采取行动。第三个层次是自我利益最大化，这一理论将人的目的限定为自我利益，此时"理性人"即"经济人"，为追求效用的最大化而排除了一切利他行为。第四个层次最为直白，"目的最大化"从"效用最大化""自我利益最大化"简化为"财富最大化"，获取更多货币化财富是人的行为的唯一目标。四个层次的关于"效用"内涵的限制越来越多，外延则越来越小，理论解释能力却越来越强、越来越具体。有鉴于此，利用理性假设足以说明以货币为媒介的价格机制运行。

前文已经提出，理性人是一种理想化的假设，与真实的人相比，是一种"超人"。理性人是一种基于个人主义的假设，由此推导出社会利益与个体利益的一致性：所有行为人的利益实现最大化时社会利益最大，此时，个人的其他选择不仅会损害自己的利益而且会损害社会利益，整个社会实现均衡，此时，资源配置效率最优。相反，任何一个人企图改变现状都有可能损害他人或自己的利益，打破社会利益均衡，不能实现个体利益的最大化。因此，只有在充分尊重个体自由选择的情况下，行为人才有可能主动维持均衡和不偏离均衡的激励，实现资源配置效率。因此，减少对行为人自由意志的干涉，降低行为人之间的沟通成本，应该是制度建设的核心使命。

但全知全觉的行为人是不存在的，人的生理和精神都决定了人的理性是有限的。复杂的外在环境和个人有限的计算能力决定了人的理性不可能是无

[①] 布劳格. 经济学方法论 [M]. 林仲雄，译. 北京：北京大学出版社，1990：229.

限的。西蒙全面深刻地对完全理性进行了批评，他认为"理性人"假设的环境和能力前提都是不存在的，现实中的决策并非寻找效益最大或最优，而是寻求"满意"①。博弈论也假设行为人对其他人和整个世界的认识都是有限度的②。"有限理性"肯定了信息的不完全性和环境的不确定性，是一种更接近现实的假设。为了弥补和克服理性的不足，人类需要构建法律等共同规则，让集体理性引导行为人按照特定的程序实现自己的利益最大化，同时能够实现行为人之间的有效沟通，进而使社会达到一种均衡状态，实现资源配置的最优状态。

但集体理性也并不完美。一方面，当组成集体的个体都是理性人时，由于每个个体都追求自身最大利益，就会产生垄断、信息不全、外部效应等经济事实，集体的利益将会遭到损害。另一方面，当集体中的个体都是有限理性时，个体的有限理性就会被不确定的行为环境放大，个体目标就更难与集体目标达成一致，集体就会表现出一种非理性特征。值得一提的是，作为一个集体，政府理性虽然具有集体理性的优势，但归根结底仍是一种有限理性。因此，政府行动也会存在失灵，需要对其行为加以规范③、进行有效约束④。法经济学本质上是承认政府理性之不足和政府失灵的可能性，因而主张以法律行为为代表的政府行为进行更为精确的评估。

2.3.2.2 价值取向：效率

效率是对资源使用效率的评价方式，指在既定条件下，单位投入和产出的比较结果。自由主义将追求效率视为人的自由权利，认为人们总是会追求最大的权利⑤。在法经济学中，这种"最大化"被具体为"效用""金钱""效益"⑥。其中，"效用"一开始被看作人的福利指数，效用最大化就是快乐最大化⑦，由于能带来快乐的除了物质还包括非物质的精神因素，因此，实际

① 鲁宾斯坦. 有限理性建模［M］. 倪晓宁，译. 北京：中国人民大学出版社，2005：178-180.

② 刘柯杰. 西方理性主义的回顾与展望［J］. 天津商学院学报，2001（5）：23-25.

③ 李昌麒. 经济法学［M］. 北京：法律出版社，2007：43.

④ 钱颖一. 市场与法治［J］. 经济社会体制比较，2000（3）：3-9.

⑤ 罗尔斯. 政治自由主义［M］. 万俊人，译. 上海：译林出版社，2001：564.

⑥ 丁以升，张玉堂. 法律经济学中的个人主义与主观主义——方法论视角的解读与反思［J］. 法学研究，2003（6）：44.

⑦ 范里安. 微观经济学：现代观点［M］. 费方域，译. 上海：上海三联书店，1994：67.

上"效用"是用来描述消费者偏好的方法。"金钱"是法经济学领域替代"效用"界定最大化的指标，如波斯纳认为效用即"资源达到价值的最大实现"，并用"财富最大化"取代了"效用最大化"①，所谓"效用"即消费者的"支付意愿"，这种方法使得效用内涵更加具体，便于计量。与"效率"相关的另一个概念是"效益"，包括生产效益和配置效益。生产效益表示生产过程中投入与产出之间的均衡；配置效益则表示物品和劳务在众多消费者中的均衡，并认为经济行为人的唯一目标就是实现自身财富的最大化。因此，效率或效益便成为法律的一个重要价值标准，法律的目的应该有利于经济效益最大化。正如本杰明·卡多佐所言，法律的终极目标不是社会正义而是社会福利。

效率成为法经济学的规范性目标后，就可以自然引入成本—收益分析法作为法律效率的评价工具②。通过考察法律制度性约束下所有行为人的利益是否实现均衡状态，可以对法律的实际效率进行评估。但一开始，"效用"并不是一种可量化的标准，对效用的评价依赖于个人的主观感受，无法进行具体比较和加总测算。直到庇古建立了福利经济学体系，专门把怎样才能使国民的经济福利达到最大化作为这门分支学科的研究对象时，情况才有了改变。为此，实践中法律的具体效率标准主要有两种：帕累托效率和卡尔多—希克斯效率或社会福利最大化标准，而后者一般为法经济学的规范研究所应用。

帕累托效率。帕累托效率是指在外在条件一定的情况下，一种法律制度的实施在不使其他人变坏的情况下而使某人变得更好。如果实现了这种改变，那么这种法律制度就是有利的，即实现社会福利的增进。相反，法律制度的实施就是不利的，即没有增进社会福利。帕累托效率意味着一项制度的变迁或交易的进行，至少能够使某一人的效用得到改善而无人因此而境况更糟。然而，要实现帕累托改进必须得到所有相关人的一致同意，条件十分苛刻，即经济行为的边际社会效益等于边际社会成本，具体条件可以表述为：边际社会收益＝边际私人收益＝产品价格＝边际私人成本，也即在生产上和消费上

---

① 林立. 波斯纳与法律经济分析 [M]. 上海：上海三联出版社，2005：26.
② 麦乐怡. 法与经济学 [M]. 孙潮，译. 杭州：浙江人民出版社，1999：2.

均不存在任何外部性①。这是一个非常严苛的前提条件，任何市场中都存在着难以预见的因素和力量，而且交易起点是否公平也会影响帕累托改进的实现。这种严苛的条件，使得帕累托改进的实践意义大打折扣。

卡尔多—希克斯效率。卡尔多—希克斯效率主张，在特定交易中只要盈利者的收益大于受损者利益时或收益足以补偿交易相对人的损失时，交易就可以被视为有效率的，当然这种补偿并不是直接对受损者的补偿。在法经济学中，当法律制度变迁带来的收益大于其造成的损失时，法律制度的实施就是有效的。卡尔多—希克斯效率是帕累托效率的实践版本。帕累托效率的前提是假设所有交易参与者同意下交易才能进行，而卡尔多—希克斯效率关注的是盈利是否足以弥补损失，一旦满足这种条件并不需要所有参与者同意即可进行交易。卡尔多—希克斯效率的逻辑起点仍然是效用最大化假设，遵循的是成本—效益分析模式，从法经济学来看，一项法律制度实施所带来的损失就是其机会成本，如果法律制度变迁的边际收益大于边际成本，就是有效的。卡尔多—希克斯效率是一种"假想补偿原理"，即当受益者能够对受损者的损失进行补偿，且补偿后受益者仍然有剩余，法律制度变迁就是有效的，相反，就是无效的。但这种补偿不一定是直接的，甚至不一定是真实发生的，只是在理论上有这种可能②。总体来看，卡尔多—希克斯效率标准使得"效率"标准变得具有实践的可能性，有助于解释法律制度变迁对社会福利的具体影响③。

社会福利最大化。社会福利问题是福利经济学研究的重要内容，其基本假设是社会福利是个人福利的总和，而不同社会主体之间利益冲突时如何抉择则成为其重要研究内容。社会福利问题产生的前提是资源的稀缺性，在此情景下，进行资源配置应该考虑哪部分人的利益，资源配置又应依据何种标准，便成为经济学应该思考的问题。法经济学认为法律是一种社会制度，是

① Nicholas Mercuro, Steven G. Medema, economics and law: From posner to post-modernism [M]. Princeton: Princeton University Press, 1997: 16.

② 考特，尤伦. 法和经济学 [M]. 施少华，姜建强，等译. 上海：上海财经大学出版社，2002：38.

③ Mark Blaug. Economic theory in retrospect [M]. Cambridge: Cambridge University Press, 1978: 625.

资源配置效率最大化的重要手段①，目的是增进社会福利，即以较小的代价满足更多的社会需求。考特和尤伦甚至曾证明法律是实现社会资源最优配置的较好工具和手段②。在法经济学领域，帕累托效率标准条件苛刻，当交易成本为正时就无法实践，但卡尔多—希克斯效率标准是一种总财富最大化标准，有利于社会福利的增加，只要整个社会收益增大，即可推进法律制度变革。因此，波斯纳将卡多尔—希克斯效率标准等同于社会福利最大化标准③。

效率的引入，突破了法律的单一价值观，正义不再是法律唯一价值。但正义与效率并非不可调和④，经济效益并非是法律的唯一价值，无法不涉及道德评判，用货币代替效用也有一定的负面影响，即法经济学渐渐远离了应有的伦理基础，越来越脱离财富的分配问题，无法解决资源的效益配置是否在道德上可行的最终问题。法经济学者也已经注意到了这一点，认为正义和效率之间有着令人吃惊的关联，是被内化了的原则⑤，能够统一自由、平等和安全三种公正价值的是"共同福利"⑥——类似于社会福利。效率标准或社会福利标准的提出，能够为法律提供一种客观、科学的理解和建构框架，使法律更贴近正义的本义，可以说最大的正义应该是社会福利最大化条件下的正义。

2.3.2.3 环境假设：交易成本

所谓经济环境是指研究对象所处的环境，在法经济学看来，交易成本是一切经济行为发生的环境的基本特征。理性选择理论的一个基本假设是环境不相关性，即环境因素不影响经济行为主体的决策。实际上，影响经济行为主体效率的不仅仅是资源耗费水平，还包括其他因素，即资源耗费成本可以分为"生产成本"和"交易成本"两大部分，"交易成本"也即制度成本。

---

① 波斯纳. 法律的经济分析［M］. 蒋兆康，译. 北京：中国大百科全书出版社，1997：26.
② 考特，尤伦. 法和经济学［M］. 施少华，姜建强，等译. 上海：上海财经大学出版社，2002：68-72.
③ Richard A Posner. What do judges maximize? (The same thing everybody else does)［J］. Supreme Court Economic Review, 1993, 13：2.
④ 波斯纳. 法律的经济分析［M］. 蒋兆康，林毅夫，译. 北京：中国大百科全书出版社，1997：31.
⑤ 弗里德曼. 经济学语境下的法律规则［M］. 杨欣欣，译. 北京：法律出版社，2004：20.
⑥ 博登海默. 法理学：法律哲学与法律方法［M］. 邓正来，译. 北京：中国政法大学出版社，1999：297.

亚里士多德已经开始使用"交易"这一概念，但将其作为较为严格的经济学范畴提出的则是康芒斯（John R. Commons）。康芒斯认为"交易"与"生产"一样是经济活动的基本内容，并认为交易是经济关系的本质。与"生产"过程一样，"交易"过程也产生一定的费用，即交易成本。首先发现"交易成本"的是科斯（Coase R H）。科斯将"交易成本"描述为"利用价格机制的价格"，即经济行为主体发现相关价格的成本[1]，经济实践中资源无法自动实现最优配置的根本原因就在于存在交易成本。威廉姆森（Williamson O E）视交易成本为经济制度或经济体系运行的费用。诺斯（North D C）认为交易成本是达成契约的成本，包括政治和经济组织的所有成本[2]，成本大小受社会制度和技术进步影响。此外，张五常[3]、Colby B G[4] 等人也从不同的角度对"交易成本"的内涵进行了论述。

交易成本理论（Transaction Cost Theory）的提出，为观察从法律制度和法律行为提供了全新的视角、方法和工具，在法经济学中具有基础性意义。交易成本是一种不同于生产成本的存在，但同样能够影响资源配置的效果。综合不同学者的观点，我们可以从两个角度来理解"交易成本"的内涵。从微观来看，交易成本可以指完成一项具体交易所花费的时间和精力。从宏观来看，交易成本是指社会交易得以成功所需的各种资源耗费的总和。因此，有人将交易费用视为经济活动中的摩擦力，这种摩擦力与资源配置效率成反比，当这种摩擦力为零时，资源配置效率最优；相反，资源配置效率则会受到不同程度的影响。在法经济学中，法律被视为调节社会利益的机制，交易成本包括两个方面，一方面是法律的制定和运行成本，包括谈判所需要的信息成本、时间成本以及预防风险的成本；另一方面是将法律所界定的权利格局作为影响资源配置的成本。无论是哪一种理解，交易成本都被视为一种比较产物，即成本和收益的比较结果。因此，是否有利于节约交易成本成为法律分析的核心内容，对法律的制定和运行进行成本—收益分析，可以有效地评价

① Coase R H. The nature of the firm [J]. Economics, 1937, 4 (16): 386-405.
② North D C. A transaction cost approach to the historical development of polities and economies [J]. Journal of Institutional and Theoretical Economics, 1989: 661-8.
③ 张五常. 经济组织与交易成本 [M] 北京：经济科学出版社，1996.
④ Colby B G. Transactions costs and efficiency in Western water allocation [J]. American Journal of Agricultural Economics, 1990, 72 (5): 1184-92.

法律的效率。

目前，学者们对"交易成本"的内涵理解不一致，对其构成的理解也不一致。自科斯以来，对"交易成本"内涵和外延的理解不断扩大，但基本的内涵仍然围绕科斯的理解——"发现相对价格的成本"展开，所有的交易成本基本都包括信息搜寻、谈判、监督和履约等费用[①]。关于交易费用的不同理解见表2-1。整个经济体可以分为生产部门和交易部门，通过度量交易部门所使用的资源的总价值，可以得出整个经济体中的交易成本的总量。根据表2-1中学者们的研究，可以将交易成本分为信息成本、谈判成本、管控成本、避险成本。其中，信息成本主要是搜寻和研判信息的成本；谈判成本是讨价还价的成本，主要针对谈判过程中的机会主义而言；管控成本，主要是为确保交易得以顺利进行的各项成本；避险成本主要是防止有些人利用现有交易机制进行投机甚至欺骗的成本，为防止这些风险，市场主体必然会提升防范能力，进而提升交易成本，降低交易成功率。

表 2-1　关于交易费用的不同理解

学　者	基本主张	交易成本构成
康芒斯	"交易"过程产生费用	买卖的交易成本；管理的交易成本；限额的交易成本
科斯	所有发现相对价格的成本及利用价格机制存在的其他方面的成本	搜寻和信息成本；讨价还价与决策费用；监督费用与合约义务履行费用
阿罗	经济制度的运行费用	信息费用；排他性费用；设计公共政策并执行的费用
威廉姆森	经济学中的摩擦力	事先的交易费用，即签订契约、规定交易双方的权利和责任所花费的费用；签订契约后，为解决契约本身所存在的问题，从改变条款到退出契约所花费的费用
诺斯	规定和实施构成交易基础的契约的成本	市场型交易成本；管理型交易成本；政治型交易成本
达尔曼	交易费用伴随着契约签订和履行的过程	了解信息成本；讨价还价；决策成本；执行和控制成本

---

① 袁庆明. 新制度经济学 [M]. 北京：中国发展出版社，2011：48.

表2-1(续)

学 者	基本主张	交易成本构成
张五常	一系列制度成本，即所谓人与人打交道的成本	信息成本、谈判成本、拟定和实施契约的成本，界定和控制产权的成本、监督管理的成本和制度结构变化的成本等
Hernando de Soto	非市场交易成本	搜寻交易对象所花费的劳动时间的成本以及调研期间的运营资本的机会成本，包括因为等待、为获得准许、消除繁文缛节等所消耗的资源
Colby	行政管理规定导致的交易成本	政策诱导性交易成本，包括代理律师费、工程和水文研究、法院成本以及交给国家机构的费用

一般认为，导致交易成本产生的根本原因在于有限理性（bounded rationality）①，但有限理性并不一定会导致交易成本的产生，如果交易双方彼此信任或交易类似，交易成本仍然可以很低。导致交易成本生成的真正原因在于机会主义（opportunism），机会主义导致了经济行为人的行为难以预测，迫使交易双方付出更多的成本进行交易。实际上，交易成本的产生与"交易"行为的特殊属性也相关，这些属性主要包括三个方面：其一，资产专用性（asset specificity）也被称为相互依赖性（interdependence），即由于交易对象的价值、用途和对象是特定的，因而交易双方存在一种相互依赖性，这种专用性包括地理区位的专用性、人力资产的专用性、物理资产的专用性、完全为特定协约服务的资产专用性和名牌商标资产的专用性五类②。这种专属性需要交易双方付出更多的成本予以维持彼此的关系。其二，不确定性（uncertainty），即由于信息匮乏或信息不对称导致交易的不确定性，增加了交易复杂性和成本。其三，交易频率（frequency），即交易重复发生的次数。资产专用性导致了交易重复性，正是由于这种重复性存在，使得每次交易成本边际递减。由于交易成本与交易持续时间存在正相关，因此，也有学者提出

2 竞争性商品价格规制经济学分析的理论基础

---

① Simon H A. Theories of decision-making in economics and behavioral science [J]. The American Economic Review, 1959, 49 (3): 253-283.

② Williamson O E. Comparative economic organization: The analysis of discrete structural alternatives [J]. Administrative Science Quarterly, 1991, 36 (2): 269-296.

持续时间（duration）和频率共同构成了交易的时间属性（timing）①。此外，学者们还认为廉洁程度（probity）、交易参与群体或资源规模（scale）等②也会影响交易成本。

虽然交易成本与生产成本产生的根源和内在属性均不相同，但经济学的基本分析方式仍然适用于它。在法经济学领域，主要分析方法包括：供给—需求分析，视法律为市场，存在对法律产品的供需关系；成本—收益分析，即对法律的供给成本与收益分析；均衡分析，目的是找出成本最低、收益最大时的法律供给节点；边际分析，分析法律供给的边际成本收益特征。

2.3.3　法经济学分析的基本框架

2.3.3.1　法律制度与交易成本

在交易费用为正的情况下，自由市场并不能实现资源的最优配置，必须引入政府规制才能确保初始权利安排对于资源配置的有效性③。法律制度是政府规制的内容和实现路径之一，可以视之为由政府制定并执行的，目的在于直接或间接干预市场机制，或者改变供需关系的规则④。虽然与一般产品属性不同，法律制度是一种公共产品，但其需求和供给同样受成本—收益规律的支配，只不过这是一种特殊的供需关系：成本的调节作用较弱，且政府是法律制度的唯一供给者。虽然市场失灵是法律制度存在的重要原因，但并非唯一原因，真正决定法律制度需求的还是其本身的效用，即法律制度的制定成本和运行成本与其收益之比。由此可见，是否能够有效降低交易成本是特定法律存在的根本，若能以较小成本降低甚至消弭原有的交易成本则此法律制度有效，反之则无效，甚至会造成社会财富向特殊利益集团的集聚，导致社会资源的浪费和社会道德的沦丧。

法律制度之所以能够降低交易成本，主要原因如下。

---

①　Alexander E R. A transaction-cost theory of land use planning and development control：Towards the institutional analysis of public planning [J]. The Town Planning Review, 2001, 72 (1)：45-75.

②　Williamson O E. Public and private bureaucracies：A transaction cost economics perspective [J]. Journal of Law, Economics, and Organization, 1999, 15 (1)：306-342.

③　Coase R H. The problem of social costs [J]. Law and Economics. 1960, 113 (10)：1-44.

④　史普博. 管制与市场 [M]. 余晖，等译. 上海：格致出版社，2008：45.

一是有利于降低信息费用。信息的获取和处理是决策的前提，及时、充分而准确地获取信息能够有效提高决策效率，降低交易成本。但在实践中，交易双方存在信息鸿沟，彼此所掌握的信息是不完全或不对称的，这种普遍存在的信息不对称可能导致经济活动中存在逆向选择、道德风险和信号失灵等问题，增加交易成本，影响交易效率。然而，法律制度能够通过统一交易规则降低信息成本。法律制度使得交易双方都遵循同样的信息公开规范，规定同样的信息公开内容和范围，使得交易双方的私人信息变成公开的信息，从而极大地降低了信息搜集和处理成本。

二是有利于降低谈判成本。威廉姆森认为，交易成本高企并不一定是有限理性导致的结果，相反，机会主义才是决定交易成本高低的重要原因。机会主义产生的原因有两个方面，一方面，人的理性是机会主义产生的内因，追求自身利益的最大化会诱导人们有意无意误导、欺骗和迷惑他人；另一方面，交易本身的不确定性是机会主义产生的外因，为了增加交易成功的概率，交易双方有可能会采取一些欺骗手段。机会主义增加了谈判过程的互不信任，人们需要更多的有形和无形的成本去获取信息以及评估收益和风险。法律制度有利于规范谈判过程中的种种行为以及彼此之间的关系，使得谈判过程规范化，减少了风险评估过程，这些都有利于降低谈判成本。

三是有利于降低风控成本。风险控制成本主要是为了防止交易过程中出现的违约或者变革契约等风险而产生的费用。追求效用最大化使得履行合同的过程仍然面临一定的风险，为了避免这种风险，双方必然会采取一些防御性的措施，加强交易过程的监督，防止出现违约或者其他风险。法律制度一方面能够增加交易的便捷性，另一方面也能够有效地增强交易的安全性。原因在于，法律制度几乎都规定了违约责任，提高了违规的机会成本，限制了交易双方的投机行为，从而减少交易者的预防风险的支出。

四是有利于降低非市场交易成本。在实际交易过程中，有很多活动与交易本身并无直接关系。这些活动具体包括搜寻交易对象所花费的劳动时间的成本以及调研期间的运营资本的机会成本，包括因为等待、为获得准许、消除繁文缛节等所消耗的资源。此外，也包括政策诱导性交易成本，包括代理律师费、法院成本以及交给国家机构的费用。法律制度的建立，有利于消除繁文缛节、降低廉洁成本等。

值得指出的是，法律制度运行过程中也存在诸多缺陷，和其他经济活动一样，也存在外部性。政府失灵表现之一就是法律制度的外部性，如"寻租"行为。"寻租"是政府作为一种权力主体进入市场后，利用自己的权力垄断地位干预市场主体的行为。寻租行为中的租金就是交易活动中产品需求者所支付的费用超过通过其他可选择途径获取产品成本的部分。寻租行为的产生根源在于政府的"经济人"属性，政府垄断了制定和执行法律制度的权力，抑制了市场机制的发挥，形成超额利润。"寻租"行为是政府这种特殊利益集团实现利益的重要方式，不仅会导致资源的巨大浪费，而且会扭曲价格体系[①]，导致交易成本的急剧上升[②]。

2.3.3.2 法经济学分析基本范式

发展到目前，法经济学分析范式可以分为主流范式以及新分析方式，后者是在批评前者的基础上发展起来的。前者的主要代表代表人物有科斯、波斯纳、贝克尔等，其理论基础来自新古典主义微观经济学，以理性人和效用最大化为假设前提，以理性选择方法来评价法律权利的不同分配所带来的一致性和效率。效率是立法及法律运行效用的标准，效率即正义，并使得后者能够进行客观、方便的衡量。但这种效率不是帕累托改进意义上的效率，而是卡尔多—希克斯效率上的。主流法经济学方法论基于个人主义的，即认为个体理性是集体理性的基础，对集体行为或者说社会行为的分析可以还原为对个体行为的分析，与此同时，主流分析范式还将成本—收益分析、均衡分析、边际分析为等基本分析工具引入法律分析之中。

法经济学主流分析范式广泛而深远地影响了法学和经济学两大学科领域，并促使了两个学科的深度融合。对于经济学而言，法经济学在政府与市场关系之间加入了法律制度这一自变量，解释了法律制度与经济发展之间的关系，说明了经济发展不仅取决于资源、技术等内在因素，也取决于制度等外在要素，影响资源配置的不仅仅是"生产"过程，还包括"交易"过程，让经济学摆脱了"黑板"经济学的窘境，更加接近现实主义。法经济学对于法学的影响更加重大，促使了法学分析范式发生了革命性的变革，法律不再是理所

---

① 张振轩. 刍论寻租 [J]. 江汉论坛，2005 (2)：40-42.

② 李健. 西方寻租理论探析 [J]. 经济学家，1997 (4)：88-92.

当然的存在，而是理性选择的结果，正义作为一种法律的核心价值也不再具有自我完满性，相反，正义变成了一种相对的、历史主义的价值，对于一个理性人来说，"效率"才是决定法律是否正义的背后因素，一切法律制度都要经得起成本—收益的衡量。

然而，法经济学的主流分析范式并非是完美的，相反，法经济学在继承新古典主义微观经济学的内核的同时，也继承了其偏见和不足，如对个体理性的信任，对自由放任主义的崇拜，对私有产权的偏爱等①。正因为如此，主流法经济学分析范式在一路高歌的同时也引起了质疑和反思。这些批判来自法学领域的新自然法学、批判法学、社会法学等派别和经济学领域的制度学派、奥地利学派和公共选择学派，认为主流法经济学忽视了正义和财富的合理分配，强调经济过程的非均衡性，并认为个人主义的方法论和对私人产权的偏好等是对贫富不均现状的辩护，是强调法律的政治属性，是强调法律与经济的互动演进，等等。此外，法经济学认为主流法经济学所宣称的对法律制度的客观的、可衡量的评估标准和方式方法的观点，也是不成立的，具有很强的主观性。

在批判法经济学主流范式基础上，形成了一批新的分析范式。这些范式突出了法律制度形成和运行过程中的政治过程，把关注的范围扩展到非正式制度，尝试从时间的维度观察法律的变迁，更加重视分配公平，尝试将整体主义或集体主义引入方法论，等等。其中，具有代表性的分析范式包括政治经济学分析、经济社会学分析、制度经济学分析、博弈论分析、经济哲学分析、行为法经济学分析等，法经济学分析范式的新视角见表2-2。虽然这些批评和尝试都具有一定的启发性，但这种启发仅仅是对主流分析范式的补充，仍然承认法经济学的基本前提，不能将它们对立起来。本书主要采取的是法经济学的主流分析范式，但对其他分析范式采取开放态度。

---

① 张建伟. 转型、变法与比较法经济学 [M]. 北京：北京大学出版社，2004：60-62.

表 2-2　法经济学分析范式的新视角①

分析范式	基本主张	代表人物
主流分析范式	以理性人和财富最大化为假设前提，以效率为主要价值标准，以个人主义为方法论基础，以成本收益分析、均衡分析、边际分析等为基本分析工具	科斯、诺斯、张五常、波斯纳、贝克尔
公共选择法经济学派	法律不是一个中性概念，法律过程是政治过程，公共政策选择和立法运动构成了法律供给方向	布坎南、图洛克、瓦格纳、罗尔斯
经济社会学分析视角	未来的不确定性会引起非合作倾向或机会主义，因此需要一定的规制体系来规范人和人之间的关系。而社会规范包括正式和非正式的制度，法律与社会规范之间的偏离程度决定了交易成本，要关注非正式制度以及非正式制度与正式制度之间的关系	艾利克斯
制度法经济学派	法律制度是一个可供选择的过程，强调经济与法律的演进性质，要对法律现象进行比较研究，以交易费用分析为切入点，在多种制度方案中选择能使交易费用最低的制度安排。	塞缪尔斯、威廉姆森、施密德、诺斯、斯蒂格利兹
博弈分析视角	博弈论关注人类行为的规律，能够准确反映法律制度下行为人之间的行为互动关系，并能有效地通过对行为相互关系的判断，来寻求适合目标的法律规制	拜尔、皮克
比较制度分析法经济学派	主张将意识形态引入法经济学，注重经济哲学、政治哲学和法哲学的相互关系，在分析和评估法律效用中可以选择多种社会模式，研究和探索不同的社会模式下法律制度与经济的关系	麦乐怡
行为法经济学派	只有以更现实的人类行为假设为基础才能更好地研究法律的内容、结构、演进、效果的评估，运用行为科学和心理学成果更好地解释法律所追求的目标以及实现这些目标的手段，提高法经济学的预测力和解释力。	Jolls，Sunstein，Thaler

2.3.3.3　法经济学分析基本框架

所谓"框架"是一种"解释图式"，是一种理解事物关系的相对稳定的模式。可以将法经济学分析的基本框架定义为一种能够帮助我们从经济学理

---

①　魏建. 法经济学分析范式的演变及其方向瞻望 [J]. 学术月刊, 2006 (7)：76-81.

解法律行为和效率的稳定程式，这种程式包括假设前提、事物关系、逻辑流程等内容，具有系统性、模式化、可重复性等特征。学术界一般认为，法经济学是一门运用经济理论来分析法律的形成、框架、运作以及法律与法律制度所产生的经济影响的学科①。但这种描述只是告诉我们法经济学的来源及其交叉学科的特征，并没有提供可资借鉴的法经济学分析框架。本书尝试构建法经济学的一般分析框架。

　　虽然是一门交叉学科，但法经济学的经济属性更为明显，其构成要素基本来自微观经济学和福利经济学的基本概念。正因为如此，构建法经济学的一般分析框架，应该尊重经济学传统，从经济学的一般分析框架或者说分析逻辑出发。学者们关于经济学的一般分析框架的不同理解对于理解法经济学具有重要意义。虽然考特和尤伦等学者曾指出最大化、均衡、效率等原则构成了经济学的假设前提，也提供了理解法律的基本范畴②。但直接勾勒经济学分析框架的学者并不多。其中，钱颖一曾提出，现代经济学的分析框架应该由视角（perspective）、参照系（reference）或基准点（benchmark）、分析工具（analytical tools）三个主要部分组成③，非常具有启发性。

　　所谓分析框架是指一种能够指导实践的成体系、一般化的操作指南。为此，本书以田国强现代经济学分析框架作为构建法经济学分析框架的基础。田国强将规范的现代经济学分析框架分为界定经济环境、设定行为假设、给出制度安排、选择均衡结果、进行评估比较五个部分或步骤，并认为这五个部分构成了现代经济学的内在逻辑结构。其中，所谓"界定经济环境"是指对研究对象所处的经济环境（economic environment）作出界定，界定的方式包括客观描述经济环境和精炼刻画经济环境特征两种方式，虽然前者更为详细，但后者却有利于简化问题；所谓"设定行为假设"是指对经济人的行为方式作出假设，常用的假设是"自利的人"或"理性的人"，后者是指在给定条件下追求利益最大化；所谓"给出制度安排"即针对经济环境和人的行为方式的最优的制度安排；所谓"选择均衡结果"即既定条件与最优效用之

　　①　Nicholas Mercuro, Steven G. Medema, economics and law: from posner to post-modernism［M］. Princeton: Princeton University Press, 1997: 3.

　　②　考特，尤伦. 法和经济学［M］. 张军，译. 上海：上海三联书店，1994：13.

　　③　钱颖一. 理解现代经济学［J］. 经济社会体制比较，2002（2）：1-12.

间的稳定性状况；所谓"进行评估比较"是将"最优"结果与经济制度安排和权衡取舍后所导致的均衡结果进行比较，以期作出价值判断，为改进经济制度安排提供参考。

根据田国强的理论，法经济学分析框架或程序由五个部分或步骤构成。

界定经济环境。所谓经济环境是指具有一定特征或遵循一定规则或规律的社会现实。法经济学认为法律也是在特定的经济环境中运行的，不一样的经济环境决定了法律的制定和运行效果。法律运行的环境也遵循一般经济规律，即经济行为受成本—收益规律支配，当经济活动的收益高于经济活动的成本时，则经济活动被视为是有效率的，经济活动得以持续开展；相反，则是无效率的，经济活动将会下降甚至会停止。经济活动由生产和交易构成，因而经济活动成本也由生产成本和交易成本构成，前者是价值的生产过程，后者则是一种纯粹的财富耗费。

由此可见，决定经济活动效率的是交易成本。交易成本与经济活动效率成反比：当交易成本过高时，经济活动的效率就会下降，经济活动就会下降甚至停止；相反，随着交易成本下降，经济活动的频率会随之上升，经济活动的效率也会提高，其中，当交易成本为零时，经济效率最高。因此，要提高经济行为的效率，必须有效降低交易成本。但降低交易成本的种种措施也是有成本的，当这些措施能够降低交易成本，且其成本要低于交易成本下降的幅度时，这些措施才是有效的，进而经济行为也才是有效率的。

法经济学认为，法律是一套有利于降低交易成本的制度系统[①]，而法律的产生和运行也是一种理性选择的过程，"涉及对法律成本和收益两方面的仔细权衡"[②]。作为一种降低交易成本的方式，当法律的制定和运行成本过高时，则降低交易成本的收益有限，法律提升经济活动的效率有限；相反，法律则能够有效提升经济活动的效率，推动经济持续发展。

设定行为假设。法学与经济学之所以能够相互渗透、相互促进，"根源于法学和经济学在研究对象和价值观上具有相当的共同性"[③]。法律行为和经济行为统一于行为主体，具有高度的一致性。无论是法学还是经济学都假设行

① 冯玉军. 新编法经济学：原理·图解·案例 [M]. 北京：法律出版社，2018：75.
② 同①：97.
③ 卢现祥，刘大洪. 法经济学 [M]. 北京：北京大学出版社，2010：6.

为主体是理性人，即追求效用的最大化。但效用在法律行为和经济行为中的理解并不完全相同，前者将正义的充分实现视为最佳效用，后者则认为效用是一种可以计算的利益，既包括无形的权利、荣誉等，也包括以货币形态实现的效益。在法经济学领域，正义和效率二者之间并不是截然不同的，有效率的法律制度才是正义的，而所谓的正义则是指法律能够促进经济效率。

由于市场主体追求效用最大化，而法律能够通过降低交易成本提升效用。因此，市场主体愿意接受一种能够解决信息不对称、外部性以及投机行为等带来的交易成本无限上升的法律制度，这就导致了对法律的需求（demand of law）。值得指出的是，法律需求并不是完全产生于法律资源的空白，也可能产生于法律的不完善。与法律需求不同，法律供给（supply of law）并不是由私人市场主体完成的，而是由国家机器提供的。法律是一种公共产品，其本质是要弥补市场之不完善——人的理性有限，人无法无限追求效用最大化。有鉴于此，所谓效用最大化实际上是条件约束下的最大化，而不是人的理性的无限制实现。

可以说，政府是为弥补市场机制之不足而产生的，但政府并不是一个非人格化的存在。作为由个体组成的特殊社会组织，政府也会像理性人一样行动，即对决策进行成本—收益分析。作为一种公共产品，法律也是一种稀缺资源，获得和运行法律都需要付出一定的成本。从政府的角度来看，如果立法和法律运行的成本太高，将会损害政府自身的利益；从市场主体的角度来看，如果立法和法律运行成本高于降低交易成本带来的效益，意味着自己将会为此支付更多的代价——交更多的税或其他公共服务水平下降，因而是无法接受的。因此，法律也是理性选择的结果，一般情况下，长期得到运行的法律在经济上应该都是有效的。

给出法律安排。制度安排是现代经济学研究的必然内容，更是法经济学的核心内容和学科特征。研究法律安排，就是研究在既定的经济规律和人的行为方式的约束下，找出一种合适的法律安排。这种合适的法律安排，应该有两个标准，一方面，立法和运行的成本较低；另一方面，能够最大限度地影响交易双方的行为——包括信息公开、谈判、减少投机等，有效降低交易成本，有效提升交易的收益。理论上，当法律安排合适时，就会形成一种均衡状态。

2　竞争性商品价格规制经济学分析的理论基础

选择均衡结果。"均衡"指的是某一系统中各方面力量或利益达到平衡的状态。法律均衡是一种特殊的制度均衡，即在给定条件下制度的供给和需求达到平衡，制度相对静止的状态①。其内涵包括以下几个方面：一是制度调节的双方单位平等，且拥有缔结契约的自由②；二是改变现存制度不能给经济活动中的任何参与者带来额外收益；三是经济活动参与者缺少改变现有制度的意愿和能力③；四是现存的具体制度之间处于相互适应协调的状态，无互斥关系④。之所以会出现这种相对静止状态，主要是因为改变制度的成本高于改变制度带来的收益。制度均衡是博弈的结果，但均衡只是暂时的，非均衡才是常态。

法律的供给和需求之间的调适也是一个错综复杂的博弈过程。经济活动中，人们对现存法律体系总是很难感到满足，产生不满足的原因既可能是法律供给不足，也可能是供给过剩⑤或制度失灵⑥。造成法律非均衡的主要因素包括：规模经济、外部性、风险、交易费用，直接动力则在于相对价格变化、市场主体的偏好变化和技术的重大突破等因素，这些因素可以导致收益超过成本，或者抑制既有收益的实现。由此可以看出，法律非均衡状态有悖于市场主体利益最大化的目标，必须制定出新的法律或改变现有法律，实现法律供给与法律需求的适应，进而推动各种力量实现平衡，实现帕累托改进。

法律均衡是给定条件下的法律供需均衡。但法律供给并不是随意的，而是受成本—收益结果的支配，即法律的选择是理性的，人们只会选择"最佳法律制度"，即能够带来较大净收益的法律，此时法律状态即为均衡状态。值得强调的是，缺乏改变现有制度安排的意愿并不意味着经济活动参与者对制度是满意的，仅仅是因为制度改变不能带来额外收益，因而缺乏投入资源推动制度变迁的动力。法律均衡实现途径示意见图 2-2。

---

① 罗必良. 新制度经济学 [M] 太原：山西经济出版社，2005：150.
② 斯密德. 制度与行为经济学 [M]. 刘璨，吴水荣，译. 北京：中国人民大学出版社，2004：35.
③ 张曙光. 论制度均衡和制度变革 [J]. 经济研究，1992（6）：30-36.
④ 张旭昆. 论制度的均衡与演化 [J]. 经济研究，1993（9）：65-69.
⑤ 诺斯. 制度、制度变迁与经济绩效 [M]. 杭行，译，上海：上海三联书店，1994：21.
⑥ 韦森. 社会秩序的经济分析导论 [M]. 上海：上海三联书店，2001：94.

竞争性商品价格规制研究

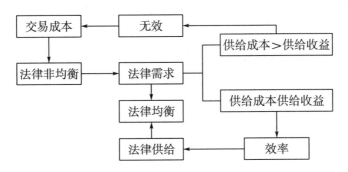

图 2-2　法律均衡实现途径示意

与经济学其他领域相比，法经济学是一门与经济发展实践联系十分紧密的学科，为评估现存法律制度提供了理论基础和分析框架。实践中，法经济学分析一般可以实现三个目标：一是论证现存法律的合法性基础，即能否通过制定或完善法律提高经济效率，改进社会福利；二是评估现存的法律法规是否真的有效；三是评估现有的经济活动效率是否具有改进的空间，能否通过制定新的法律提高现有经济活动效率。这种评估能够为立法和完善法律提供参考。

总体来看，法经济学分析的基本逻辑可以表述为：运用经济学的假设和工具对现有法律效率进行分析，即对现有法律的立法和运行成本与降低交易成本的下降幅度进行分析，并将现有法律效率与均衡状态下的法律效率进行比较，对现有法律效率进行评估，进而得出修改完善现有法律的思路与建议。法经济学分析基本框架见图 2-3。

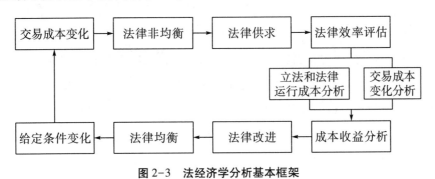

图 2-3　法经济学分析基本框架

2.4 竞争性商品价格规制经济学分析

在市场经济话语下，"竞争"与"自由"的内涵具有高度的一致性，前者往往被视为后者的表现形式，后者则被视为前者的本质要求。"竞争"或"自由竞争"被视为优化资源配置的核心手段，对竞争或自由的任何限制，都应该有充分的理由。竞争性商品价格规制是对市场机制的一种干预，违背了古典经济学的基本假设，其合法性应该得到充分的论证。但目前，一般都认为，竞争性商品价格规制的目的是保护市场竞争中的弱者，其追求的基本价值是公平和正义，即避免交易中弱势一方受到不公平对待，相关研究也多从交易关系出发，评判交易行为中是否存在不公平、不正义的因素，评估保护弱势一方的机制是否能够有效维护公平。但社会福利增长根源于资源配置效率的提升，效率的公平和正义的欠缺不能维持社会的长远发展，竞争性商品价格规制是否合理应该看其能否促进资源配置效率的提升。

2.4.1 法经济学理论对竞争性商品价格规制的适用性分析

2.4.1.1 环境假设的适用性分析

与非竞争性商品相对，竞争性商品一般被认为是价格机制能够发挥作用的商品。价格机制包括价格形成机制和价格调节机制两个方面。理想的价格机制运行环境具有以下特征：价格由市场主体根据自己的生产成本决定；交易双方权利相等，一方无法强制另一方面接受自己的定价；交易是无限可能的，一种商品能够被无限多的购买方接受，即市场上拥有充分的供给者和需求者，个体影响可以忽略不计，且彼此之间不存在合谋的可能；交易信息是充分的，人们在交易中不用担心因信息不完全而作出错误判断；市场无政策、技术或自然的壁垒，资源能够自由流动。满足这些条件，价格机制运行成本为零。因此，理论上竞争性商品价格完全受供需关系影响，即便有暂时的波动，随着时间的推移，也能够通过市场自发调节使价格水平回归正常水平，并使供需达到均衡状态。

但事实上，这种完美的、零成本的价格机制运行状态是不存在的，人们总是通过不同的价格策略来实现自己的利益，在信息的时滞性、交易壁垒、信息不充分、机会主义以及产品专用性等因素影响下，价格形成和价格调节并不是一个自然的过程，而是一种复杂的运行过程，需要人们付出大量精神的和物质的成本，即价格机制的运行成本。这种成本决定了价格机制能否发挥其作用和交易是否能够顺利完成：价格运行成本越高，价格机制效率越低，越偏离其理想状态；相反，价格决策成本越低，价格机制效率越高，越接近其理想状态；甚至在特殊情况下，价格机制会失灵，价格均衡仅仅是一种现实而不是真实供需关系的体现。

总而言之，价格机制运行也是有成本的，而交易成本就是价格的生成成本[①]。当价格机制运行成本过高时，一方面导致交易难以完成，经济活动频率下降；另一方面造成价格信号失真，价格的调节功能难以实现。由于价格机制运行成本是在交易过程发生的，因此可以视之为交易成本的一部分，甚至是其核心部分。由此可见，有关法经济学的环境假设——经济活动，是受交易成本影响，是适用于竞争性商品价格规制的经济分析的。

2.4.1.2 行为假设的适用性分析

理性人假设是经济行为分析的逻辑起点，其同样适用于竞争性商品价格规制分析。理性人假设或效用最大化假设，一方面构成了经济活动的逻辑起点，另一方面，人们对效用最大化的追求也导致了交易成本的增加。马克思曾说，"当利润达到10%时，便有人蠢蠢欲动；当利润达到50%的时候，有人敢于铤而走险；当利润达到100%时，他们敢于践踏人间一切法律；而当利润达到300%时，甚至连上绞刑架都毫不畏惧。"[②] 经济活动中的人会根据内外部环境做出最有利于自己的选择，这些选择有可能是创新产品、降低生产成本等措施，也可能是一种机会主义行为，甚至是违法犯罪的行为，这些选择极大地增加了交易成本。

一般认为，机会主义行为（opportunistic behavior）是一种损人利己的行为，最早由威廉姆森将其引入制度经济学领域。根据威廉姆斯的理解，机会

① 茅于轼. 交易费用是生产价格的成本 [J]. 学术界，2004（1）：5-7.
② 马克思. 资本论 [M]. 北京：人民出版社，2004：871.

主义行为蕴含着浓厚的伦理评价倾向，具有狡诈、自私、不守规矩等负面含义，但在价格形成过程中，机会主义行为应该被视为一个中性词，是指市场主体利用信息不对称的有利因素采取的一种谈判策略，这种策略并不一定违法，只要人们愿意尊重公开的规则且愿意为自己的行为承担相应的风险，就无可厚非。机会主义行为产生的内因在于人的逐利本性，是根本动力；外因在于信息的不对称，是条件，只要周围的环境和条件允许，人的逐利倾向就会转化为具体行动，契约的一方会利用自己的信息优势最大化地实现自己的利益。机会主义行为增加了信息获取和研判的成本，也增加了价格决策、价格执行等风险，从而增加了价格机制运行成本，进而增加了整个交易成本。

机会主义行为可能会导致经济活动的混乱，降低市场交易效率，造成极大的资源浪费。机会主义行为来自人追求效用最大化的本性，是无法从根本上避免的；但造成信息不对称的外在环境则是可以改变的，可以通过设计制度来限制外在因素的负面作用，进一步约束经济活动参与者的机会主义行为。机会主义行为越复杂，对制度设计的要求越高，约束机会主义行为的难度越大。

2.4.1.3 价值取向的适用性分析

目前，对竞争性商品价格进行规制还存在一定的争议，有学者认为政府不应该对市场主体的行为进行干预，特别是对自发形成的价格不应该进行直接规制。这种观点认为市场的自发性要优于政府的理性，政府干预反而会干扰价格机制的运行，造成社会恐慌和不公平[①]。之所以产生争议，原因在于对"自由"这种价值观的坚持，自由是完全竞争的前提，能够有效降低交易成本，提升市场效率。因此，是否对"自由"的市场竞争状态造成破坏是评估竞争性商品价格规制合法性的标准。但"自由"是一种无法确切测量的价值，以此对竞争性商品价格规制进行评估，就具有十分强烈的主观性。更重要的是，所谓"自由"的竞争市场，或者零交易成本的市场是不存在的，竞争性商品是在有成本的条件下进行交易的，这种成本就是价格机制运行成本。

由此可见，竞争性商品价格规制的本质是为了在既定条件下降低价格机制运行成本，是为了提高交易效率，而不是为了所谓的自由，自由竞争仅仅

---

① 史际春，肖竹. 论价格法 [J]. 北京大学学报（哲学社会科学版），2008（6）：56-63.

是一种理想的状态。评价竞争性商品价格规制的标准，不是所谓的"自由"而应该是"效率"，即成本与效益之比。"成本"是指竞争性商品价格规制的成本，"效益"是价格机制运行成本降低的幅度，而"效率"则是二者之差，当前者大于后者时，竞争性商品价格规制就是有效率的，相反则是无效率的。是否有效率是竞争性商品价格规制存在必要性的标准，也是改进竞争性商品价格规制的重要依据。

2.4.1.4 分析方法的适用性分析

法经济学分析方法同样适用于竞争性商品价格规制分析。

成本—收益分析。竞争性商品价格规制是要付出一定费用的，具体包括决策费用、执行费用、监督费用和机会成本。政府是否愿意对竞争性商品价格进行规制的重要依据就是付出成本的高低。竞争性商品价格规制的收益，则是指通过明确市场参与者的权利、义务、利益和责任，为市场参与者带来的实际利益和增进的社会福利。因此，可以就竞争性商品价格规制进行成本—收益分析。

供给需求分析。竞争性商品价格规制是一种公共服务，受公共服务市场供求结构的影响。当市场和社会需要政府提供这种公共服务时，政府必须提供高质量的服务，竞争性商品价格规制必然会发生，否则政府不应该随意干预价格机制运行。

均衡分析。均衡分析同样适用于竞争性商品价格规制。只有当价格规制供给与价格规制需求相适应，交易才能顺利进行；相反，只有当价格规制供需均衡时，经济活动参与者才缺乏改变价格规制安排的意愿，因为无法找出更好的价格规制安排了。

边际分析。边际分析方法同样适用于竞争性商品价格规制的成本—收益分析，一方面竞争性商品价格规制的边际成本会呈现出先降后升的特征，另一方面竞争性商品价格规制的边际效益随着价格规制措施的增加而边际递减，当边际效益为零时，竞争性商品价格规制的收益最大。

2.4.2 竞争性商品价格规制经济学分析范畴

2.4.2.1 竞争性商品价格规制的法律依据

竞争性商品价格规制指的是对与竞争性商品有关的价格机制运行进行监

督、调节和限制，是制度与行动的统一。对价格机制进行规制是世界通行的做法，即便是奉行自由竞争市场经济的国家也纷纷出台法律，对价格机制进行适度调控和干预，以弥补价格机制自发调节的不足。如，澳大利亚的《商业行为法》《价格监督法》，日本的《关于禁止私人垄断和确保公正交易法》《不正当竞争防止法》，美国的《谢尔曼法》《联邦贸易委员会法》，韩国的《物价安定法》《限制垄断与公平交易法》《防不正当竞争法》《出口保护法》以及德国的《反不正当竞争法》《卡特尔法》，等等。发达国家的价格法律充分践行了个体主义的方法论思想，即相信集体行为属性受个体行为决定，集体行动可以还原为个体行动。要保障自由竞争的市场体系平稳高效运行，必须从调节市场主体行为出发，对不正当的价格行为进行规制，以保护公平的竞争秩序，与此同时，对政府的价格行为严格限制，以防公共权力对市场主体的价格行为造成影响，对宏观价格调控则涉及较少。

自 1949 年政务院颁布《关于当前物价问题》以来，我国围绕价格问题出台了一系列的法律法规。但有关竞争性商品价格规制的法律法规是在改革开放后才逐步形成并完善的，1998 年以后我国价格领域的法律法规逐渐与国际接轨，除了《中华人民共和国价格法》之外，还陆续出台了《中华人民共和国反垄断法》《中华人民共和国反不正当竞争法》《中华人民共和国消费者权益保护法》以及配套的《反价格垄断规定》《禁止价格欺诈行为的规定》等细化规定，此外还有《中华人民共和国电力法》《中华人民共和国医药管理法》等法律规定，构成了价格规制方面复杂的、系统的法律体系。从表面来看，关于公共产品、公共服务定价行为以及政府价格行为的规范是价格规制的主要内容，涉及竞争性商品价格规制的内容相对较少，但事实上，竞争性商品价格规制的内容构成了价格规制的核心内容，因为竞争性商品的生产和交易构成了经济活动的主体，受价格机制失灵影响最大，更需要通过法律予以纠正。

2.4.2.2 基于法律调整对象的分析范畴

竞争性商品价格规制经济学分析范畴是由其规制对象决定的。与其他法律一样，有关价格的法律的目的也是调整社会关系，因而竞争性商品价格规制所涉及的社会关系就成为分析对象。杨紫烜认为价格法的调整对象为四种价格关系①。据此，可将竞争性商品价格规制经济学分析范畴确定为四种关系：第一种是指各级价格主管部门的职责范围以及内部的关系，主要由行政法来调整；第二种是指价格主管部门与市场主体在价格行为中发生的关系，具体表现为价格行政主管部门与行政相对行为人之间的关系，主要指公共产品和公共服务定价中政府与公共企业之间的关系；第三种是监督者与被监督者之间的关系，即价格主管部门与市场主体之间的关系，由竞争法调整；第四种是市场参与者之间的价格关系，包括竞争关系和交易关系两种，由价格法、竞争法或民法管理②。

2.4.2.3 基于经济法调整对象的分析范畴

经济法调整对象"是指经济法促进、限制、取缔和保护的社会关系的范围。简而言之，也就是国家用经济法的形式干预社会经济关系的范围，或者说，经济法律规范效率所及的范围。"具体包括市场主体调控、市场秩序调控、宏观经济调控和可持续发展保障、社会分配这四种关系③。竞争性商品价格规制的对象是交易成本，其虽然属于经济法学范畴，但调控的对象并不包括所有经济法学调控的四种关系，而只涉及宏观调控和市场规制两个方面。

所谓宏观调控是国家为了实现经济的可持续发展，调控对象为关系国计民生的重大问题，一般采用的是间接的经济手段。所谓市场规制调整目标是市场参与者之间的微观关系，维护的是交易秩序，干预的对象包括垄断、限制竞争、不正当竞争以及其他损害消费者和经营者利益等行为，前者是对整体市场的调节和弥补，强调公平原则，借助经济手段，侧重运用授权性规范；后者则是对具体价格行为的直接监督管理，强调效率优先，借助行政手段，侧重运用义务性规范和禁止性规范。

宏观调控与市场规制构成了竞争性商品价格规制的"二元结构"，彼此之间有着共同的价值追求和紧密联系，只有市场规范有序时，宏观调控才能真正有效。社会化大生产促使现代经济关系向宏观和微观两个方向的分化，前者日益综合，需要宏观调控；后者则日益细化，需要微观规制，宏观价格调

① 杨紫烜. 经济法（第二版）[M]. 北京：北京大学出版社，2003：638.
② 贺琼. 论价格法的调整对象 [J]. 法制与社会，2008（2）（下）：11-12.
③ 李昌麒. 经济法学 [M]. 北京：中国政法大学出版社，1999：60-72.

控和微观价格规制恰好符合经济关系发展的趋势，二者统筹使用才能实现"有形之手"弥补市场机制不足的目标①。

2.4.2.3 基于价格机制内容的分析对象

很多学者根据我国价格规制的实践，将价格机制视为市场价格过程与政府价格监管行为的总和。据此，可将竞争性商品价格规制的经济学分析对象分为价格总水平规制、价格结构调控、价格形成机制调控、价格运行秩序调整四种。这种划分符合实践需要，但在逻辑上存在一定问题。如果将价格运行秩序调整本身视为价格机制的一部分，而价格运行秩序调整本身是为了防止和弥补价格机制失灵，那么其调整的对象是什么？按照这种定义，价格运行秩序调整就成为市场价格过程自发调节的内容或价格机制自我监督的行为。因此可以视这种划分方式概括的仅仅是价格工作的重要内容，而不是价格机制的内容。

2.4.2.4 基于价格机制运行过程的分析对象

价格机制（price mechanism）是指价格与供需之间的相互关系②，包括价格形成机制和价格调节机制③。前者是指供需关系如何决定价格，具体是指不同的因素如何制约和作用于价格的形成和运动过程，这些因素包括商品的价值、货币价值、供求关系等；后者是指价格信号如何调节供需关系，价格的升降传递着商品的生产和消费等信息，引导生产要素的重新分配和组合，并最终调节着商品的供给和需求，从而实现价格的调节功能并进而实现资源的优化配置。企业自主定价、价格由市场形成是竞争性商品价格机制正常、有效运行的前提，只有充分满足这两个前提条件，供求机制、竞争机制、激励机制、风险机制才能正常运行。

比较经济法调整对象与价格机制相关理论可以看出二者之间具有高度的一致性：价格调节机制是一种宏观调控机制，而市场规制机制的对象是价格形成机制，前者属于宏观范围，后者则是微观领域；前者是对价格总体水平的调节，后者则是针对微观价格行为的规制。因此，竞争性商品价格规制的

① 徐萍. 浅论价格法的经济法属性 [J]. 经济师，2012（9）：66-71.
② 李盛霖，赵小平. 价格管理实务 [M]. 北京：中国市场出版社，2005：2.
③ 刘小南. 试论两个层次的价格形成机制：也谈价格改革的几个问题 [J]. 价格月刊，1992（7）：7-9.

经济学分析范畴主要包括"价格总水平调控"和"经营者价格行为规制"。"价格总水平调控",即通过宏观调控,充分发挥价格调节机制功能,实现商品总供给与总需求的平衡,确保经济平稳运行;"经营者价格行为规制",主要是对不正当价格行为进行规制,通过稳定市场价格总水平,保护消费者和经营者的合法权益。

2.4.3 竞争性商品价格规制经济学分析的基本逻辑

竞争性商品价格规制经济学分析有四个基本前提:一是与古典经济学不同,接受科斯的观点,即承认价格机制运行过程中存在成本,且这种成本越高,供需双方越难以形成彼此可以接受的价格,甚至可能会导致交易失败;二是既承认理性的有限性,又承认价格机制运行的环境存在缺陷,这些给定条件的缺陷导致了交易成本的产生,特别是信息不对称、机会主义和时间频率,极大地增加了价格机制运行成本;三是将价格规制视为降低价格机制运行成本的体系来分析,如同市场机制存在缺陷需要公共权力予以调节一样,价格规制就是要弥补市场机制的不足;四是在给定条件下,价格规制有可能会降低价格机制运行成本,但由于市场机制自身的缺陷,任何形式的价格规制都无法将价格机制运行成本降为零,因而最优的竞争性商品价格规制是指在某一特定时间内能够与市场需求达到均衡的机制。

竞争性商品价格规制经济学分析对象包括"价格水平调控"和"经营者价格行为规制",前者的核心内容是分析价格规制如何降低价格调节机制运行成本,后者的目标是分析价格规制如何降低价格形成机制运行成本。竞争性商品价格规制经济学分析一般包括四个方面的内容:竞争性商品价格规制的合理性分析;竞争性商品价格规制的成本分析;竞争性商品价格规制的效率分析;改进竞争性商品价格规制的对策建议。

对竞争性商品价格规制进行经济学分析的核心目标是评估规制"效率"而不是"正义",这离不开经济学分析方法。其中,最重要的方法是运用成本—收益分析,分析给定约束条件下竞争性商品价格规制单个或多种方法与影响价格机制各种因素之间的相互作用方式,并评估竞争性商品价格规制的效率。运用经济学分析方法,能够比较直观、量化地揭示竞争性商品价格规制结构的基本特征、适用条件和基本范围,明确回答现有竞争性商品价格规制是否有效率以及什么样的价格规制才是有效的等规范性问题。竞争性商品价格规制经济学分析的基本逻辑见图 2-4。

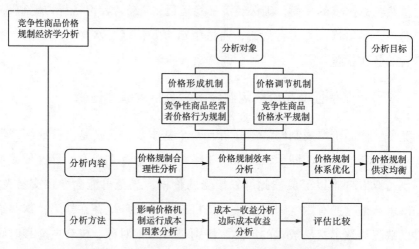

图 2-4　竞争性商品价格规制经济学分析的基本逻辑

3 | 竞争性商品价格规制的实践

我国竞争性商品价格规制具有典型性，是尊重历史和立足现实的实践创新结果。40 多年的价格体制改革历程中，我国一方面根据中国特色社会主义市场经济发展的需求，积极放开绝大多数商品和服务价格；另一方面在改造计划价格体制下的价格管理机制的基础上，逐步建立起符合我国国情的竞争性价格规制体系，形成了"统一领导，分级管理"的管理体制和工作机构，出台了竞争性商品价格规制的法律法规，明确了竞争性商品价格规制的目标、原则、对象、方式等，使竞争性商品价格规制日益走上科学化、规范化、系统化的轨道。从某种意义上讲，实事求是地做好竞争性商品价格规制是我国改革开放得以顺利推进的重要原因，也为读者系统理解竞争性商品价格规制的必要性提供了生动案例。

3.1 我国竞争性商品价格规制的供给动因

我国竞争性商品价格规制体系的建立过程与我国价格改革的过程是一致的，但竞争性商品价格规制形成和完善的过程与竞争性商品价格放开的过程并不是同一的。我国竞争性商品价格规制体系的建立有其自身的逻辑，这个逻辑基于改革开放后我国的价格管理实践，即应对实践中存在的问题而采取的措施，不是计划经济体制下价格管理体制改革不彻底的产物，也不是计划经济下价格管制制度缺陷的改良，而是市场经济发展不同时期对制度的不同需求的结果。总而言之，竞争性商品价格规制有其自身的制度供给动因，其中，有些因素是结构性的，即市场化改革的必然结果，但有些因素则是人为造成的。

3.1.1 通货膨胀

改革开放以来，特别是 20 世纪 90 年代的几次通货膨胀带来的经济社会影响，成为政府进行价格规制的直接原因之一。价格管理改革 40 年来，我国物价总体保持平稳，但随着不同时期经济体制改革的深入推进，也出现了几次较为剧烈的价格波动。从图 3-1 来看，这种较为剧烈的价格波动有 7 次，既有通货膨胀也有通货紧缩，其中，较为严重的两次通货膨胀分别发生在 20世纪 80 年代末和 90 年代中期，持续时间长，通货膨胀严重，影响范围广；而较为严重的通货紧缩发生在 20 世纪 90 年代末。正是在应对这些通货膨胀和通货紧缩的过程中，我国价格规制的手段逐渐建立起来。

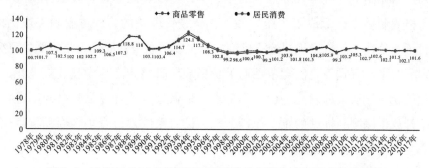

图 3-1　改革开放以来我国居民消费价格指数与商品消费价格指数

粮食价格是所有商品价格的基础，其价格水平不仅决定着市场价格总体水平，而且事关改革发展和稳定大局。因此，粮食价格始终是价格规制的重点关注领域。从改革开放以来，我国每一次价格总体水平剧烈波动，其直接原因都与粮食价格上涨有关——无论是国际粮食价格上涨还是国内粮食价格上涨都会引起通货膨胀，特别是加入 WTO 以后，国内市场总体价格水平受国际粮食价格影响较大。

无论是通货膨胀还是通货紧缩都会带来较为严重的经济、社会后果。一方面，价格波动特别是恶性通货膨胀会极大地影响经济发展，造成盲目扩大投资，金融秩序混乱，经济结构失调；另一方面，通货膨胀会严重影响国民收入，降低国民消费能力，影响人们生活水平的提高和社会的长治久安。如，1988年上半年，全国零售物价总指数上升幅度达到12.7%，8月份达到23.2%，甚至在一些城市爆发抢购风潮，火柴、食盐甚至毛衣毛裤都成为抢购对象，与此同时，居民储蓄大幅度下降。1988年9月召开的党的十三届三中全会决定，把改革重点转移到治理经济环境、整顿经济秩序上来。在改革开放前期，政府往往采取直接的行政手段进行价格规制，其中粮食价格、房地产价格、药品价格以及垄断产业价格等往往又是规制重点，如2010年专门出台了《反价格垄断规定》和《反价格垄断行政执法程序规定》等一系列稳定价格的措施。

3.1.2　不正当价格行为

改革开放初期，在以放为主的价格改革导向下，政府还缺乏一套应对不正当价格行为的有效措施，价格欺诈、哄抬物价、乱收费等价格违法行为屡见不鲜，不仅严重扰乱了市场秩序、影响国民经济协同发展，还严重侵害了消费者的权益，造成了严重的经济、社会乃至政治问题。这种现象近年来明显收敛，但仍然存在。如，2017年12月的"雪乡宰客事件"，一名游客与家人在黑龙江省牡丹江市海林市雪乡游玩时，遇到了价格欺诈、乱收费等不正当价格行为，如以低价吸引游客预订房间、高价出售食品等。该案引起了极其广泛的关注，造成了极大的负面影响。

类似的触动国人神经的案例还有很多，如果不对其进行严厉打击，会直接侵犯消费者和其他市场主体的切实利益，不仅导致价格信号失灵，扭曲价格传递需求信息和调节生产的功能，还会导致大家对市场机制本身的怀疑，将不正当价格竞争视为市场机制的必然产物甚至内在属性，进而反对市场经济改革，增加改革的难度。

3.1.3　价格形成机制转换

竞争性商品价格规制体系的形成不是一种被动应对挑战的过程，而是一种主动的适应过程，即在市场化背景下，随着新的竞争性商品价格形成机制逐步形成，价格规制逐步由政府定价管理向市场价格治理转变。这种转变，本质上是由市场价格运行机制的特性造成的。虽然市场经济条件下价格关系能够更好地反映需求关系，但却不能反映全部真实的经济和社会关系。因此，必须建立起一种非市场化的价格制度以解决市场化价格运行机制所不能解决的难题，使市场运行重回均衡状态。

价格基准不断提升。商品价格不断上升是消费者对价格体制改革的最直接感受。在计划经济条件下，政府有意识地维护"低工资、低物价、低消费"的格局，价格基准始终保持在较低的水平。改革开放后，在短缺经济背景下，我国价格基数出现了全面而显性的上涨。价格基准不断提升，这对价格规制提出了新的要求。价格基准不断提升，表面上看是市场主体投机的结果，实际上是市场价格形成机制的结果。市场价格形成机制恢复了价格的市场调节功能，物价能够较好地反映商品的本来价值，一方面在短期内导致了价格的快速上涨，另一方面推动了社会财富的再分配，提升了社会消费能力的持续上升，消费能力的持续上升又刺激了商品的升级换代和消费水平的提升，推动企业扩大生产、创新技术和提升产品质量，进一步推动了商品质量的持续上升。因此，市场价格形成机制必然会导致商品价格上涨和消费能力相对稳定之间的矛盾，化解这一矛盾需要建立一种全新的竞争性商品价格规制体系，避免市场机制的缺陷，使资源配置实现帕累托最优。

价格结构性波动。随着市场经济的深入发展，市场价格形成机制所带来的影响也发生了变化。价格改革之初，在卖方市场格局下，全面涨价是市场格局的重要特征。但是，当市场经济体制逐步走向成熟时，特别是在买方市场格局下，通货膨胀往往不再表现为全面涨价而是表现为结构性涨价。其具体表现为：一是生产技术进步缓慢的商品价格会持续上涨，而生产技术进步较快的商品价格则快速下降，如由于农业生产技术进步较慢，因而农产品价格始终保持一种稳定上涨的态势，相反，由于生产技术的快速提升，家电、服装、通信等一般消费品的价格则快速下降；二是高新技术产品价格保持较高的水平，而传统产品价格一般较为稳定；三是房地产等资产价格上涨幅度逐步成为我国物价总水平变化的关键因素之一，资产价格上涨已经成为我国物价波动预警机制的重要组成部分，一般商品和服务价格与资产价格关系日趋紧密，后者甚至成为前者价格波动的决定性因素。

价格形成过程国际化。从宏观来看，竞争性商品价格规制面临的环境特征包括两个方面：第一个特征，正如前文所说，是我国逐步实现了从卖方市场向买方市场、从生产主导型经济向消费主导型经济的转变；另一个特征，随着我国经济逐步融入世界经济格局，特别是加入 WTO 后，我国逐步建立了国际化的市场价格形成机制，即国内价格波动不仅受国内市场供需关系变化的影响，而且受国际商品供需关系的影响，特别是原油、铁矿石、铜、铝、大豆等进口依存度较高的资源产品，国际市场价格对国内市场价格影响较大，部分产品的国内价格甚至由国际市场决定。与此同时，随着我国外贸规模特别是贸易顺差的不断扩大，在改革开放初期经常引发信贷通胀的投资因素影响逐步下降，在外汇管制等因素影响下，外汇因素已经成为触发信贷通胀的主要因素。在改革开放不断深化的情况下，无论是大宗商品价格形成机制，还是通货膨胀发生机制都发生了重大转变，竞争性商品价格规制体系必然需要与时俱进地予以创新并逐步完善。

市场主体价格行为变化。市场主体价格行为变化是市场形成机制变迁的核心内容，也是促使竞争性商品价格规制体系建设的内在因素。所谓市场主体价格行为变化主要有两个方面的内涵：一方面，是指在商品定价过程中企业的自主地位被承认，企业成为商品定价的主体；另一方面，是指企业在市场竞争中会根据市场条件的变化——买方市场条件或卖方市场条件，即根据自己在市场交换中的地位，采取不同价格策略甚至不正当价格行为，以赢得市场竞争。在此情况下，政府既要引导、规范企业开展正当的竞争，又要防止因个体企业的不理性行为导致市场的集体不理性行为，规范市场竞争行为，制止企业滥用价格权进行不正当竞争的违法行为，维护正常的市场秩序，确保市场经济可持续发展。

3.2 我国竞争性商品价格规制体系的建立过程

改革开放 40 多年来，我国价格改革的过程始终被视为一种"放"的过程。甚至有人认为，一旦价格完全放开，价格管理机构就完成了其历史使命，没有存在的必要了。但实际上，我国价格改革是价格形成机制转换、价格结构性调整和价格调控管理体制改革"三位一体"的，是一个"有退有进"的过程。这个机制转换过程由两个部分构成：价格形成机制由政府形成价格为主逐步转向市场形成价格为主；价格监管机制实现由适应计划经济需求逐步转向适应市场经济需求。由于市场价格形成机制主要作用于竞争性商品领域，可以说，建立适应市场经济发展要求的价格规制体系的重点内容之一就是建立竞争性商品价格规制体系。

我国竞争性商品价格规制体系的建立过程与竞争性商品价格形成机制的建立过程相一致，都从探索建立农产品价格稳定机制开始，经小商品价格规制制度建设直至财产价格稳定机制建设等，截至目前，我国竞争性商品价格规制体系已经初步形成。这是一个从自发到自觉的过程，即从单纯的稳定物价举措逐步转向一种系统的、制度化的设计。根据 40 多年来价格体制改革的探索和不同时期的工作重点和特征，我国竞争性商品价格规制体系的演绎过程分为五个阶段，与我国价格体制改革探索的阶段基本一致。

3.2.1　初始阶段：1978 年 12 月—1984 年 10 月

党的十一届三中全会拉开了我国价格体制改革的序幕。1978 年 12 月—1984 年 10 月，我国开始了价格体制改革的初步尝试，这个尝试从 1979 年大幅度提高 18 种农产品收购价格开始，紧接着又大幅度提高 8 种副食品的销售价格。在生产资料领域，我国利用《关于煤炭工业几个经济政策问题的请示报告》《国家物价总局、财政部、冶金工业部关于调整生铁、焦炭出厂价格的通知》重点提高了煤炭和钢铁价格。在工业消费品（轻工业）方面，1982 年 9 月—1984 年 10 月，国务院分三批陆续开放小百货、小文化用品、小针织品、民用小五金、民用小交电、小日用杂品、小农具、小食品和民族用品中的小商品等 9 类轻工业、手工业领域的小商品价格。其中，1982 年 9 月第一批放开了 6 类 160 种（类），1983 年第二批再放开 350 种（类），1984 年 10 月 6 日，国家物价局〔1984〕价轻字 360 号文下达了《关于全部放开小商品价格的通知》，全部放开小商品价格。在服务业领域，交通运输和邮电通信价格费用都适当提高了。此外，烟酒价格也得到适当提高、涤布价格稍微降低。总体来看，这一阶段价格体制改革的特征是"调放结合，以调为主"，基本思路是在坚持计划经济体制的前提下，适当引入市场价格形成机制，重点解决农产品和工业品的"剪刀差"过大以及工业及交通成本高利润低等问题。但不难看出，所谓价格调整的主基调就是提高相关商品的价格。虽然这一阶段的价格改革基本上都收到了预期效果，根据国家物价局计算，在社会商品零售总额中，改革之前的 1978 年，国家定价占 97%，市场调节价格只占 3%，到了 1984 年，国家定价占 73.5%，国家指导价占 10.5%，市场调节价占 16%；但也引起了一些问题：物价暴涨、哄抬物价、货币增发、财政赤字等，社会经济较为混乱。

为此，国家采取了一些稳定物价的措施。1980 年 4 月 8 日，党中央和国务院发出《中共中央、国务院关于加强物价管理、坚决制止乱涨价和变相涨价的通知》，包含有加强物价管理的 10 条规定，并要求立即开展一次物价大检查，在最短的时间内刹住涨价风。同年 11 月 5 日，国务院又要求各地在规定时间内，大张旗鼓地开展一次全国性的市场物价大检查。11 月 15 日—30 日，国务院召开的省长会议决定：各级物价部门和工业、商业部门都要建立物价检查机构，街道居民区要建立不脱产的物价监督小组，定期检查物价情况。对违反物价政策乱涨价、变相抬价、任意收费的，要给予批评教育、纪律处分和经济制裁；对套购倒卖、投机倒把、牟取暴利的要依法惩办。同年 12 月 7 日，国务院再次发出《关于严控物价、整顿议价的通知》，要求在全国开展几次物价大检查。1982 年 8 月 6 日，《物价管理暂行条例》出台，要求县以上（含县）各级物价部门要设立物价检查机构。1983 年 7 月，国家物价局建议设立物价监督检查司，各省区市和地市设立物价检查所，作为物价局的一个部门。

这一阶段，"完善计划价格体制"的思想居于价格改革的主导地位，政府主要实施"调放结合，以调为主"的政策。该阶段价格改革是在旧的传统体制框架内进行的，政府定价仍处于主体地位，侧重于对价格结构进行有计划的调整。这一阶段主要是价格改革的酝酿、准备和探索，价格改革主要以国家计划调整价格结构为主，价格改革调整的范围大都集中在生产领域，改革重点是价格结构的调整和农产品购销价格的改革。

3.2.2　展开阶段：1984 年 10 月—1988 年 9 月

这一阶段，我国突破了以往"计划调节为主，市场调节为辅"的理论束缚，计划价格与市场价格相结合的"混合价格体制"思路居主导地位，主张"放调结合，以放为主"，价格改革的重点是改变旧的价格形成机制，使之适应新的经济活动需要。

1984 年 10 月，我国价格体制改革进入了新的阶段，迈出了更大的步伐。当年召开的十二届三中全会强调了价格体制改革在我国经济体制改革中的关键地位，并再次强调价格体制改革的目标是使价格能够灵敏反映商品、劳动、服务的供求关系①。根据《中共中央关于经济体制改革的决定》精神，国家加快了价格放开的进程，即扩大市场形成价格的商品范围。继 1984 年 5 月赋予国营工业企业一定比例产品的自销权和自主定价权之后②，1985 年 1 月又放开了工业生产资料超产部分产品的价格③，至此，我国工业生产资料形成了计划内平价、计划外议价的双轨制价格。从 1985 年上半年开始，农产品和交通运输领域的价格管理也开始调整，当年取消了粮食、棉花、食用油及油料的超购加价，实行按比例价收购，并取消了对粮食、棉花、食用油及油料的统购制度和统购价格。此后，我国开始实行合同定购和合同定购价格，除少数重要农产品和少数经济作物由国家定价外，其他农产品价格放开，由市场调节。1986 年，除全部放开小商品的价格外，其他如家电、自行车以及中长纤维布等轻工业品价格也放开，极大地扩大了一般消费品的市场调节价格的范围。1988 年，我国提高了粮食、油料的收购价格和原油等重工业品的出厂价格，以及肉、蛋、糖、菜四类副食品价格，并放开了名烟名酒价格。

总体来看，从第二阶段开始，我国进入了全面价格改革阶段。这一阶段价格体制改革的基本特征是"放调结合，以放为主"，强调市场价格形成机制的重要性，但并没有放弃国家对价格的管理和调整。第二阶段的价格放开取得了重要成果，从 1984 年到 1988 年，国家定价收购农产品占比下降了 30.5 个百分点，为 37%；生产资料价格定价占销售总额比重下降了 30 个百分点，为 60%；国家定价在商品零售总额中的占比下降了 26.5 个百分点，为 47%。至此我国市场零售价格的国家管价比重已经接近西方少数发达国家的水平④。

---

① 1984 年《中共中央关于经济体制改革的决定》。
② 1984 年 5 月，国务院《关于进一步扩大国营工业企业自主权的暂行规定》。
③ 国家物价局、国家物资局《关于放开工业品生产资料超产自销产品价格的通知》。
④ 王来保. 市场经济条件下市场价格总水平取向的研究 [J]. 中国物价，2004 (9)：7-11。

但由于价格放开、农副产品提价以及工业品生产资料价格双轨制，部分领域的价格上涨迅速传导到所有产品，造成了工业品生产资料供应紧张，经济过热，通货膨胀，加大了人们对物价上涨的心理预期。

为了应对这种情况，国家进一步完善了价格管理体制。1987年9月，《价格管理条例》出台，指出价格管理的目标是稳定市场价格、安定人民生活、保障经济改革，这一目标被后来的《中华人民共和国价格法》所继承。具体方式包括"直接管理""间接控制"两种方式和"国家定价""国家指导价""市场调节价"三种价格形式。《价格管理条例》的特点是突出强调了"管理"，即强调了国家进行价格管理的必要性，规定了价格管理的范畴，各级政府的职责，价格监督检查的程序以及价格违法行为的惩罚标准。《价格管理条例》的出台，进一步完善了《物价管理暂行条例》，是我国价格管理的第一部基本法规，标志着我国价格管理进入了法治的轨道和我国价格规制体系建设进入了新的阶段，对保护生产者、经营者、消费者的合法权益，制止和处罚价格违法行为，发挥了重要作用。然而，《价格管理条例》重点强调的是"直接管理"，对于"间接控制"的内容涉及不多，但在随后商务部发出的《关于认真学习贯彻执行<中华人民共和国价格管理条例>的通知》中，专门强调了要"发挥国营商业平抑物价的作用"，要求把安排市场与稳定物价结合起来。为了遏制物价过快上涨，1988年10月24日，国务院又专门出台文件，要求严格限制生活必需品和农业生产资料价格上涨，整顿流通领域的价格和收费①。

3.2.3　巩固阶段：1988年9月—1992年1月

经过10年的价格体制改革，我国价格管理面临着新的形势和挑战，其中最核心的是，随着价格的全面放开和调整，价格总体水平上涨，出现了干扰价格改革的通货膨胀问题。这一问题已经无法通过直接管制市场主体的价格行为加以解决，必须大力发展生产，实现社会总供给与总需求的基本平衡，为深化价格体制改革提供良好的经济环境。为此，自1988年9月开始，国家一方面巩固价格体制改革的成果，治理宏观经济环境，开始了"放""调""控"结合、以"控"为主的价格改革。

---

① 1988年，《关于加强物价管理严格控制物价上涨的决定》。

一方面继续放开和调整价格。1988 年是我国价格改革过程中值得关注的年份：农村的农产品以及农副产品收购价格得到了适当提高；城市肉、蛋、菜、糖购销价格不合理，由财政暗补，改为提高售价，对职工实行明补；放开名烟名酒价格，提高了部分烟酒价格。1991 年，价格改革取得了新的进展，逐步提高了原油、钢铁、铁路货运、粮油、煤炭、糖、卷烟、水泥、镀锌薄板和冷轧硅钢片等产品的价格，共取消不合理的收费 42 亿元，减轻了企业和群众的负担。这一阶段最重要的价格调整措施是根据 1989 年 11 月召开的党的十三届五中全会的决定，开始逐步解决生产资料价格"双轨制"问题①。

到 1992 年，我国进一步扩大了市场调节价商品的比重，在生产资料方面，放开了指导性计划煤和定向煤的价格、部分化工产品价格、统配玻璃价格、绝大部分机电产品价格、部分优质钢材价格等。在工业消费品方面，除了盐和少数药品外，价格基本上都已放开。在部分地区还试点放开了粮食和石油价格。至此，在改革开放进行到第 14 个年头的时候，我国已经放开了一大批商品价格，由市场进行调节。随着生产的进一步发展，计划外调节商品数量逐渐增加，国家管理商品价格的范围大幅缩小。在农产品和市场零售的商品中，放开价格实行市场调节和半放开国家指导价的商品，已经占到 4/5 以上；在生产资料中，也已占到一半以上②。

另一方面切实加强了价格调控措施和制度建设。1989 年，国家开始推广"383 工程"控制物价经验，出台了《稳定集贸市场物价实施方案》《关于"383"宏观监测办法》《省际物资协作管理暂行规定》。1989 年党的十三大提出了逐步理顺生产要素价格的任务，通过有计划地建立与健全外汇市场、资金市场、房地产市场、技术市场和信息市场等，相应地健全国家调控生产要素价格的办法，使进入市场的生产要素价格的形成和变动形成新的机制，逐步趋向合理。1989 年 11 月 9 日通过的《中共中央关于进一步治理整顿和深化改革的决定》提出的主要改革目标中有六项与物价调控有关，进一步完善了价格水平调控的思路，其中最重要的是降低通胀目标、价格结构调整目标和宏观调控体系建设目标。1990 年，党的十三届七中全会明确了此后十年和

---

① 1989 年，《中共中央关于进一步治理整顿和深化改革的决定》。
② 成致平. 把握有利时机深化价格改革 [J]. 价格理论与实践，1992 (5)：2-5。

"八五"期间价格改革的目标：建立和健全合理的价格形成机制和价格管理体制，除少数关系国计民生的重要商品和劳务价格外，一般性商品和劳务价格由市场调节[①]。进入 20 世纪 90 年代，为适应农村经济发展和经济体制改革的需要，根据国务院领导同志"关于把物价管理工作下伸到农村大集镇"的指示，1991 年 5 月 28 日，国家物价局、人事部、财政部发出《关于开展农村物价机构试点的通知》，同意国家物价局选择有条件的少数农村大集镇进行试点，确定为试点的大集镇可设立物价检查所，作为县物价局的派出机构：宣传贯彻价格政策法规，交流传递价格信息，监督检查有价有费单位的价格行为，依法查处各种价格违法行为，以及承担县物价局交办的其他工作任务。

总体来看，这一阶段价格改革是宏观经济秩序调整的重要组成部分，具有控中有改、调放结合等特征，标志着价格管理体制改革从"直接管理"转向"间接控制"为主的阶段。过去价格改革是放开与调整相结合，"张开两个翅膀"；今后价格改革，除了少数放调任务以外，主要是建立、健全以市场形成为主体的价格机制和国家对市场物价的调控体系。1992 年以后，国家开始规范市场价格秩序，价格监督检查以及价格法制建设不断得到加强，先后颁布并实行了《价格违法行为行政处罚规定》《价格监督检查管辖规定》《关于商品和服务实行明码标价的规定》《禁止价格欺诈行为的规定》，等等，把物价监督检查工作纳入法治轨道。

3.2.4 决胜阶段：1992 年 2 月—1998 年 4 月

这一阶段的价格改革是在建立社会主义市场经济体制的目标下进行的，价格改革的思路发生了战略性转变，价格改革的重点转变成构建"社会主义市场价格新体制"，价格改革的内容及范围更加深刻和广泛。

1992 年开始的价格改革基本上是围绕"一个目标""两个转变""三个机制"进行的。"一个目标"就是坚持和完善物价控制目标责任制，努力实现全年物价控制目标，实现物价总水平的相对稳定，为改革开放、经济发展和人们生活安定提供一个宽松的经济环境。"两个转变"一是指从政府价格形成体制向市场价格形成体制转变，二是指从不合理的价格体系向价格灵敏反映商

① 1990 年，中共中央《关于"国民经济和社会发展十年规划"和"八五"计划的建议》。

品价值和市场供求、各种差价关系和比价关系合理的社会主义市场经济价格体系转变。"三个机制"是指建立和完善价格的形成机制、价格的约束机制和价格的保障机制。这一阶段价格体制改革的广度和深度都超过以往，逐步从商品和服务价格改革扩展至生产要素价格改革。

这一阶段的价格改革是在党的十四大精神指引下进行的。1992 年 10 月党的十四大再次强调了价格改革在我国经济体制改革全局中的关键地位，仍然将建立市场价格形成机制作为价格改革的最终目标。次年党的十四届三中全会部署了这一阶段价格改革的具体任务，对价格双轨制、生产要素价格、价格总水平稳定、重要商品储备等热点问题作出了重点回应①。经过全面价格改革，我国竞争性商品和服务价格基本全部放开，市场价格体制初步建立，实现了在通货膨胀背景下的价格改革，为经济"软着陆"提供了有利条件，推动我国经济进入了"高增长、低通胀"的持续稳定发展阶段。

与此同时，我国价格规制体系建设也取得了决定性的成果，在积极探索价格总体水平过快增长治理方式方法的同时，在价格规制体系建设方面也取得了里程碑式的胜利。1993 年 6 月 24 日，针对 1992 年秋季以来我国经济在高速前进中出现的"三高一乱"（高投资、高货币投放、高物价以及经济秩序有些混乱）现象，中共中央、国务院出台 16 条措施②加强市场物价管理，收到了预期效果；同年 8 月 17 日，国务院又专门出台了 12 条措施抑制物价总水平过快上涨③；1995 年，党中央、国务院再次强调了价格调控是正确处理改革、发展、稳定三者关系的关键环节；1997 年 12 月《中华人民共和国价格法》的出台，标志着我国竞争性商品价格规制体系建设基本完成，一方面保护了市场参与者自由自主定价的权利，另一方面就各种不正当价格行为作出了规定，并系统梳理了价格水平规制的方式方法。

价格规制体系的不断完善为稳定市场经济秩序作出了重要贡献，此后，我国查处的价格违法案件数量明显呈下降趋势。1990 年以前，我国查处的物价违法案件数量稳步上升，此后数量逐年下降，这与价格规制体系的完善特别是价格行为规制体系的完善不无关系。

---

① 1993 年，《中共中央关于建立社会主义市场经济体制若干问题的决定》。
② 1993 年，《中共中央国务院关于当前经济情况和加强宏观调控的意见》。
③ 1993 年，《国务院关于积极稳妥地推进价格改革抑制物价总水平过快上涨的通知》。

3.2.5 深化阶段：1998 年至今

《中华人民共和国价格法》一方面巩固了我国价格改革的成果，标志着我国市场价格形成机制已经基本建立；另一方面又开启了我国价格法治建设的新阶段，我国价格体制改革的步伐并未因《中华人民共和国价格法》的出台而终止，相反，这一阶段面临的改革任务更加繁重，改革的难度更大，需要触及更深层次的矛盾。

总体来看，这一阶段价格规制体系建设是在两大背景下进行的。第一个大背景是我国市场价格形成机制基本建立。价格改革之前，绝大多数商品价格由政府决定，1978 年在农副产品收购总额、生产资料销售收入总额和社会商品零售总额所涉及的商品中，政府定价的比重分别占到 92%、100% 和 97%；1998 年，79% 的农副产品价格、81% 的重工业品价格以及 93% 的零售商品价格已经放开由市场形成；2001 年，政府直接定价的商品和服务仅有 13 种；到 2005 年年底，在社会消费品零售总额中市场调节价的比重占 95.6%，在农副产品收购总额中占 97.7%，在生产资料销售总额中占 91.9%，说明市场在社会资源配置中已经处于主导地位；2018 年政府管理价格的比重仅为 3%。第二个大背景是我国已经初步建立了法治化的价格管理体系。价格规制手段以行政手段为主转变为以法律手段、经济手段为主，这一变化更适合市场经济公平公正的需求。

从内容来看，这一阶段价格改革的内容主要包括两个方面。

一方面是继续推动市场价格形成机制改革。市场价格形成机制改革主要包括两大重点内容：一是生产要素价格形成机制改革。但从实践来看，这一改革进程非常缓慢，改革成果十分有限，总体上呈现出"重调控、轻监管"的特征，直到党的十八大以后，才取得实质性进展。党的十八大首次提出要充分发挥市场在要素配置中的决定性作用，党的十八届三中全会对此再次强调，并将"完善主要由市场决定价格的机制"作为"加快完善现代市场体系"的重要内容，同时强调在要素领域同样要发挥市场形成价格作用[1]。2015 年，党中央、国务院就价格机制改革出台专门文件，提出了价格机制改革的四大任务[2]。2017 年，国家发展改革委提出了深化价格机制改革的目标和重

---

[1] 2013 年，《中共中央关于全面深化改革若干重大问题的决定》。

[2] 2015 年，《中共中央国务院关于推进价格机制改革的若干意见》。

点内容，其中，深化生产要素价格改革是其中重要的内容①。党的十九大也将实现"价格反应灵活""加快要素价格市场化改革"，作为加快完善社会主义市场经济体制的重要内容。二是建立适应 WTO 规则的价格形成机制。根据 WTO 关于价格和价格管理方面的一般规定，我国价格改革过程中必须坚持最惠国待遇原则、国民待遇原则、透明度原则、例外保障规则和贸易争端解决规则，尊重和维护多边贸易体制的价格管理规则，促进成员国相互承诺和履行开放市场、削减价格壁垒的义务。

另一方面是加速完善竞争性商品价格规制体系。一是重点加大对不正当价格行为的规制。1999 年 8 月国家计委发布《价格违法行为行政处罚规定》，并于 2006 年、2008 年和 2010 年进行了三次修订，规范了对价格违法行为的查处。2001 年 5 月，党中央、国务院发布了《关于整顿和规范市场经济秩序的决定》，指出整顿与规范市场经济秩序，大部分同价格问题密切相关，涉及价格改革、价格调控、价格法制、价格检查，等等。此后我国又陆续出台了《禁止价格欺诈行为的规定》（2001 年 11 月）、《中华人民共和国反垄断法》（2007 年）、《反价格垄断规定》（2010 年）、《反价格垄断行政执法程序规定》（2011 年 2 月）等一系列规制制度，进一步完善了价格规制法律体系和监督管理机构。二是进一步完善价格规制方式。我国逐步形成了间接规制和直接规制并重，以法律手段、经济手段为主，以行政手段为辅的价格监督管理体系，价格手段与其他调控监管手段更加协调。三是根据 WTO 规则完善价格规制机制。针对加入 WTO 后价格规制环境的变化，特别是竞争性商品价格规制的环境变化以及根据《加入 WTO 议定书》中对价格和价格管理方面的有关承诺，我国完善了竞争性商品价格规制体系，确保相关规定符合国际规则和市场经济内在要求。

回顾我国竞争性商品价格规制体系的建立过程，可以发现有以下经验和特点：

第一，始终围绕市场经济体制建设需要。竞争性商品价格放开和规制均是围绕建立市场经济体制这个最大目标展开，根据市场经济的基本原则，一方面破除计划经济体制下政府主导的价格形成机制和价格管理体制存在的种种不足；另一方面又不神化市场，承认市场机制本身存在不足，肯定政府在市场经济中的重要地位。

---

① 2017 年，国家发展改革委员会《关于全面深化价格机制改革的意见》。

第二，始终坚持尊重历史、实事求是的原则。所谓的尊重历史，就是冷静看待新中国成立以来计划经济体制下的价格管理体制的优缺点，既否定原有价格管理体制存在的痼疾，特别是与市场经济不适应的一面，又肯定原有价格管理体制在调控经济、稳定社会中的重要作用。所谓实事求是就是采取小步快走不停歇的改革思路，在摸索中前进，而不是采取激进的一步到位的方式方法。

第三，规制体系建设具有很强的感性色彩。我国物价改革是从与人民群众最贴近的农产品、农副产品和小商品价格改革入手，逐步拓展到重点产品和生产要素领域。在改革初期，价格波动对人民群众的生活水平产生了巨大的影响。可以说，我国竞争性商品价格规制体系建设的最初动力来自人民群众要求降低物价的呼声。这一过程既是社会主义国家基本价值观的反映，又是价格体制改革最终目标的反映，二者都是为了更好地维护和实现人民群众的利益。

第四，从行为规制发展到水平规制。总体来看，国家一开始重视的是不正当价格行为对市场秩序的破坏，因而最先关注的是竞争性商品价格行为规制。当然，我国宏观经济管理一直强调综合平衡，因而对价格水平的调控始终没有放松。但从规制思路和手段的完善过程来看，价格行为规制体系更早完善，而价格水平规制的思路和手段完善要迟得多。

第五，价格规制理论发展缓慢。与公共商品和服务价格规制理论相比，竞争性商品价格规制的理论发展不足。竞争性商品价格规制始终被视为不正常的市场反应或政府关心人民生活的善举，有限的理论解释也更多从法学的角度探讨政府价格管理行为的正确与否，即正义与否。深挖竞争性商品价格规制内在逻辑的理论探讨较少，对其合理性研究不够，评价标准较为单一。

3.3 我国竞争性商品及其结构

1993 年党的十四届三中全会通过的《中共中央关于建立社会主义市场经济体制若干问题的决定》明确提出了"竞争性商品"这一概念，但对其内涵与外延一直没有探讨，也没有从统计学角度对竞争性商品的具体类目进行界定。因此，只能运用排除法界定我国竞争性商品的具体内容，即除政府定价和政府指导价以外的商品均为竞争性商品。这种划分只是权宜之计，并不科学也不准确，不能反映"竞争性商品"的具体内涵，因为各国政府定价和政府指导价商品的范围并不一致，且始终处于调整之中。

目前，我国的商品和服务主要有三种价格形成方式：政府定价、政府指导价和市场调节价。根据《中华人民共和国价格法》的规定，政府定价和政府指导价两种价格形成方式主要适用于公共产品或垄断性商品，这些商品和服务的共同特征是关系国计民生、资源稀缺、自然垄断、地位重要、具有公益性等，具体范围以中央和省级政府的定价目录为准。相反，市场价格形成机制主要适用于竞争性商品领域，但竞争性商品领域却不是一个固定的领域。价格形成机制及其比较见图 3-2。

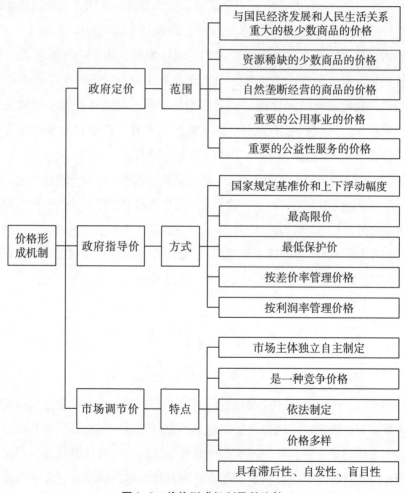

图 3-2　价格形成机制及其比较

竞争性商品领域之所以不固定，一方面是因为改革开放以来，政府定价目录并不确定，始终处于不断调整之中。2015 年的《中央定价目录》将实行政府指导价、政府定价的商品和服务，从 2001 年《国家计委和国务院有关部门定价目录》规定的 13 个种（类）精简为天然气、电力、水利工程供水、重要邮政业务等 7 个种（类），具体定价项目从约 100 项减至 20 项，减少了80%左右。另一方面是因为各省（自治区、直辖市）制定的定价目录不仅不包括中央定价范围，而且互不相同，造成了各地竞争性商品的范围也略有不同。

2015 年的《中央定价目录》中，规定中央政府定价项目仅有 7 个，涉及具体定价内容 20 项。2015—2016 年 31 个省（自治区、直辖市）先后出台的《定价目录》所规定的政府定价、政府指导价项目并不相同，平均每个省规定的定价项目超过 11 个、定价内容超过 52 个，其中，政府定价项目最多的省份是内蒙古自治区，达到 14 个，比最少的四川省、辽宁省多出 6 个；政府定价内容最多的省份是江苏省，达 75 个，比最少的北京市和西藏自治区多了一倍多。值得强调的是，上述定价项目和定价内容不包括《中央定价目录》以及法律、行政法规明确规定实行政府定价、政府指导价的项目，一些特殊的项目，如食盐零售价格、成品油价格、停车费等，并没有纳入定价目录。2015 年中央及各省（自治区、直辖市）定价商品种类和定价项目数量见表 3-1。

表 3-1　2015 年中央及各省（自治区、直辖市）定价商品种类和定价项目数量

单位：个

	定价种类	定价项目
中央定价	7	20
北京市	11	29
天津市	12	54
河北省	12	53
山西省	13	57
内蒙古自治区	14	55
辽宁省	8	45
吉林省	13	62

表3-1(续)

	定价种类	定价项目
黑龙江省	10	50
上海市	13	68
江苏省	13	75
浙江省	12	59
安徽省	12	61
福建省	12	67
江西省	13	51
山东省	11	47
河南省	10	41
湖北省	12	44
湖南省	12	51
广东省	12	65
广西壮族自治区	12	70
海南省	12	49
重庆市	9	64
四川省	8	56
贵州省	12	38
云南省	11	47
西藏自治区	9	29
陕西省	13	44
甘肃省	12	66
青海省	10	40
宁夏回族自治区	13	44
新疆维吾尔自治区	9	47
各省（自治区、直辖市）平均	11.5	52.5

目前，我国97%的商品和服务的价格由市场决定和调节，比1978年提高了94个百分点，除了电力、供水、供热和天然气等网络型自然垄断行业外，几乎所有的制造业和农业领域的商品价格均由市场决定。因此，所谓竞争性

商品的具体范畴，可以具体界定为中央和各省（自治区、直辖市）所规定的定价项目以及法律、行政法规明确规定实行政府定价、政府指导价的商品之外的所有商品。

经过40多年的改革，这些产业领域的各种价格已经明确由市场自发形成，即尊重企业的市场主体地位，政府已经不能随意收回定价权或对价格形成进行任意干预。理论上，市场调节价是由市场竞争形成的，属于经营价格行为，竞争性商品的价格是通过市场竞争来形成的，市场供求对价格的形成具有决定性作用，政府对其不进行直接管理。然而，政府具有经济调节、市场监管、社会管理和公共服务四大职能，对价格进行规制是履行四大职能的重要内容和重要路径，因此，政府必须通过经济、法律和行政的手段对市场主体的行为以及市场价格水平进行直接规范或间接调控，促进市场调节价的合理形成。

3.4 竞争性商品价格规制的制度体系

制度是维护某个系统运转的稳定的规则。竞争性商品价格规制体系包括构成价格形成、价格监管各种要素之间的稳定的结构关系、运行方式和行为规则。改革开放40多年来，我国逐步建立了较为完善的竞争性商品价格规制体系，一方面，明确了价格规制的范围、方式、程序等；另一方面，建立了价格规制的实践载体，即政府履行价格规制的载体——各级价格规制机构。

3.4.1 管理机制及其职能

改革开放以来，在改革原来的价格管理体制基础上，逐步建立了"统一领导，分级管理"的价格管理体制，从中央到省（自治区、直辖市）、市、县，各级政府都设立了相应的价格管理机构，绝大多数价格机构都设立在政府综合管理部门，但也有少数地方的价格管理机构是独立的。随着价格改革的深入，在完善各级管理机构的同时，价格管理的职责及相应的运行机制也在逐步完善。

3.4.1.1 价格管理机构演变

新中国成立后，在国家层面，价格管理工作开始由中央贸易部承担，中央贸易部隶属于政务院财经委员会。1952 年，中央贸易部撤销，价格管理工作分别由国家计委和中央商业部负责，其中，国家计委负责生产资料价格和价格总水平调控工作，中央商业部负责生活资料价格工作。1957 年 8 月，国务院发出《关于各级人民委员会应即设立物价委员会通知》，要求各省（自治区、直辖市）和省辖市、县及相当于县的镇，设立物价委员会。中央一级由国务院财贸办公室负责管理全国市场物价的综合平衡工作，国家计委设立成本价格局主管此项工作。1962 年 5 月，国务院组建全国物价委员会，国家计委负责日常工作，各组成部门分别设立物价机构或配备专门人员负责本部门的物价工作。各省（自治区、直辖市）以及部分专区和县也成立了相应的机构，全国统一的分级管理的物价管理系统初步建立。1963 年，全国物价委员会从国家计委中独立出来，同时各地成立相应的机构。1970 年，国务院撤销全国物价委员会，物价管理工作重新划归国家计委。1977 年 8 月，国家物价总局成立，各地、各有关单位也陆续恢复并逐步健全了物价管理机构。

改革开放以来，随着政府形成价格机制向市场形成价格机制的转变，我国价格管理机构也进行了深度调整。1980 年 5 月，国务院恢复了全国物价委员会，并组建了国家物价总局，作为其常设机构；恢复和加强了各省（自治区、直辖市）的价格管理机构，作为地方政府的下属机构，形成了上下一致的价格行政管理组织体系。1982 年 8 月，国家物价总局改为国家物价局，成为国务院直属机构。1983 年 3 月，国务院成立物价小组，负责研究价格改革的长期规划，提出生产和流通部门价格改革的建议，组织、协调重大价格调整方案的执行。同年，经国务院批准，在各省（自治区、直辖市）、地区（盟、市）、县（旗、市）物价局设立物价检查所，依法对价格行为进行监督和检查，且拥有处理价格违法行为的权限，对同级人民政府业务主管部门、下级人民政府以及本地区内的企业、事业单位和个体工商户执行价格法规的情况进行监督和检查。1988 年 5 月 28 日，国务院根据价格改革的进展，决定把国务院物价小组改组为国务院物价委员会。物价委员会作为国务院有关物价方面的议事机构，对国务院负责。价格部门在内部组织运行机构的调整中弱化和减少了管理具体商品和服务价格的职能和机构。

1993年，根据国务院机构改革方案，国务院物价委员会被撤销，国家物价局并入国家计委，物价管理职能由国家计委物价管理司、物价监督检查司、市场与价格调控司承担。1996年，国家计委价格管理职能和组织机构进行了调整，成立了价格调控司、工农产品价格管理司、收费管理司和价格监督检查司。1998年，根据国务院精简机构、压缩人员的总体要求，国家计委再次对四个价格业务司进行合并、精简，价格监管与调控的具体工作由经济政策协调司、价格司和价格监督检查司承担。2003年，新组建的国家发展改革委进一步对价格业务进行了梳理，将原经济政策协调司的价格调控职能归并到价格司，价格监督检查司的职能和编制保持不变，2011年7月更名为价格监督检查与反垄断局。党的十九大以后，物价管理职能又并入了市场监管部门。

价格监督检查体系逐步加强。价格监督检查机构大力加强法治建设和制度建设，促进了价格监督检查工作的法治化、制度化和规范化，为查处各种乱涨价、乱收费以及其他不正当价格行为，规范经营者的价格行为，整顿市场价格秩序，维护良好的市场环境，保护市场主体的合法权益等方面，提供了重要的条件。

价格服务体系不断完善。价格服务分为价格咨询服务和政府采取的各项涉及价格服务的措施，目前我国已经建立了以价格评估和价格信息咨询为主要内容的价格咨询服务体系，政府通过价格监测、成本调查、价格调研等手段收集价格信息从而提供价格信息咨询服务，另外，还提供价格培训、价格认证、价格鉴定等各项价格服务措施，不断提高价格服务水平。

价格调控体系基本建立。我国在放开市场价格的同时，积极探索建立了具有中国特色的价格宏观调控体系，这一体系坚持以经济手段和法律手段调控价格，辅之以必要的行政手段。在放开大多数商品价格以后，初步建立了重要商品储备制度、价格调节基金制度、价格监测分析和预警预报制度。我国价格管理机构演变见图3-3。

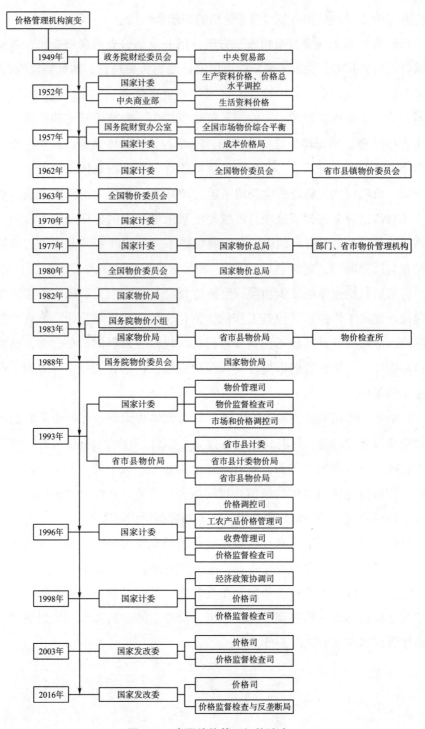

图 3-3　我国价格管理机构演变

3.4.1.2　价格管理机构职能

从 20 世纪 50 年代开始，各级政府逐步建立起了相应的价格管理机构。虽然 60 多年来，价格管理机构的名称和职能不断调整、不断完善，但物价管理机构始终是各级政府调节经济、稳定社会、服务群众的重要机构。然而，各级政府的价格管理机构组成并不相同。

从机构设立方式来看，1993 年以来经过多次机构改革，省（自治区、直辖市）以及省以下价格行政管理机构也发生了很大变化。目前，省一级价格管理机构约有三分之一并入发展改革部门，约有三分之一作为发展改革部门管理的物价局，约有三分之一作为省政府直属机构独立存在。

从机构组织方式来看，国家和省级政府的价格管理机构最为完善，特别是省级价格管理机构，内设机构较多，较为复杂，如安徽省物价局仍是省政府工作部门，办事机构多达 15 个，其中，负责价格管理具体业务的相关机构 9 个；又如四川省发展改革委内设处室和直属机构中有 7 个具体负责价格管理工作。相反，市县政府相关机构组织较为简单，即便单设了物价局，业务科室也较少。乡镇政府不单设专门的物价管理机构，相关的职能一般归口在经济发展管理科室，物价管理成为乡镇市场管理工作的一部分，其任务是做好上级物价管理工作任务的落实。

从权力运行方式来看，我国价格管理机构采取的是集中管理类型，即中央设立专门机构，负责全国价格管理工作。其他各级政府的价格管理机构的权力来自中央价格主管部门，既是履行本级政府价格管理职责的主体，又是落实中央价格管理政策的具体机构，受本级政府和上级价格主管部门的双重管理，因而，各级价格主管部门职能既具有高度的一致性，又充分反映了地方的特殊性。各级政府价格主管部门组织概况见图 3-4。

总体来看，各级各地价格主管部门的内设机构的设置应与政府价格管制的对象与范围一致，一般都要包括以下几个方面的机构：市场主体价格行为监管机构、公共产业或垄断产业领域定价机构、市场价格总体水平检测管理机构、价格管理技术支持机构等。

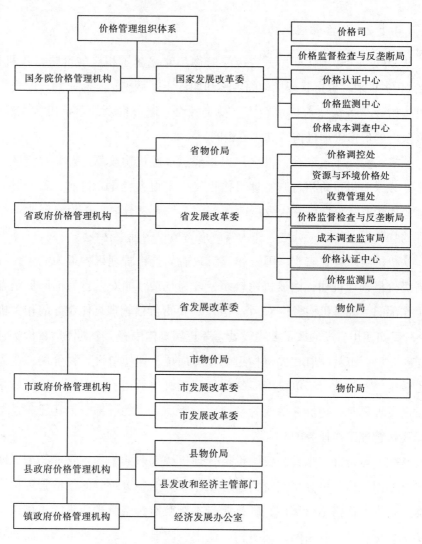

图 3-4　各级政府价格主管部门组织概况

　　根据《中共中央、国务院关于推进价格机制改革的若干意见》，我国价格改革的最根本目标是完善市场决定价格机制，建立科学、规范、透明的价格监管制度和反垄断执法体系，健全价格调控机制。为了实现这一目标，《中华人民共和国价格法》对各级物价管理部门的职责做了区别性的规定，但这种规定只是原则性的，各级价格管理机构的具体职能另有详细规定。各级价格管理机构的职能划分主要是以商品和服务在国民经济中的重要程度以及各级政府在宏观调控中的地位为基本标准。凡是关系到国民经济发展全局、具有全国性意义的重要政策和价格，价格管理职责在中央。地方政府价格主管部门主要负责制定和管理辖区内区域性特征较强的重要的公用事业和公益服务价格，同时负责贯彻落实上级价格主管部门制定的有关价格政策。中央政府与地方政府价格管理职责的划分通过定价目录予以明确。

其中，国家发展改革委为国务院价格主管部门，具体职能主要由国家发展改革委价格司承担。省级价格管理部门机构设置较为复杂，有些职责由省发展改革委内设处室承担，如价格调控处、资源与环境价格处、收费处等；有些在省发展改革委下设独立的省物价局专门行使价格管理职能；有些保留了独立的省物价局。市县级物价管理部门机构设置与省级类似。乡镇和街道一般不设专门的价格管理机构，但一般情况下乡镇和街道的经济发展科的职能涉及物价管理内容。总体上，国家和省级价格管理部门具有决策权，职责更宏观，侧重于价格水平的调控、价格管理规则的制定和价格执法行为监督等等；市县两级人民政府价格管理部门职责更为具体，重点是执行上级决策，监督检查市场主体价格行为，处罚不正当价格行为。当然，这种差异只是程度和范围上的差异，本质上我国的各级价格管理结构和职能是高度同质的，彼此组成了有机统一的价格管理体系。

总体来看，各级价格管理部门职责具有一致性，都包含物价总水平监控、价格监督检查、处理不正当价格行为、价格鉴定等职能。但各级价格管理部门的职权范围并不一致，这种不一致不仅仅是空间范围上的不一致，还包括权力大小的不一致，如政府定价、政府指导价的商品和服务范围。此外，各级物价管理部门的重点也不完全一致，越往基层，越重视不正当价格行为的管理；相反，越往高层，越重视物价总水平的监测和调控。各级价格管理机构主要职责见表3-2。

表3-2　各级价格管理机构主要职能

价格管理机构	主要职能
国家发改委	提出价格总水平调控的目标、政策；监督检查价格政策的执行、组织制定和调整少数由国家管理的重要商品价格和重要收费标准；依法查处价格违法行为和价格垄断行为

表3-2(续)

价格管理机构	主要职能
省物价管理部门	贯彻执行国家有关价格的方针政策和法律法规；制定地方性价格法规规章草案，提出相关政策建议，制定地方价格目录；制定全省价格总水平年度调控目标和中长期调控计划及调控措施，建立和完善价格监测和调控体系；依法建立和完善价格调节基金制度，综合运用经济、法律和必要的行政手段调控市场价格；负责重要商品和服务价格的成本调查和成本监审工作；负责价格鉴证、价格认证、涉案物品估价和复核裁定的管理工作；指导、监督全省价格管理工作
市物价管理部门	贯彻执行价格法律、法规、规章，起草全市地方性价格管理的法规、规章和规范性文件；研究提出全市价格总水平预期调控目标建议及相应的调控措施；按照定价目录依法管理重要的商品价格、重要的公用事业和公益性服务价格；开展全市价格总水平、市场价格动态以及重要商品、服务价格和收费的监测、分析和预测；组织重要农产品、重要商品和服务的成本调查；按照政府定价成本监审目录，负责政府指导价、政府定价的商品和服务价格及行政事业性收费的成本监审工作；依法实施市场价格监管；依法组织、指导全市价格和收费的监督检查工作，处理价格争议，受理价格违法行为举报，依法查处价格违法和乱收费案件以及不正当价格行为，指导价格社会监督工作；负责全市价格工作的宏观管理和综合平衡
县物价管理部门	贯彻落实国家的方针、政策和法律法规；组织临时价格干预措施的实施，规范市场价格秩序，开展价格公共服务；依法管理全县商品和服务价格；依法管理全县的行政事业性收费、公益性收费、经营性收费、重要有偿服务收费和中介服务收费项目和标准，具体负责《收费许可证》的核发、年度审查工作和对各部门提出的收费项目、标准审查向市申报；负责贯彻执行国家和省颁布的价格法律、法规、规章，组织实施全县价格监督检查工作，依法查处各种价格违法案件和乱收费行为，组织和指导全县价格行政复议、诉讼工作；负责全县价格监测，建立市场价格信息预警系统，分析市场物价动态，提出对策和措施；依法组织价格认证和涉案财物价格鉴证；负责组织实施工农产品、服务收费价格成本调查和成本监审工作；指导、监督县直各有关部门的物价工作

3.4.2　规制对象及其方式

3.4.2.1　价格规制对象

计划经济体制下，价格形成方式和价格管理方式均较为单一，从某种意义上说，只有一种方式，即政府定价，行政手段为唯一手段。但市场价格形成机制下，政府管理价格的内容和方式要复杂得多。在市场价格形成机制建立和完善的过程中，政府对价格管理的内容或对象以及价格管理方式的认识经历了从模糊到清晰的过程，如有学者认为，政府对价格的调控和管理的着力点应该在价格运行的各个环节上，其中，在价格形成环节，主要是通过法律界定政府价格形成和市场价格形成的界限；在价格的运行环节，政府管理调节和管理价格的主要任务是创造良好的市场条件，维护公平有序的价格秩序。也有学者认为，应该分别从生产领域、分配领域和流通领域进行价格规制。还有学者认为，价格规制的内容包括价格主体行为管理、价格形成管理和价格总水平的调控。直到《中华人民共和国价格法》出台，价格规制的对象才被进行了有效划分。《中华人民共和国价格法》是 20 多年价格体制改革经验的总结，也是政府价格管理体制探索的重要成果，其明确了价格规制的三大对象。

经营者价格行为。"经营者"是指"从事生产、经营商品或者提供有偿服务的法人、其他组织和个人"①。但"经营者"不一定是私营企业或自然人，也有可能是供给公共产品、准公共产品、发行国债的国家、政府等特殊的经营者。考虑到《中华人民共和国价格法》调整的另外一个对象——政府定价行为，本书将"经营者"的范围限定为普通的市场参与者，即参与竞争性商品生产交易的微观主体，这里市场参与者既包括商品的供给方也包括需求方。因此，所谓"经营者价格行为"可以理解为市场参与者的价格谈判过程，包括价格策略、谈判行为以及合法行驶自主定价权等，交易双方必须通过一定的价格行为才能实现交易目标。

政府对市场参与者价格行为的规制主要包括两个方面，一方面是限制市场参与者行使定价和讨价还价权利的原则和范围。《中华人民共和国价格法》

① 《中华人民共和国价格法》第一章第三条。

第六条至第十一条规定了市场参与者自主定价的范围和权利，并规定了其维护自身权利的途径。另一方面打击市场参与者不正当价格行为。《中华人民共和国价格法》第十二条至第十七条对市场参与者的合法价格行为和不正当价格行为进行了明确的规定，并在第五章、第六章中就政府监督、检查、处罚经营者的价格行为的权限和方式作了明确的规定。

政府定价行为。政府定价行为包括政府指导价和政府定价。根据《中华人民共和国价格法》，"政府定价"指政府直接制定商品和服务价格的行为，不给供给双方留下讨价还价的空间，政府定价具有强制性和稳定性；"政府指导价"指政府通过制定商品的最高价、最低价以及盈利率等方式管理商品价格的行为，商品销售者具有一定的决策权，交易双方也有谈判的空间。政府的定价行为本质上是政府价格形成机制，但这种机制并不是计划经济的内在属性，商品本身属性是其产生的根本原因，因此在市场经济条件下仍然需要这种机制以弥补市场价格形成机制的不足。

由于政府定价行为也是一种行政行为，因而也存在其他行政行为具有的共同风险：行为领域过宽和行为缺乏规范性约束，为此必须依法对政府的定价行为进行规制。《中华人民共和国价格法》第十八条至第二十五条以及《政府制定价格行为规则》要求，政府定价必须遵循以下原则：法定原则，即主体法定、职权法定和程序法定；公开原则，即信息公开和程序公开；参与原则，即充分吸纳公众的意见和建议，使定价决策能够体现民意；公益原则，即限定在公用事业范围内。本书的主旨在于研究竞争性商品价格规制，《中华人民共和国价格法》所规定的政府定价的 5 类商品和服务范围均不包括在竞争性商品范围内，因此政府定价行为的规制未纳入本书的研究范围。

价格总水平调控。价格总水平也叫一般价格水平，指一个国家或地区在一定时期内，全社会范围内各种商品和服务价格变动的平均或综合①，是宏观控制的主要指标。价格总水平是以各类商品价格总指数的形式表现的，反映了特定时间内参与交换的所有商品和服务的价格变化。价格总水平调控，指国家根据经济发展需要和自身能力，综合运用货币、财政、投资、进出口等方面的政策和措施，对价格总水平进行必要的、适度的、有效的控制。

① 《中华人民共和国价格法释义》第二部分。

调控价格总水平是推动经济稳定发展、确保经济体制改革平稳推进的重要条件。为此，《中华人民共和国价格法》第二十六条至第三十二条对其进行了具体规定。价格总水平调控的直接目标是保持物价稳定，由于价格的波动主要取决于社会总供给与社会总需求的比例关系，取决于货币信贷政策，因而调控价格总水平就需要调整货币流通量、社会总产品、货币流通速度。值得指出的是，虽然价格总水平调控是宏观经济管理的重要内容，但微观经济行为也会导致物价总水平上涨，在具体调控措施上既包括宏观的措施也包括微观的措施，要着力治理"供求管理"失效和"需求刚性效应"导致的物价总水平上涨，防止"积累效应"导致的恶性物价总水平上涨。价格规制的对象与方式见图3-5。

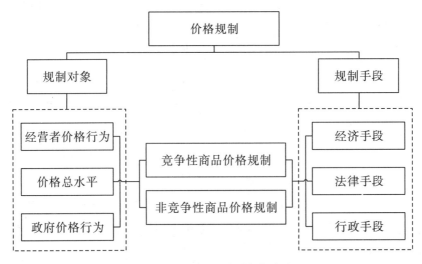

图3-5　价格规制的对象与方式

本书主要关注价格规制的两个重要领域——经营者的价格行为和价格总水平调控，二者的共同特征是它们都属于竞争性商品价格规制。价格总水平规制也涉及非竞争性商品价格规制，但其内容主要是政府定价和政府指导价调整问题，因此，本书仍重点研究竞争性商品的价格总水平调控问题。当然，正如前文所讨论的，竞争性商品和非竞争性商品并不是截然分开的，其划分并不是由其内在属性规定的，而是人为的，是政府根据经济社会发展的实际情况确定的。

3.4.2.2 价格规制方式

价格规制方式，是指为实现价格调控目标而采取一套具有程式化的方法、手段或途径的总称。价格规制方式是否正确和有效，与规制主体是否顺应宏观经济发展规律以及微观市场主体行为规律有关，关系到能否调动各方积极性以及经济发展目标能否实现。但价格规制方式并不是一成不变的，而是随着经济制度以及时代的变迁而变化。

目前，我国已经建立了以市场形成价格为主的价格形成机制，除了少数要素价格还未完成市场化改革外，绝大多数商品价格已经通过市场竞争来形成，政府在价格形成过程中已经居于次要地位。在市场经济条件下，直接干预市场主体的定价行为已经与自由、自治和独立自主的市场精神格格不入，在市场价格形成机制中特别是在竞争性商品中，政府主要充当协调、监督和服务的角色，更多采取宏观的、间接的方式来实现对价格总水平和经营者价格行为进行规制，主要手段包括经济手段、法律手段、行政手段。当然，任何情况下，宣传教育都是行政行为必不可少的手段，且在一般情况下，这些规制手段都是同时使用、相互补充的，任何一种手段都不是独立使用的。

经济手段。经济手段是指政府通过调节要素配置实现对价格规制目标的方法，是一种调整市场主体间的现实经济利益关系、引导市场主体行为符合宏观经济发展目标的行政行为。运用经济手段，能够在实现政府宏观目标的同时有效协调各方关系；能够有效激发微观市场主体活力，在实现物价调控目标的同时保持经济发展活力，实现稳中有进。与法律手段、行政手段不同，经济手段是一种间接手段，不直接作用于市场主体的价格行为，在实行的过程中充分尊重市场主体独立、自主的地位。一般情况下，经济手段能够运用的工具包括税收、信贷、汇率等，但在我国，强大的国有经济既是国民经济的重要组成部分，也是调节宏观经济发展目标的重要载体和手段，通过发挥国有企业调节生产要素供给的能力，能够有效强化政府价格规制效果。运用经济手段最核心的要求是尊重经济发展规律，按照客观规律办事，而且经济手段并不是任何时候、任何地方都见效的，不正确地运用经济手段调控市场价格也可能会扭曲供需关系，触发其他经济和社会问题。

法律手段。法律是一种具有普遍约束力的行为规范，对公民的权力和义务进行了明确的规定。运用法律手段对价格进行调控，是指政府依据法律法规来规范市场主体的价格行为。法律手段具有权威性、强制性、规范性、稳定性等特征，是政府价格规制行为的基础、前提和保障，不仅为政府价格规制行为提供了基本程序和规范，而且为各类市场主体的价格行为提供了标准和依据，引导和鼓励政府和市场主体依法行使自己的权力，促使政府和市场主体自觉抑制、摒弃不合法的价格行为，为保持市场经济的平稳运行和政府价格规制效率提供了保障，比经济手段和行政手段更为成熟和稳定。运用法律手段进行价格规制的核心是要坚持规制主体法定、规制权力法定、规制对象法定和规制程序法定。运用法律手段进行价格规制，不仅仅是指依法规范市场主体的价格行为、调整利益关系，打击各类价格违法行为，还包括依法保护市场主体行使自主定价和讨价还价的权利，依法支持市场主体运用价格策略实现自己最大的利益。当然，依法规制价格的前提是有关法律法规符合客观经济规律，需要不断地完善法律法规、能够确保法律落地的执法机构以及稳定的执法的队伍。

行政手段。行政手段是指政府通过强制性的行政命令、规定、指示等进行价格调控的系列措施。与经济手段、法律手段相比，行政手段具有以下特征：临时性，一般时间不会太长；灵活性，范围可大可小，时间可长可短，执行可严可松；应急性，一般是为应对特殊情况而采取的措施；权宜性，行政手段只关注结果，对于过程和手段的合理性并不在意；政治性，不关注经营者之间的利益关系，关注的是经营者与消费者之间的关系。从形式上看，行政手段一般是通过各种权力方式，即命令、禁止、许可、强制执行、处罚等强制手段实现价格调控目标，政府权力直接作用于经营者，能够维持行政权力的集中统一，较好地实现了灵活性与原则性的统一，消费者能够迅速获益，短期内具有较高效率。但这种效率也必须建立在有法可依的基础之上，必须尊重市场经济规律，长期无限制地滥用行政手段必然会带来极大的负面效应。从宏观上看，行政手段必然导致市场信息失真、失速，进而扭曲市场供求关系，导致资源配置效率下降；从微观上看，行政手段必然会极大地挫伤经营者的积极性、主动性和创造性，导致市场主体活力不足，不仅会恶化经济发展形势，而且会损害消费者根本利益。因而要谨慎运用行政手段。

价格规制手段的内容和特征见表3-3。

表 3-3　价格规制手段的内容和特征

主要手段	主要内容	基本特征
经济手段	运用货币、财政、投资、进出口等方面的政策和措施；建立物资储备制度和专项基金征收制度；努力发展工农业生产，增加市场总量供给	间接性、滞后性、组合性、利益诱导性
行政手段	建立价格监测制度，掌握放开商品的市场价格动态；对重要农产品实行收购价格保护制度；采取价格干预措施，控制价格大幅度波动	强制性、直接性、局部性
法律手段	通过制定价格法律和法规形式，来规范价格决策主体的权利与义务、价格制定与调整的依据与程序、价格管理的形式和办法、价格的监督与检查、违法行为的处理与制裁等价格行为	规范性、严肃性、稳定性

3.4.3　价格规制法律法规

价格规制的法律法规体系是构建价格规制改革基本框架的基础和依据。经过 40 多年的改革，我国已经建立了较为完善的价格法律体系。基本确立了以《中华人民共和国价格法》为核心，以特殊行业、特定要素价格管理为对象的价格管理法律体系框架，这个框架以价格形成和价格运行规范为基础，以价格监督检查规范为重点，为政府进行价格规制提供了行动依据和准则，标志着我国价格规制工作迈上了制度化、法制化轨道，走向了成熟。从内容来看，价格规制法律法规具体包括价格行为主体、价格行为、价格调控方式方法、执法监督标准和程序等方面法律法规；从层次来看，既有全国统一的法律法规，也有地方的行政法规，还有特殊行业的法律法规。

3.4.3.1　《中华人民共和国价格法》及其内容

《中华人民共和国价格法》是价格法律体系的基本法，是制定其他价格法律法规的依据。制定价格法的直接目的是规范市场参与者的价格行为，稳定价格水平，保护消费者和经营者双方的利益；间接目的是维护市场秩序、营造公平的市场环境；根本目的是更好地发挥价格机制在资源配置中的作用，促进社会主义市场经济的健康发展。《中华人民共和国价格法》的出台，标志着我国价格改革取得了决定性的胜利，同时也标志着我国价格工作进入了制度化、规范化、法制化的轨道，更标志着"政府调控市场，市场形成价格，价格引导资源配置"这一经济运行机制的成功建立，意义十分重大。

《中华人民共和国价格法》共分七章四十八条，其主要内容包括：一是明确《中华人民共和国价格法》的调节对象，即商品价格和服务价格；规定了价格形成的机制包括市场调节价、政府指导价和政府定价；规定了《中华人民共和国价格法》责任主体及实施范围。二是对经营者和政府的价格行为作了具体规定：对经营者的价格行为，除了规定依法保护经营者的价格活动权利外，重点明确了不正当价格行为的类型；对政府定价行为重点明确了政府定价范围和定价原则。三是对价格总水平调控的要求以及主要价格调控手段进行了规定。四是对政府履行价格监督检查职责进行了规定，明确了价格主管部门在进行价格监督检查时的职责范围以及经营者应尽的义务，明确了经营者不正当价格行为应该承担的法律责任。

《中华人民共和国价格法》是中国特色社会主义经济法律体系的重要组成部分，具有重要意义：保护了市场参与者的合法权益；明确了市场交易的基本原则，维护了公平正义原则；划分了市场价格形成机制和政府价格形成机制的作用范围；规定了政府的价格职能，又限制了政府的价格行为，避免了政府不作为、乱作为；明确了价格规制的方式方法，引导价格规制走上法制化轨道。总体来看，《中华人民共和国价格法》的出台和实施，既有利于发挥市场机制的自发调节作用，又有利于发挥政府弥补市场不足的功能，促进了"有形之手"和"无形之手"力量的有效协同，促进了价格机制的良性运行。

3.4.3.2 规范经营者价格行为的法律规章

规范经营者价格行为即反对任何个人和组织对经营者正当合法价格行为的干预，禁止经营者通过不正当价格行为获利。这类法规规章主要涉及明码标价，制止牟取暴利，禁止价格垄断、价格欺诈、价格歧视、低价倾销等。这类法律规章主要包括《价格管理条例》《价格监测规定》《农产品成本调查管理办法》《价格认证管理办法》《中介服务收费管理办法》《关于商品和服务收费实行明码标价的规定》《价格违法行为行政处罚规定》《价格违法行为举报规定》《禁止价格欺诈行为的规定》《制止价格垄断行为暂行规定》《制止牟取暴利的暂行规定》《价格行政处罚程序规定》等。

3.4.3.3 规范政府定价行为的法律规章

这类法律规章明确了政府指定价格的范围、程序、权力、职责，促进了政府指定价格的科学化、民主化，提供政府价格决策透明度。这类法律规章主要包括政府定价目录，政府制定价格程序，价格决策听证办法等，包括《国家计委和国务院有关部门定价目录》《政府指定价格行为规则》《乡镇法律服务收费管理规定》《政府价格决策听证办法》《价格调节基金管理办法》《非常时期落实价格干预措施和紧急措施暂行办法》《重要商品和服务价格成本监审暂行办法》《审价委员会工作规则》等。

3.4.3.4 政府宏观价格调控的法律规章

这类法律规章规范了政府调控价格的经济手段、行政手段，明确了其权力、职责，这类法律法规涉及价格调节基金制度、价格监测制度、价格干预措施和紧急措施等，包括《城市房产交易价格管理暂行办法》《城市住宅小区物业管理服务收费暂行办法》《公证服务收费管理办法》《律师服务收费管理暂行办法》《抵押追缴没收物品估价管理办法》《汽车运价规则》《城市供水价格管理办法》等。

3.4.3.5 价格监督检查的法律规章

这类法律规章规定了价格监督检查的主体、程序、职权，价格的社会监督以及处罚种类、法律责任等。这类法律规章主要涉及价格违法行为的行政处罚规定、价格行政处罚程序、价格监督检查管辖等，包括《中华人民共和国中国人民银行法》《中华人民共和国审计法》《中华人民共和国预算法》《中华人民共和国电力法》《中华人民共和国铁路法》《中华人民共和国煤炭法》《中华人民共和国药品管理法》《中华人民共和国烟草专卖法》《中华人民共和国农业法》《中华人民共和国反不正当竞争法》《中华人民共和国合同法》《中华人民共和国证券法》《中华人民共和国招标投标法》《中华人民共和国产品质量法》《中华人民共和国海关法》《中华人民共和国民用航空法》《中华人民共和国教育法》《中华人民共和国律师法》《中华人民共和国广告法》《中华人民共和国献血法》《中华人民共和国档案法》《中华人民共和国进出口商品检疫法》《中华人民共和国野生动物保护法》《中华人民共和国动物防疫法》《中华人民共和国进出动物植物检疫法》等。

4 | 竞争性商品价格行为规制的经济学 分析

竞争性商品价格行为规制指对市场参与者的价格行为的规制，尤其是对经营者的不正当价格行为的规制。不正当价格行为是市场价格形成的重要影响因素，不仅会损害信息劣势者的利益，而且会影响交易的达成，进而影响市场交易的效率。对不正当价格行为进行规制，有利于维持价格形成机制的正常运行，保障市场竞争秩序。

4.1 竞争性商品价格行为规制的基本认识

改革开放以来，为了建立由市场决定价格的机制，我国开始逐步推行"放管结合"价格体制改革，在有序放开竞争性商品价格的同时，也在逐步完善价格监督管理体制，发挥"有形之手"的规制作用，以弥补自发的价格机制的不足。

4.1.1 不正当价格行为

人类所进行的一切商品交易，都离不开价格行为。价格行为在我们生活的现实世界里无处不在、无时不有，是一种最为普遍的社会经济现象。人们对于价格行为的内涵、特征、本质等基础研究较为匮乏，日常接触到较多的提法是不正当价格行为，或者是违法价格行为。

  竞争性商品价格行为规制的对象是市场参与者的价格行为特别是不正当价格行为，因此，我们首先需要了解价格行为特别是不正当价格的基本内涵。

  价格行为就是人们有关价格的经济活动。日常经济活动中，参与买卖交易以及与买卖交易有关的自然人或组织都产生价格行为。林积昌认为：价格行为属于经济活动的一种行为，即自然人价格活动和群体价格活动的综合。价格行为包括自然人或群体制定价格行为，即确定、调整、实现以及反馈等价格行为①。也有人从经济哲学的高度对其进行认识，认为价格行为是"政府和生产经营者、消费者、社会中介组织以及其他相关的社会经济活动组织和个人，为了实现特定的目标，制定、调整、干预价格，协调价格关系以及与价格相关的一切活动的总和"②。

  不同的价格体制和价格机制下，市场参与者的价格行为不相同甚至完全不同。在计划经济体制下，制定价格、调整价格的权力集中于政府，政府的价格行为相对稳定；而实现价格、反馈价格的主体是企业和个人，其行为却是被动的。在市场经济体制下，市场参与者的价格行为是自主自由的、相互联结的。除了市场参与者的定价行为外，广义上的价格行为还包括价格监督检查、价格调控等政府价格管理行为。

  关于价格行为的类别有不同的理解。根据行为主体属性，可以分为生产者、经营者、消费者、管理者四种价格行为，但无论哪种价格行为都应当接受法律的、道德的、习惯的基本原则的调节规范。根据行为是否符合规范，可以将其划分为正当的价格行为和不正当的价格行为两种，符合原则、标准、规范的价格行为就是正当的价格行为，是受鼓励的行为，否则就是不正当价格行③，必须受到规制。

  关于正当价格行为，林积昌认为其是一种既有利于经济的发展又有利于社会的稳定，既求得自身利益最大化又不损害他人的合法权益，既参与剧烈的价格竞争又维护正常的市场价格秩序的行为。林积昌还认为正当的价格行为必须坚持三个原则：一是公开的原则，即公开价格行为，特别是将价格信

---

  ① 林积昌. 市场价格行为学 [M]. 上海：上海三联书店，1998：34.

  ② 张正. 价格行为概论 [M]. 长沙：湖南教育出版社，2006：40.

  ③ 法律法规是调节规范行为的基本准则，是具有普遍意义的规定性，其符合道德、信用原则，又符合社会经济生活中的基本原则，所以合法的价格行为一定是正当的价格行为，而正当价格行为不一定都是合法的价格行为.

息公之于众；二是公平的原则，即自愿交易、平等互利；三是公道的原则，即价格合理，既被买卖双方一致接受，又为公众认可①。因此，也可将正当的价格行为定义为"公开、公平、公道"的价格行为。

关于不正当价格行为，《中华人民共和国价格法》和其他政府文件都没有对其进行定义，学术界讨论较多，法学界多是从"不正当价格行为"的构成要件上去理解，有学者强调的是价格行为对成文法的触犯，认为只要违反价格法和不正当竞争法规定的价格行为就是不正当的，但价值规律或市场交易习惯则对此无约束力②。另外有些学者则强价格行为对行为相对人利益的侵犯，关注的是行为是否实质性地侵犯了消费者、竞争者甚至整个社会的利益③。

对不正当价格行为的内涵有广义和狭义两种理解。广义的不正当价格行为指法规明确或未明确的市场参与者的不正当价格行为，甚至一些违背习惯和约定的行为也可以包括在内；狭义的不正当价格行为则仅仅是指违背价格法规的违法价格行为。法学界通常把垄断、限制竞争与不正当价格行为并列，事实上，二者是一种包含与被包含、表现与被表现的关系，采取不正当价格行为的很重要目的就是进行垄断或限制竞争，而任何垄断和限制竞争行为都会以不正当价格行为的形式表现出来。

综上所述，我们可以把不正当价格行为理解为：市场价格行为主体违反价格法规和诚信准则，通过不公正手段损害其他市场参与者利益而获利的行为。不正当价格行为主要包括三类：一是违背诚信信用市场准则的行为，如制假售假、骗税骗汇、走私犯私、逃避债务等；二是违反市场经济自由原则的行为，如地区封锁、部门分割、行业垄断等；三是违反公平竞争规则的行为，如价格欺诈、价格垄断、价格歧视、低价倾销；等等。

4.1.2 竞争性商品价格行为规制的内涵特征

4.1.2.1 内涵

竞争性商品价格行为规制相关研究对象的名称仍不统一，有学者称之为

① 林积昌. 市场价格行为学［M］. 上海：上海三联书店，1998：50.

② 徐丽红. 价格宏观调控法律问题研究［M］. 北京：中国科学文献出版社，2013：201.

③ 方可佳. 不正当价格行为研究［J］. 中央政法管理干部学院学报，2000（6）：12-17.

对放开价格的监管，有的则称为对不正当价格行为的规制。不正当价格行为本是法学上的用语，现行法律界定不正当价格行为的对象一般是指经营者。但邹积亮、刘戒骄、王恒久等经济学家则将其称之为"对竞争性产业价格管制"。对于"不正当价格行为的规制"或者"不正当价格行为的监管"，实务部门称之为"对不正当价格行为的监管""对放开商品价格的管理"等①②。本书所研究的竞争性商品价格行为规制，是指政府通过提供规范，让市场参与者的价格行为有法可依、有章可循，使价格行为更值得信赖。价格行为规制是竞争性商品价格规制的核心，是政府维护微观经济行为的重要方式，通过把市场参与者的价格行为纳入法律法规的有效监控之下，纳入国家规制经济的轨道，以保护市场参与者的利益和社会整体利益。

竞争性商品价格行为规制是伴随政府定价功能的弱化而逐步发展和完善的。大多数学者都认为，由于存在信息偏在，市场上经常会出现不正当价格行为，如价格欺诈等，因此需要政府对市场参与者的行为进行规制，对不正当价格行为进行处罚③，维护公开公平公道的价格竞争。改革开放40多年来，我国已经形成了以市场形成价格为主、政府指导价和政府定价为辅的价格形成机制。然而，随着政府从各种定价活动中退出，自由市场的弊端也逐步暴露出来，经营者趁着各种制度不完善，采取不正当价格行为不当获利，不仅损害了消费者的利益，而且损害了正常的市场秩序。针对这种情况，国家在坚决退出微观价格行为的同时，逐步完善价格行为监督机制，以防止市场投机行为损害价格形成功能。

竞争性商品价格行为规制具体内涵是指：其一，规制的主体是公共权力机构，在我国指的是县级以上各级人民政府的价格主管部门，作为省一级的价格管理机构，有的并入发展改革部门，有的作为发展改革部门管理的物价局，也有的作为省政府直属机构独立存在。其二，规制的客体是各种经济主体，简称经营者，既包括生产商也包括销售商，既可以是有组织的经营者也可以是个体经营者。其三，规制的对象是经营者的不正当价格行为，正当的

---

① 陈奕熊. 关于加强放开价格事中事后监管的几点思考 [J]. 市场经济与价格，2016（2）：21-23.

② 孙宝强. 建设放开商品价格监管系统 [J]. 市场经济与价格，2010（5）：15-19.

③ 邹积亮. 市场经济条件下的价格规制研究 [M]. 北京：经济科学出版社，2012：25.

价格行为是受鼓励的。其四，规制的主要依据和手段是各种法律法规、制度政策等，这些都是政府制定的，具有相当的强制力。其五，规制的方式是直接规制。各级价格管理机构会通过直接干预市场参与者的价格决策而纠正市场参与者的不正当价格行为，维护市场秩序，保护交易相对人的利益①。其六，规制的范围就是受规制的价格行为，特指竞争性商品领域的市场主体的价格行为，或者说是价格放开领域的市场主体的价格行为，而非是政府指导价或政府定价领域的一切价格行为。

竞争性商品价格行为规制体现了国家力量对失灵的价格机制的干预，和所有政府规制行为一样，其目标具有多重性的特征。直接目标是保护消费者和经营者权益，一方面确保经营者按照既定的约定向消费者提供商品和服务，保护消费者的利益不受损害；另一方面保护市场参与者独立自主进行价格决策的权利免受政府或其他个人、组织侵犯。间接目标是稳定宏观经济，市场参与者之间的价格行为反映了市场状况，不受制约的价格行为将会影响宏观经济发展。根本目标是维护社会公平，对竞争性商品价格行为规制是维护公平公正等社会价值在经济领域实现的重要手段，有利于维护公平、自由、有序的竞争环境，实现市场的可持续发展。但无论是哪种目标，竞争性商品价格规制都不是为了限制甚至固定商品价格，而是为了防止市场参与者不恰当地利用市场力量从而引起低效率②③。

竞争性商品价格行为规制的基本特点包括：目标明确，政府对市场参与者的不正当价格行为直接进行控制与纠正，对象具体，程序严格。依法治理，即政府对竞争性商品价格行为的规制必须依法依规，一方面，法律法规必须科学合理，另一方面政府必须依法行政，对价格行为的规制不能超越法律授权的范围，更多地采用法律手段而不是经济和行政手段是竞争性商品价格行为规制的重要特征。权利保障，即对竞争性商品价格行为规制必须建立在尊重和保护"私权"的基础上，不能以"维护社会秩序"和"保障公共利益"的名义行侵犯私人利益之实，其中最直接的要求就是不能因不正当价格行为

---

① 植草益. 微观规制经济学 [M]. 朱绍文, 胡欣欣, 等译. 北京: 中国发展出版社, 1992: 21.

② 刘戒骄. 反垄断还是反竞争: 评竞争性产业价格规制中的固定价格行为 [J]. 福建论坛 (经济社会版), 2000 (2): 9-13.

③ 邹积亮. 市场经济条件下的价格管制研究 [M]. 北京: 经济科学出版社, 2012: 71.

而侵犯市场参与者的其他正当权益。当然，上述特征在价格规制的过程中都存在，只不过在竞争性商品价格行为规制中表现得更加突出而已。

4.1.2.2 对象

竞争性商品价格行为规制的对象十分复杂，有学者将价格行为规制对象概括为价格（收费）体系、不正当价格行为和价格违法行为三类①，也有学者认为其对象主要包括禁止价格协调、限制控制零售价格、禁止价格歧视、禁止和限制掠夺性降价等②③，还有学者认为其对象为价格协调、价格歧视、控制零售价格和掠夺性降价等不正当价格行为④。但说到底，竞争性商品价格行为规制主要是一种纠偏纠错的行为，主要对象是经营者的不正当价格行为。《中华人民共和国价格法》《中华人民共和国反垄断法》以及其他价格法规对不正当价格行为都有界定，其中最重要的几种不正当价格行为包括价格欺诈行为、低价倾销行为、哄抬价格行为、价格垄断行为、价格歧视行为、价格串通行为、牟取暴利行为等。《中华人民共和国价格法》关于不正当价格行为的规定见表4-1。

表4-1　《中华人民共和国价格法》关于不正当价格行为的规定

种　类	内　容
串通价格	相互串通，操纵市场价格，损害其他经营者或消费者的合法权益
低价倾销	依法降价处理鲜活商品、季节性商品、积压商品等商品外，为了排挤竞争对手或者独占市场，以低于成本的价格倾销，扰乱正常的生产经营秩序，损害国家利益或者其他经营者的合法权益
哄抬物价	捏造、散布涨价信息，哄抬价格，推动商品价格过高上涨
价格欺诈	利用虚假的或者使人误解的价格手段，诱骗消费者或者其他经营者与其进行交易
价格歧视	提供相同商品或者服务，对具有同等交易条件的其他经营者实行价格歧视

---

① 陈富良，万卫红. 企业行为与政府规制 [M]. 北京：经济管理出版社，2001：169-180.

② 刘戒骄. 反垄断还是反竞争：评竞争性产业价格规制中的固定价格行为 [J]. 福建论坛（经济社会版），2000（2）：9-13.

③ 邹积亮. 市场经济条件下的价格管制研究 [M]. 北京：经济科学出版社，2012：71.

④ 史东辉. 市场经济国家对竞争性产业中企业价格行为的管制 [J]. 外国经济与管理，1996（7）：3-7.

表4-1(续)

种　类	内　容
变相抬价压价行为	采取抬高等级或者压低等级等手段收购、销售商品或者提供服务，变相提高或者压低价格
牟取暴利	违反法律、法规的规定牟取暴利
其他	法律、行政法规禁止的其他不正当价格行为

但由于现有法律法规关于经营者不正当价格行为的内涵和外延的规定并不清晰，其中多有交叉部分。与此同时，也并非所有不正当的价格行为都需要进行严格的规制，相反，只有那些阻碍正常交易价格的形成、阻碍价格机制的正常运行的不正当价格行为才是规制的对象。为此，本书尝试将经营者不正当价格行为分为四类。

第一类是价格垄断行为。法学界一般认为"垄断无定义"，在各国反垄断的立法中，都没有对"垄断"作出正式的定义。经济学中对垄断的定义是：没有相近的替代品，在决定价格时，垄断企业是独立自主的。但是从各国垄断法来看，却是将限制竞争协议、滥用市场支配地位等作为价格垄断行为规制的主要内容。价格垄断行为使得价格信号失真，影响价格调节功能，阻碍市场公平竞争。因此，对经营者价格垄断行为的规制是每个市场经济国家的一项重大规制，不同的国家规制的法律名称不尽相同，如美国的《反托拉斯法》，韩国的《垄断规制与公平交易法》，但规制的目标大体相同，那就是限制违法价格垄断行为，提升资源配置效率，促进市场竞争，增加社会福祉。

价格垄断行为主要表现为价格垄断协议和滥用市场支配地位，具体包括垄断定价、价格歧视和掠夺性定价三种方式。其中，价格垄断协议又称为卡特尔协议或者限制竞争协议，是指两个以上的经营者通过合谋、串通的形式，公开协调定价和产出行为，达成价格垄断协议，限制产出和提高市场价格，分享垄断利润①。价格垄断协议又分为横向和纵向的价格垄断协议两种，前者如国外的苹果公司及五大出版商协议提高电子书价格，国内的"3Q"大战中的联合抵制协议也是典型的横向价格垄断协议；后者如2014年亚马逊公司控

① 卡尔顿，佩罗夫. 现代产业组织 [M]. 胡汉辉，等译. 北京：中国人民大学出版社，2009：120，236.

制第三方经销商定价决策的行为则为纵向价格垄断协议的行为。《中华人民共和国反垄断法》规定的价格垄断行为见表4-2。

表4-2　《中华人民共和国反垄断法》规定的价格垄断行为

种　类	内　容
价格垄断协议	禁止具有竞争关系的经营者达成固定或变更商品价格的垄断协议
	禁止经营者与交易相对人达成固定向第三人转售商品的价格，以及限定向第三人转售商品的最低价格
滥用市场支配地位	禁止以不公平的高价销售商品或者以不公平的低价购买商品
	没有正当理由，以低于成本的价格销售商品
	没有正当理由，对条件相同的交易相对人在交易价格等交易条件上实行差别待遇
	其他

第二类是价格歧视。作为经济学术语，价格歧视目前没有统一的定义，一般认为价格歧视的实质是企业实施差别化价格的主要表现形式，针对同一种类的商品，在同一时期，对不同的买主，以不同的价格出售的经营者的行为，不仅对相对交易人不公平，也危害市场经济的公平竞争秩序。按再生产环节不同，价格歧视可以分为生产者对经营者的价格歧视和经营者对消费者的价格歧视；按歧视的方式不同，价格歧视又可以划分为直接性价格歧视与间接性价格歧视。作为反垄断法的规制内容，价格歧视分为一级歧视、二级歧视、三级歧视，其中，一级歧视指的是经营者按照交易相对人所愿意支付的最高价格销售商品；二级歧视指的是经营者根据交易数量的不同来制定有区别的交易价格，交易数量多制定较低的交易价格，交易数量少则制定较高的交易价格；三级歧视是指经营者按照消费者群体的不同（或者说消费市场的不同），而制定不同的销售价格。我国的价格歧视行为仅仅指的是三级价格歧视行为。

《中华人民共和国价格法》《中华人民共和国反不正当竞争法》《中华人民共和国反垄断法》《反价格垄断规定》都对此作出了规制，但后者在实践中更具有应用性和可操作性，也是目前有关价格歧视行为的主要规制依据。《中华人民共和国反垄断法》规定的价格歧视与《中华人民共和国价格法》中所称的价格歧视，其主要不同在于市场主体有无市场支配地位，反垄断意义上的价格歧视一般指具有市场支配地位的经营者，结合不同市场的特性，对不同的交易相对人，在提供相同商品或者服务的时候收取不同价格，价格歧视对市场正常的竞争秩序及消费者利益会产生负面影响的行为。《中华人民共和国价格法》所规定的价格歧视是指一切市场主体。

第三类是价格欺诈。价格欺诈行为是价格促销中最常见和最主要的不正当行为，即利用虚假价格信息欺骗或诱导交易相对人进行交易以牟取非法利益的行为。随着市场竞争的日趋激烈，经营者价格促销频繁，价格欺诈现象也随之多发生。从构成要素来看，价格欺诈一般是指商品经营者欺骗消费者的行为，所侵害的也往往是消费者或其他经营者的权益。价格欺诈是一种外部性较大的行为，既损害消费者利益，也损害其他经营者利益，除了行为上的欺骗性、故意性外，还要考虑行为效果的影响性。

价格欺诈在现实中表现得极为复杂多样。《中华人民共和国价格法》将其定义为"利用虚假的或者使人误解的价格手段，诱骗消费者或者其他经营者与其进行交易"[1]。《禁止欺诈行为的规定》中列举了十三种价格欺诈行为。2015 年《国家发展改革委关于<禁止价格欺诈行为的规定>有关条款解释的通知》，对《禁止价格欺诈行为的规定》有关条款进行解释，如对"虚构原价""虚假优惠折价"等都作出了详细说明。

第四类是哄抬价格、牟取暴利。《中华人民共和国价格法》规定，经营者不得"违反法律、法规的规定牟取暴利"。在此之前，1995 年《制止牟取暴利的暂行规定》[2] 还对牟取暴利的情形作了具体规定。但总体来看，我国现行法律对哄抬物价、牟取暴利的规定过于简单，没有对哄抬物价涉及涨价的幅度、囤积的储存量、牟取的暴利多大做出具体规定。之所以出现这种状况，是因为关于牟取暴利的内涵和外延认识不清。牟取暴利和操纵市场价格在某些情形下具有相同的性质和效果，但操纵市场价格属于滥用垄断地位，表明在特定领域消除了竞争，所以属于《中华人民共和国反垄断法》规制的范畴。但牟取暴利者不一定是垄断企业，甚至有学者认为牟取暴利是市场参与者的当然行为，只要消费者自愿选择这些暴利商品，政府就无权干涉。

---

[1] 《价格法》第二章第十四条.

[2] 2011 年进行了修订，各地都出台了实施办法.

总体来看，实务界和学术界关于牟取暴利的争议还比较多，一方面是含义不清，另一方面是对这种行为进行规制的合理性并不确定。因此，有些人会钻法律的空子，牟取暴利，如利用涨价与不合理涨价界限模糊，搞超成本涨价。特别是在新型交易模式中，更无法确认经营者获取的利润是否属于牟取暴利。

4.1.2.3 手段

竞争性商品价格行为属于微观经济行为，政府规制主要通过两种手段规制，包括两个方面：一方面建立竞争规则，市场参与价格行为有法可依，受到共同的规则指导；另一方面是加强价格监督，确保市场参与者价格行为符合既定的预期[①]。目前，我国已经基本形成了以法律手段为主、行政手段为辅的竞争性商品价格行为规制方式方法。其中，行政手段主要强调的是服务，主要方式是价格专项检查，为经济发展构建良好的价格环境。

作为竞争性商品价格行为规制最主要的手段，法律规制主要通过三个途径实现目标。

首先是立法。世界上市场经济国家通过规制价格行为维护竞争的法律通常称为《反垄断法》或《反不正当竞争法》，有些国家两法合一，如匈牙利的《反不正当竞争法》；有些国家两项法律分别制定，如德国和日本；也有的国家采取混合式，如美国[②]。我国目前已经形成了较为完善的价格行为规制的法律法规，包括《中华人民共和国价格法》《中华人民共和国反垄断法》《中华人民共和国反不正当竞争法》等维护竞争的法律法规。

其次是执法。即价格规制机构按照法定程序，行使价格规制权限，对不正当的价格行为进行查处。一般价格行为违法案件先由规制部门依法展开调查，然后裁决，勒令停止不正当价格行为、罚款、没收违法所得等。如果企业不服，可以依法申请复议或上诉。如果再不服，就可以上诉到司法部门。据统计，我国 2009 年全年查处不正当价格行为案件 4 348 万件，实施经济制裁 5 600 万元。

最后是司法。若市场参与者对价格规制部门的裁决不符，可以上诉到法

---

① 安东尼，雅赛. 重申自由主义：选择、契约、协议 [M]. 陈茅，等译. 北京：中国社会科学出版社，1997：46.

② 史璐. 价格管制理论与实践研究 [M]. 北京：知识产权出版社，2012：17.

院，由司法审判终结。世界各国对价格行为违法者的处罚是十分严厉且执法严格，没收违法所得、新闻曝光以及高额罚款，严重者还剥夺行为人的人身自由，以十分高昂的违法成本遏制不正当价格行为的发生。

4.1.2.4　原则

尊重市场原则。树立以市场为基础的基本理念，鼓励竞争，充分发挥市场在资源配置中的决定性作用，促进公正公平公开的竞争秩序的形成。经营者的价格行为只要以市场为轴心，反映了市场供求，促进了市场竞争，都应该受保护。只有那些阻碍了市场竞争，破坏了市场正常秩序的价格行为才理应受到限制。

依法规制原则。对竞争性商品价格行为规制，要严格执行法律法规，决不允许出现越位规制。如前些年出现过政府部门发文制定商品和服务价格，并要求企业自愿选择，形成了政府文件固有的强制性与内容要求上的"自愿灵活性"的悖论①，不仅损害了企业的利益，而且破坏了市场秩序。

减少损失原则。竞争性商品价格行为规制不应该仅仅是一种事后干预，对价格行为失范进行补救。更重要的是要进行事前的行为引导。通过价格法律制度对经营者不正当价格行为进行规范，制止价格垄断、价格倾销、价格欺诈、牟取暴利等不正当的价格行为，从而使经营者依法经营。从根本上说，对不正当价格行为规制的目的不是为了处罚制裁，而是从根本上防止和减少以及避免价格不正当行为的发生，减少交易双方的损失。

统筹兼顾原则。经营者的价格行为，关系着买卖双方及国家、社会等几个方面的利益，因此价格行为的规制实质上也是利益关系的调整，涉及既得利益者与未得利益者、多得利益者与少得利益者等各种矛盾关系。政府对经营者价格行为的规制必须考虑到这些矛盾关系的妥善处理，统筹考虑相关方面的因素，兼顾相关方面的利益。

4.1.3　我国竞争性商品价格行为规制的实践

4.1.3.1　竞争性商品价格行为规制的现实意义

市场参与者的不正当价格行为存在负外部性，即会造成私人边际成本收益与

---

① 张正. 价格行为概论 [M]. 长沙：湖南教育出版社，2006：151.

社会边际成本收益不相符，不仅损害交易相对人的利益，而且损害社会福利的增加。因此，竞争性商品价格行为规制，不仅是为了维护市场参与者的权益，减少个人损失，而且是为了维护公共利益，促进社会福利增加，意义十分重大。

经济意义。企业定价行为对其他经营者影响巨大，同理，价格竞争虽然是市场竞争的主要方式，是经营者经营自主权的体现。但若是经营者采取掠夺性定价的方式，将价格降低到成本以下，不仅会造成资源的浪费，也会导致垄断，阻碍正当的价格竞争行为。对竞争性商品价格行为进行合理规制，有利于协调处理好政府与市场的既对立又统一的关系，促进国民经济协调发展和社会稳定。

政治意义。竞争性商品价格行为规制不仅体现了国家治理体系和治理能力的现代化水平，而且充分反映了政府的价值取向。政府通过惩处和矫正不正当的价格行为，化解价格矛盾、价格纠纷、营造有序的市场环境，创造公平公正、和谐有序的市场秩序，有利于宣扬和维护正确的社会价值和政治态度，实现政府治理市场经济的目标。

社会意义。价格行为既是一个经济范畴，也是一个社会范畴，不正当价格行为比如"假打折""假赠送、假抽奖、假甩卖"、虚假广告宣传故意误导消费者等，不仅会带来经济损失，而且会败坏社会风气，甚至会激发社会矛盾。加大对不正当价格行为的惩治力度，能够稳定社会预期，减少社会风险，实现社会稳定。

4.1.3.2 竞争性商品价格行为规制手段变迁

对于我国的实践来说，改革开放40多年来，我国放开价格的过程就是对经营者价格行为进行规制的过程，规制手段逐渐调整、逐步完善，由最初的以行政手段为主转变为现在的以法律手段为主。

在价格机制转换和双轨制时期（1984—1992年），我国采取的行政手段主要是价格行政部门开展物价大检查，查处不正当的乱涨价行为。

在逐步建立起市场形成价格为主的价格机制时期（1992—2002年），依据颁布的《制止牟取暴利的暂行规定》及《中华人民共和国价格法》《价格违法行为行政处罚规定》等法律法规，我国对行业价格专项检查，查处不正当价格行为，这个时期以行政手段为主，法律手段为辅。

在社会主义市场经济逐步完善阶段（2002—2012年），我国颁发实施了

《中华人民共和国反垄断法》，对价格行为规制的关键词为"定规则、当裁判、重服务"，以法律手段为主，查处了一些不正当价格行为案件及价格垄断案件。

在社会主义市场经济完善阶段（2012年至今），我国将价格行为规制的重点放在事中事后，价格服务提到更重要的位置，以法律手段为主、行政手段为辅的价格行为规制体系基本建立。

4.1.3.3　竞争性商品价格行为规制法律框架形成过程

经过40多年的探索，我国逐步形成了以《中华人民共和国价格法》《中华人民共和国反不正当竞争法》《中华人民共和国反垄断法》为主体、有关竞争性价格行为规制的法律法规和政府规章为补充的竞争性商品价格行为规制法律体系。

《中华人民共和国反不正当竞争法》。1993年出台的该法是禁止不正当竞争和部分垄断行为的合并立法，规定了11种不正当竞争行为，其中假冒他人产品、采用贿赂以销售或者购买商品、虚假广告、侵犯他人商业秘密、有奖销售、损害竞争对手声誉等6种与不正当价格行为有关。

《中华人民共和国价格法》。《中华人民共和国价格法》首次提出"不正当价格行为"的概念，并明确了8种经营者不正当价格行为，既包括了竞争领域也包括非竞争领域的不正当价格行为。根据《中华人民共和国价格法》，国家还先后制定了《禁止价格欺诈行为的规定》《关于制止低价倾销行为的规定》以及《关于商品和服务实行明码标价的规定》《价格违法行为行政处罚规定》等单行价格法律法规和规章。同时，地方政府也陆续出台了一些地方性法规。

2008年实施的《中华人民共和国反垄断法》对经营者的价格垄断行为作出了限制性规定，禁止具有竞争关系的经营者达成价格垄断协议，禁止滥用市场支配地位。国家发改委2010年颁布的《反价格垄断规定》，对《中华人民共和国反垄断法》进一步细化，对具有竞争关系的经营者达成固定或者变更价格的8种价格垄断协议、具有市场支配地位的经营者使用价格手段，排除、限制竞争，作了详细规定。

我国不正当价格行为法律规制框架见表4-3。

表 4-3　我国不正当价格行为法律规制框架

	名　称	时　间	目　的
法律	中华人民共和国价格法	1998 年	价格法律体系的基本法。规范价格行为，保护市场经济健康发展，保护消费者和经营者合法权益
	中华人民共和国反垄断法	2008 年	预防和制止垄断行为，保护市场公平竞争，提高经济运行效率，维护消费者和社会公共利益
法规	中华人民共和国价格管理条例	1987 年	加强价格管理，保证市场物价的基本稳定，保障经济体制改革顺利进行，促进经济发展
	价格违法行为行政处罚规定	1998 年	有效实施价格行政处罚，及时平抑市场价格异常波动，维护公共利益和社会稳定
	制止牟取暴利的暂行规定	1995 年	禁止生产经营者以非法价格手段牟利，保护消费者的合法权益
规章	反价格垄断规定	2011 年	禁止具有竞争关系的经营者达成固定或者变更价格的价格垄断协议，进一步规范市场价格行为秩序
	关于商品和服务实行明码标价的规定	2000 年	经营者收购、销售商品和提供服务按照要求公开标示价格等有关情况。规范价格行为，维护正常的市场价格秩序，促进公平、公开、合法的市场竞争，保护消费者和经营者的合法权益
	禁止价格欺诈行为的规定	2002 年	禁止经营者利用虚假的或者使人误解的标价形式或者价格手段，欺骗、诱导消费者或者其他经营者与其进行交易。促进公平竞争，保护消费者和经营者的合法权益
	关于制止低价倾销行为的规定	1999 年	禁止经营者为排挤竞争对手或独占市场，以低于成本的价格倾销商品，支持和促进公开、公平、合法的市场价格竞争，维护国家利益，保护消费者和经营者的合法权益
	价格违法行为行政处罚实施办法	2004 年	有效实施价格行政处罚，及时平抑市场价格异常波动，维护公共利益和社会稳定
	价格行政处罚程序规定	2001 年	规范价格主管部门行政处罚程序，保障和监督价格主管部门依法行使职权
	反价格垄断性质执法程序规定	2011 年	规范和保障政府价格主管部门依法履行反价格垄断职责，保护公民、法人和其他组织的合法权益

4.2　竞争性商品价格行为规制的内在逻辑

价格行为可以理解为交易中的一种价格策略，这种策略是为了使自己在博弈过程中获得更加有利的地位。但这种策略可能会阻碍达成交易的效率，特别是当实施这种策略极大地增加了对方的决策成本时，甚至不仅可能会造成交易失败，而且会扰乱市场秩序。为了提升交易的效率，维护正常的竞争秩序，必须对竞争性商品的价格行为进行规制。

4.2.1　竞争性商品价格形成机制

市场参与者的价格行为与竞争性商品价格形成机制能否正常运行有直接关系。竞争性价格形成机制即市场价格形成机制，要求市场参与者根据市场竞争状况自由自主地确定价格。理想的竞争性商品价格形成过程是一个各种市场参与者平等谈判和竞争的过程，除价值规律和供求规律外，不受外界力量左右，因而价格信号能够充分而准确地反映商品本身的稀缺性和市场供求状况[①]。

4.2.1.1　竞争性商品价格形成的基础

价值是价格形成的基础。价值构成了价格运动的轴心和趋势[②]。在简单商品生产时期，各生产者之间商品交换的基础就是商品的价值，商品交换大体上是按照价值或接近于价值相交换的。在发达的商品经济阶段，生产建立在社会化的基础上，生产者个人不再是独立的商品生产者，劳动者和生产资料一同介入生产过程，由于个体劳动向社会化的企业经营者转变，商品价值也就转化为生产价格，生产价格成了商品市场价格波动的中心，反映企业之间的分配关系，但商品价格的基础依然是价值。马克思主义的生产价格理论就是揭示了自由竞争时期市场价格的形成基础。

价格与供求关系。供求关系是商品供给和需求之间的关系，反映了商品生产与消费的状况，既相互联系又相互制约。理想状态下，价格与供求关系是一种线性相关，即价格的波动能够引起商品供给量与需求量的变化，其中，价格的波动与商品供给呈正相关，而与需求量呈负相关。具体表现为：当价格上升时，商品供给增加，而商品需求减少；当价格下降时，则相反。但价格不会无限地上升或下降，而总是围绕价值作有规律的上下往复波动，类似

---

① 刘俭. 构建市场价格形成机制的几个问题 [J]. 价格理论与实践, 1993 (6)：29-32.
② 王长酉. 价格形成的基础和影响因素 [J]. 建筑经济, 1995 (6)：37-40.

于物理学上的简谐振动。

目前对于价格的决定因素还没有统一的认识。一种观点是价值决定价格，认为价格与价值是反映与被反映的关系，或者说是形态转换的关系；另一种观点是供求决定价格，认为价格只反映现实的市场状况，不反映商品背后的秘密。实际上，二者并不矛盾，供求规律是价值规律发生作用的平台，而价值规律则约束了供求关系的波动幅度，简单来说就是价值决定价格→价格决定供求→供求影响价格。

4.2.1.2　竞争性商品价格形成的影响因素

除了价值、供求关系，影响商品价格形成的还有商品的有用性、稀缺性、产权性及产权交换的货币性等因素。在市场经济中，影响价格形成的因素还有很多，这些因素相互作用、相互影响，如汇率、利率、税率、工资率等。

财政。财政收支运动影响着物价变动的事态，财政收支平衡是稳定市场价格的基本前提和条件[①]。财政收入中占比最大的是税收，税收是价格构成的重要因素，税种的设立、税率的高低等都会引起物价结构的变化，税率是企业定价时必须考虑到的重要因素之一。积累基金和消费基金的比例也会引起物价结构的变动。

金融。传统货币数量论认为，货币供给的变动会引起绝对价格水平同比例的变动。价格与信贷、利率的关系非常密切，价格的形成取决于货币数量，货币流通的数量、速度和运动的方向主要由信贷来调节，国家的信贷政策是影响价格变动的重要因素。

工资。基于劳动力市场和宏观经济视角，现实中工资标准与价格水平有着正向影响关系[②]。Stigler（1946）认为最低工资可能对产品价格产生的影响，取决于劳动力市场的结构：在完全竞争劳动力市场的情况下，提高最低工资会带来价格上升和就业减少；而在买方垄断劳动力市场下，提高最低工资会带来价格下降和就业上升[③]，工人工资提高，企业用工成本增加，从而提

---

① 周春，蒋和胜. 市场价格机制与生产要素价格研究 [M]. 成都：四川大学出版社，2006：107.

② 敖翔. 最低工资对价格水平的影响-理论-经验和政策 [J]. 中国物价，2018（10）：60-62.

③ 徐建炜，邹静娴，毛捷. 提高最低工资会拉升产品价格吗 [J]. 管理世界，2017（12）：33-34.

高产品定价，维持企业利润。

外贸。汇率是一国货币与另一国货币的比率或比价，作为一国货币对外和对内价值的表现，汇率和价格之间存在着紧密的联系。汇率的价格传递指的是从汇率变动到价格变动、名义汇率变动对一国进出口商品价格以及一国国内总体物价水平的影响，汇率的传递效应在当今世界是一个普遍现象，各国均存在汇率传递。

4.2.1.3 竞争性商品价格形成的具体形式

在现实经济生活中，市场形成价格机制具体由企业定价或个体定价来实现。目前，我国97%以上的竞争性产品都是由个体定价或企业定价。

个体定价。个体定价是以自然人为主体的价格行为。个体定价的特点在于，定价主体众多而且分散，同一种商品有无数个买方和卖方参与交易，因此价格受市场价值规律和供求规律以及竞争规律的充分调节，具有较强的自发性和较大的波动性。由于交易主体众多且分数，即使同类产品在不同区域由于生产成本、物流以及消费者的购买力水平等原因也会存在不同，市场价格水平具有较强的区域性，存在着较大的地区差价。虽然交易双方地位平等，但由于信息不对称，卖方对自己产品的成本、质量以及利润等关键信息较为清楚，而买方只能根据卖方给出的信息来判断价格，实际上处于较为不利地位。

企业定价。企业定价是一种有组织的价格行为。企业作为独立的市场定价主体，和个体一样，是自主经营、自行定价的组织。市场上绝大多数企业分布在不同的行业或地区，根据各自经营产品的成本、供求关系、企业战略、竞争策略以及国家政策等，独立自主地制定和调整产品价格。企业作为一种营利组织的存在，追求利润最大化是其定价行为的最终目的，无论是高价还是暂时低价，但获利性是定价行为的出发点和归宿。由于市场需求已变化、竞争对手多，企业定价行为也随市场变化而灵活多变，而非像国家定价那样具有稳定性。

理论上，个体和企业都能够根据产品的成本和市场供求关系等因素，灵活地制定价格。然而，个体和企业所定的价格仅仅是观念上或名义上的商品价格，商品市场价格或交易价格的形成，最终还是受到市场需求的影响以及消费者的接受和认可。竞争性商品价格形成过程实际上是自主决策与市场选择相互作用的过程。

由于个体或企业有限理性和市场的不确定性，决定了市场价格形成机制与政府价格形成机制相比，具有明显的特征：一是价格的形成和变动是市场主体（企业或个人）自主决定；二是波动性，不像计划价格那样具有稳定性，而是随着供求关系的变化，围绕价值上下波动；三是形成价格的依据是多方力量共同作用，商品的成本、市场的供求以及竞争关系、经营战略等都影响着市场主体的定价行为；四是形成价格的最终目的是追求利润，实现自身利益最大化。市场形成价格机制是在市场竞争规律和供求规律的作用下，围绕价值上下波动[①]。

4.2.2 价格形成机制运行成本生成机理

4.2.2.1 理想市场假设

正如上述对竞争性商品价格形成机制的描述，传统经济学对市场价格形成机制的探讨是建立在严格的假定条件下，是在完全竞争市场的理想状态下实现的。在这种理想状态下，竞争性商品的价格主要由其生产成本决定，当商品价格与其生产成本偏离不大时就会形成有效交易，实现商品价值。这种理想的市场具有以下特征。

市场是完全竞争的。所谓完全竞争市场是指这样的理想状态：在同一个市场中，生产和需要同类商品的生产者和消费者同样数量众多，无论是个体市场参与者还是组织市场参与者，彼此之间是平等的，都只是价格的接受者，竞争地位平等，谁也不能主宰价格；产品一致，没有显著差别，各厂商独立决策，不相互串谋，各种生产资源可以自由转移，且不存在外部性，所有的影响都被特定产品的买卖双方内部化了。因此，市场中所有的供应者和购买者的相互作用形成市场价格，任何一个企业都不能控制市场价格、都用市场既定的价格销售产品。销售商要获得不同的利润率，只有通过低成本生产或分销来实现。

市场主体是自由的、理性的。市场主体是自由的，能够独立、自主地决

① 周春，蒋和胜. 市场价格机制与生产要素价格研究［M］. 成都：四川大学出版社，2006：23.

定自己的一切行为。不受外界胁迫、控制，完全可以根据自己的利益自主决定经济行为，如生产什么、生产多少、购买什么、购买多少、什么时间生产什么、什么时间不生产什么、什么时间购买什么或者不购买什么。市场主体从事经济活动是受自身利益的驱使，以各自的利益判断为基础，生产者的利润最大化和消费者的效用最大化决定着生产者提供多少产品或者消费者购买多少商品。市场价格变动，生产者和消费者都会调整自己的行为，市场主体调整自己的经营或消费行为，影响着市场价格。

信息是全面的、对称的、无阻的、共享的、无偿的。经营者和消费者双方都掌握完全的市场信息，双方对市场具有充分的知识，对于商品的价格和质量完全了解。消费者也能够无成本地获得充分信息。

经营者进入和退出市场自由，不存在任何壁垒。厂商生产出来的一切产品都可以自由流通，具有无限流动性，会流动到利润最高的地方，最终都可以出清。因此，所有企业面对的是一条水平的或完全弹性的需求曲线。

由于这些假设条件的存在，完全竞争下的市场上不存在投机行为，经营者在追求利润最大化和消费者在追求效用极大化的过程中作出一系列理性的选择，最终形成竞争性商品的交易价格，市场走向均衡与出清的状态，资源配置达到最优水平[①]。

4.2.2.2 不完美的市场与价格形成成本

然而，完全竞争市场仅仅是一种理想假设，现实的商品市场是不完美的，存在着诸多影响交易实现的因素，这些因素使得决定竞争性商品价格形成的除了生产成本外，还包括交易成本。这里将这种交易成本称为价格形成运行成本或价格形成成本。影响价格形成机制运行成本的主要因素包括以下几点：

信息不对称。传统经济学理论假定，市场参与者拥有一切做出正确决策所需要的信息，别人不能对其进行隐瞒和欺骗[②]。完备信息的掌握，可以保证经济效率达到最高值，社会资源配置实现帕累托最优状态。然而事实上，在现实经济生活中信息不对称或信息偏在才是常态[③]。谁拥有较多信息谁就处于

① 万解秋，李慧中. 价格机制论 [M]. 上海：上海三联出版社，1989：3.
② 李发金. 信息的不完全性与市场 [J]. 青海经济研究，2005 (3)：78.
③ 刘宁. 我国食品安全社会规制的经济学分析 [J]. 工业技术经济，2006 (3)：132-134.

信息优势地位，反之处于信息劣势地位，且信息优势方可能会利用自己的优势地位获得不正当利益。

有限理性。传统经济学认为，经济活动中人们能够在既定条件下，通过严密的计算，实现以最小的成本获得最大的利益。但现实是，有限理性才是与我们人类实际中的选择行为的认知相一致的理性。造成有限理性的原因，既有环境因素，也有个人因素，具体包括以下几个方面：信息不全面以及信息处理能力的有限性、资源的有限性、事物的复杂性以及不确定性等①。

机会主义行为。威廉姆森将机会主义行为称为，以诡计寻求自利的行为，包括——但不仅仅限于——比较明显的形式，如说谎、偷盗和欺骗。更一般地，机会主义指不完全的或扭曲的信息揭示，尤其是有目的的误导、掩盖、迷惑或混淆。人的本性中本来就存在损人利己的一面，只要有机会就会采取利益最大化行动。

如果将竞争性商品价格形成过程视为交易双方的谈判过程，信息不对称和机会主义行为将会明显地增加信息成本，即搜寻和研判信息的成本；增加谈判成本，明显会增加讨价还价的难度；增加管控成本，为了确保既定的价格约定得以执行，必须付出更多的监督成本；增加避险成本，为了防止交易结果与交易目标不一致带来的损失，必须付出更多的成本防范风险，并制定补偿措施。

4.2.2.3 价格形成成本与市场交易效率

在完全竞争条件下，价格形成机制能够"灵敏"地反映市场需求：从供需变化到市场参与者感受到这种变化的时间极短；所有的市场参与者都能够敏感地感受到市场供需的微弱调整；所有的市场参与者都具有同等地充分捕捉价格信号的能力，且能够自主准确地作出判断。

在这种情况下，交易双方的信息成本、谈判成本、管控成本、避险成本等于零，交易双方能够迅速达成一致，形成交易价格，此时商品价格与商品需求可以用公式（4-1）表示：

$$M = a - bP \tag{4-1}$$

① H A Simon. Rationality as process and as product of thought [J]. American Economic Review, 1978, 68 (2) 1-16.

其中，M 代表商品的需求量，P 代表商品的价格，a、b 为系数，b 表示随着商品价格提高一个单位，人们商品的需求量会相应下降 b 个单位。公式 (4-1) 说明价格形成机制是高度灵敏的，价格的变化能够反映商品需求量的变化，市场的交易效率最高。

然而现实的情况是，在市场活动中，交易双方存在信息不对称和机会主义行为的情况，价格形成是有成本的。如果交易中掌握更多信息的一方利用自己的信息优势地位采取一些投机行为，就会极大地增加信息弱势一方的交易成本，当这个成本大到一定程度时就会影响交易的达成；当这种行为成为普遍现象时，整个市场交易效率就会下降甚至停滞。因此，决定市场供需变化的因素变为商品价格和价格形成成本，如公式（4-2）所示：

$$M = a - bP - cT \qquad (4-2)$$

其中，T 代表价格形成成本，a、b、c 为系数。随着交易成本的提高，商品需求量下降。在价格形成过程中，当 T 较低时，价格形成效率较高，对商品需求量有影响明显；但当 T 提高到一定的水平，价格对需求的影响作用会相应下降，市场交易效率下降，直至交易停滞。

4.2.3 价格行为规制的内在逻辑

4.2.3.1 竞争性商品价格行为规制的直接动力

竞争性商品价格规制的形成过程是一个历史的过程，是在解决具体问题过程中出现的，实践是其第一动力，先有实践后有解释。从历史来看，竞争性商品价格规制的最直接动力来自不正当价格行为带来的负面影响，以及政府规制经营者不正当价格行为带来的有形和无形的收益。比如这几年闹得沸沸扬扬的电商价格战、电信价格战等，都是采用价格杠杆作为竞争手段，其中也充满了不正当价格行为。运用"囚徒困境"这一经典博弈模型分析价格战的影响，有助于理解上述相关问题。

假设博弈双方的收益值：如果两个电商都不降价，他们分别可以获得8 000万元的收入，如果同时降价，则只能获得 6 000 万元的收入；如果一方降价另一方不降价，则降价方可以得到 10 000 万元的收入，而不降价方只能得到 4 000 万元的收入。所以，在给定 A 降价的条件下，B 降价会得到 6 000

万元的业务收入，B如果不降价则只能得到4 000万元的业务收入，所以B的占优策略是降价。A不降价时，B的占优策略也是降价。反之A的占优策略也同样是降价。于是A和B都采取最优策略，重复博弈的结果就是价格大战越演越烈。对A和B来说，如果都不降价都会得到8 000万元的业务收入，这比双方都降价获得的收入要多，从博弈论角度分析就陷入了"囚徒困境"。表4-4为电商价格战博弈模型。

表4-4　电商价格战博弈模型

B A	降价	不降价
降价	P＝6 000, P＝6 000	T＝10 000, S＝4 000
不降价	S＝4 000, T＝10 000	R＝8 000, R＝8 000

此博弈的最终结果是双方都会选择降价策略（纳什均衡），而从这几年电商的实践可以看出，电商之间无法有效避免降价竞争的发生，因为策略组合（不降价，不降价）不是纳什均衡。"价格战"通常也指把价位作为竞争策略的各种市场竞争性能为，有些行业也有高价取胜的案例。

在电商价格战中，出现了"囚徒困境"，博弈结果是恶性价格战。而管理者，也即政府参与博弈，可以改变原来的博弈结构，从而避免恶性价格战。因此，此时，博弈模型结构变为，管理者即规制机构作为博弈一方，而趋于降价竞争的电商作为博弈的另一方建立模型。在此博弈结构中，如果电商降价管理者不进行干预，电商就能够获得数值为V的正效益，而如果管理者干预，电商会被处罚，得到数值为-B的负效益。如果管理者不闻不问的情况下，电商也没有降价竞争，管理者获得数值为S的正效益，如果电商降价，而管理者依然不闻不问，获得数值为-D的负效益。如果电商不违规降价，则没有得失比较。如果管理者采取一系列措施规范市场，没有得失可说。该博弈不存在纯策略纳什均衡。其结论是：在管理者收益一定的前提下，从短期来看，管理者加大对电商的价格行为规制能够有效抑制不正当价格竞争；但从长期来看，管理者的价格行为规制会逐步松懈，无法明显减少电商之间的不正当价格竞争。

表 4-5　管理者与经营者的博弈

电商＼管理者	管制	不管制
降价	-B, 0	V, -D
不降价	0, 0	0, S

虽然《中华人民共和国价格法》以及 2015 年国家发改委关于《禁止价格欺诈行为的规定》等价格法规及规范性文件都明确了"价格欺诈行为"界定标准，但由于经营者的信息不易被发现或者需要花费一定时间成本才能被发现，管理者事前仅能依靠宣传教育予以预防，事后也只能在消费者投诉的情况下，被动地根据消费者提供的经营者信息进行执法。

4.2.3.2　竞争性商品价格行为规制的主要内容

前面将市场参与者特别是经营者的不正当价格行为归纳为四类。对竞争性商品价格规制的规制也主要围绕这四类展开，具体包括禁止价格协调、限制控制零售价格、禁止价格歧视、禁止和限制掠夺性降价等①。

禁止价格协调。禁止价格协调，就是禁止有竞争关系的经营者通过协同一致的行为，实施固定价格、划分市场、限制产量、排挤其他竞争对手等排除、限制竞争等协同行为，具体禁止的情况有八种。禁止价格协调一方面是为了防止有实力的市场经营者通过垄断协议限制竞争，人为提高市场进入门槛，进而提高竞争的社会成本。另一方面防止经营者通过价格协调获得支配市场的地位，危及消费者最基本的权利和安全。

限制控制商品零售价格。控制商品零售价格，实际上是指上游生产商或供应商利用其垄断地位，要求分销商或零售商以契约的形式限定商品的零售价格水平，包括最高限价和最低限价两种。控制商品零售价格实际上是一种价格垄断行为，最终会导致形成产业链的纵向联合和垄断，限制和排斥竞争。实践中，《中华人民共和国反垄断法》已经明确反对这种行为。

禁止价格歧视。价格歧视实际上仍然是一种垄断行为，禁止价格歧视，一方面消除了同种商品对不同消费者的售价不同带来的公平性问题；另一方

① 邹积亮. 论市场经济中竞争性产业的价格管制 [J]. 湖北经济学院学报，2007 (3)：27-33.

面可以减少因价格歧视而造成的对消费者利益的损害，限制了因价格歧视导致的社会财富的不公平分配。此外，禁止价格歧视还有利于维护中间产品市场的公平，维护市场公平竞争。

禁止和限制掠夺性降价。掠夺性定价，是指占有市场地位的企业对自己生产的产品采取低于成本价格、短期内扩大自身损失的措施，来迫使竞争对手也只能采用亏损价格销售，从而放弃扩大产出或退出市场，以达到将竞争对手挤出相关市场后把价格再次提高到竞争性水平以上，从而回收掠夺成本并获取垄断利润。禁止掠夺性定价的首要功能是保护低价倾销者的竞争对手。

4.2.3.3　价格行为规制的作用机制

根据前面的分析，可以得出竞争性商品价格水平规制的基本逻辑是：由于信息偏在和机会主义行为等因素的影响，价格形成过程会产生一定的成本，这个成本也被称为价格的生产成本。当这个成本达到一定水平时，价格形成机制运转效率就会下降，进而就会影响交易达成。由于价格行为具有外部性，低效或停滞的交易会带来负外部性，影响整个社会福利的增加。

与个人或企业相比，政府具有信息更充分、行为超过特殊利益影响等优势。为了避免价格形成机制失效，政府应该发挥"有形之手"的作用，减少信息偏在和机会主义行为带来的负面影响，维护价格形成机制正常运转。

鉴于此，竞争性商品价格行为规制的作用机制可以用公式（4-3）表示。

仍然将商品需求量 M 变动情况作为价格形成和市场交易是否有效率的指标，在竞争性商品价格行为规制出现以后，影响商品需求的因素除了商品价格、价格形成成本，还有政府价格规制成本。

$$M = a - bP - cT - dT' \tag{4-3}$$

其中，T' 代表政府价格规制成本，a、b、c、d 为系数，并假设 T' 在一定的变动范围之内表明价格行为规制是有效的。由公式（4-3）可以看出，当其他因素不变时，T' 提高一个单位，商品需求会相应地提高 d 个单位。因此，当 T' 在合理范围变动即合理的价格行为规制出现后，价格形成成本 T 的波动会减小，其对市场的影响（即 cT）也会减小；但是 T' 降低到较小甚至为零的话，那么影响 M 的因素又恢复为 T 和 P，即当价格行为规制缺失时价格形成成本将会影响供需变化。

竞争性价格行为规制之所以能够降低价格形成成本，重要原因在于：

价格行为规制能够改善信息不对称情况。政府可以通过制定信息强制公开制度，尽量使得交易双方获得足够的信息，从而降低交易价格形成成本。《中华人民共和国价格法》第十三条就要求经营者出售或收购商品以及提供服务都必须按政府要求明码标价，不得收取任何未包含在标价之内的费用。这条规定较为有效地解决了信息不对称问题。实践中，明码标价的超市、卖场的交易效率要远高于不明码标价的农贸市场的交易效率。

价格行为规制能够减少机会主义行为。《中华人民共和国价格法》《中华人民共和国反不正当竞争法》所规定的种种不正当价格行为或不正当竞争行为，本质上都是一种投机行为。价格行为规制通过明确正当和不正当价格行为的标准和范围，一方面使得经营者的价格行为有了明确的是非标准，加强价格自律；另一方面，通过提升违法成本，有效地震慑了机会主义价格行为的产生。

4.3　竞争性商品价格行为规制的效率分析

即使不正当的价格行为增加了市场交易成本，破坏了市场竞争秩序，也并非一定要有政府的价格行为规制，因为政府的价格行为规制也要耗费公共资源，需要财政支付成本，只有政府干预的社会收益大于社会为此付出的成本，政府对价格行为的规制才有必要。在不同的法律和制度调整下，交易成本的高低也不同，如对不正当价格行为规制，是直接采用民事赔偿的办法处理，还是采用政府规制和发布禁令的办法办理，需要成本的大小是不同的。而在法律规范层面，对每种不正当价格行为采取何种方式规范，其成本大小也不相同。对价格行为规制的效率分析，就是利用成本和收益的方法，考察不正当价格行为规制的方式及效果，以便于采取交易成本最小化的规制方式获取收益最大化的目标。

4.3.1　竞争性商品价格行为规制效率的特征

一是规制成本巨大。这是由价格行为规制的手段以及价格行为规制的特性决定的，立法成本的投入如前论述，相关利益方众多、程序多、周期长，加上立法有测度成本，还有犯错成本，从立法前的调查研究到法律规定正式颁发出来，这期间要面对零收益或负收益的局面，只有当不当价格行为出现的时候，这个时候才出现收益的端倪，但还要靠巨大的执法成本来投入。由于竞争市场价格的丰富、复杂、多变，立法有时具有滞后性，价格行为规制法律出来后，还要经常根据不正当价格行为发生的实际情况与频率，制定更细致的规定、实施意见等。这个投入成本在源源不断地增加。

二是收益具有隐蔽性。价格行为规制的收益有两个组成部分：其一是减损收益，其二是增值收益。减损收益指通过对不正当价格行为规制，所减少的由发生不正当价格行为造成的损失，这部分损失无法量化。我们无法衡量由于禁止了价格歧视行为，经营者不实行价格歧视行为，这部分的收益有多大，只能说正常的市场秩序没有被破坏，消费者的利益没有被损害，整个社会的福利没有减损。增值收益是指通过对价格行为规制，使得市场秩序得以改善，消费者的盈余得到保障。价格行为规制收益主要还是表现在减损收益，因为对不正当价格行为造成的损失，人们更能直接感受到，而增值收益则更为隐蔽。

三是收益的实现具有滞后性。由于不正当价格行为包括很多方面，如价格垄断、价格歧视、价格欺诈等，若经营者实施了这些行为，但是由于利益相关方并没有发现，也就没去举报，没有表达诉求，而规制者也没发现，那么这种行为造成的损害是实际上发生而未遭受到阻止。只有规制部门或法院受理了对不正当价格行为的控告，规制部门去调查，然后根据法律进行惩处，规制才起到作用，规制的收益才可能实现。

四是收益具有偶然性。影响价格行为规制效果的变量有很多，既有宏观的因素，如一国的法律、政治环境，甚至国际环境变化等；也有微观的因素，如规制者能力。规制者的制度创造和制度执行能力，关系到一系列价格法规能否得到有效的贯彻，关系到价格行为规制能否对被规制者构成预期的激励。

现实中对经营者价格行为的规制多是对有不正当价格行为的经营者进行事后惩罚。这种规制是一种负向的激励，通过惩罚的方式威慑经营者减少价格活动中的机会主义行为。但这种规制的效果依赖于规制者的能力，经验丰富、行动果断的规制者行为能有效提升威慑效果。但这种能力并不是平均分布的，因此规制的效果也并不是均匀地分布于每一次规制行动，每次的收益具有偶然性。

4.3.2　价格行为规制的成本分析

作为一种公共产品，一种公共资源，竞争性商品价格行为规制也具有稀缺性，在公共服务市场上也存在供求，获得这种稀缺性资源需要一定的成本。作为公共利益的理性代表人，政府应该评估竞争性商品价格行为规制的成本与收益关系，当收益大于成本时，应该有序推进；而当成本大于收益时，应该审慎作为。

竞争性商品价格行为规制由决策、执行、监督组成，其成本也可以分为决策成本、执行成本、监督成本，以及因此而产生的机会成本。为了方便起见，这里所讨论的规制成本仅仅包括政府直接付出的物质和非物质成本。事实上，被规制企业也要承担一定的成本，这些成本表现为游说、寻租以及隐藏信息等，由于信息不对称等问题，直接测量企业的成本是很困难的，这类成本难以估量[①]。

决策成本。竞争性商品价格行为规制的决策成本包括制定规制的依据、监测市场参与者价格行为、作出惩罚或不惩罚决策等一系列行为成本。虽然从单个成本来看，成本规模并不大，但考虑到不正当价格行为涉及的行业领域之多、覆盖的区域之广、浪费的人力物力之众，从全国来看，仍然是一笔非常巨大的开支。以价格立法为例，价格行为规制立法是一项非常严肃的价格规制活动，是政府价格行为规制执法的基础和依据，主要包括立项→起草→审查→政府审议→人大审议→公布→立法后评估等阶段，每个阶段几乎都包括调研、论证、征求意见、审查、修改、报送等环节，而且这个过程往往不是一次走完，很多法规需要经过多轮审查审议的过程。如果一项价格行为

① 王俊豪. 政府管制经济学导论［M］. 北京：商务印书馆，2017：27-28.

规制法律法规没有达到各方较为一致的意见，就会延迟颁布或无法颁布，如《中华人民共和国价格法》从起草到出台前后花了8年时间，还不包括前期的论证，立法成本十分巨大。其法工作流程见图4-1。

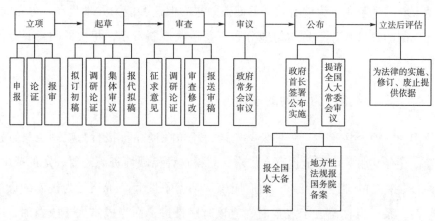

图 4-1　立法工作流程

执法成本。在价格行为规制的总成本结构中，执法成本所占的比重较大，一方面是因为案件发生数量较多，1990年全国价格案件超过100万起，2018年有2.6万起。另一方面是因为要维护一支庞大的价格监督检查队伍需要耗费大量成本。我国自1983年成立国家物价检查所以来，不断根据价格交易市场的实际，调整价格规制机构的人员和组织，从中央到地方各级政府均建立了价格管理、监测机构，需要花费大量的成本予以维护。目前，全国仅价格执法监督人员就超过3.5万名，每年耗费的人头费、装备费用更是十分巨大。此外，价格违法案件的处理流程多、周期也非常长，曾有报道称个别案件拖了长达2~3年，耗费了大量的精力。价格违法案件处理流程见图4-2。

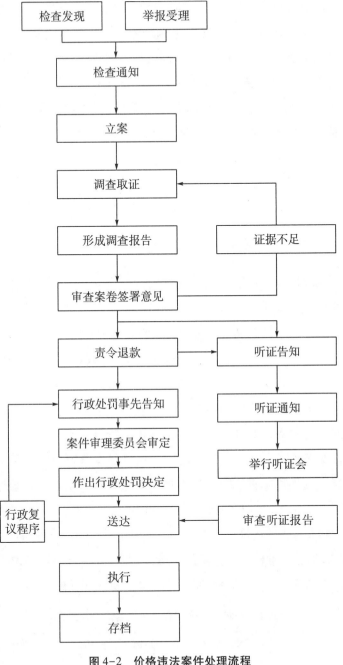

图 4-2　价格违法案件处理流程

监督成本。与价格水平规制的监督成本构成不一样，价格行为规制的监督成本主要由行政执法过程监督和应诉等成本构成。一方面，价格行为规制主要是一种法律行为，必须加强对执法过程的监督，才能保证执法行为不缺位、不越位，这一过程需要花费大量的成本，也可以称之为内部管理成本，且价格执法队伍越庞大，监督成本越高。另一方面，法律和行政行为必然会带来行政诉讼和行政复议，随着依法治国的深入推进，市场主体维权意识也越来越强烈，特别是由于很多价格违法行为规定不明确，价格主管部门将会面临越来越多的行政诉讼和行政复议，这也需要付出巨大的成本。

机会成本。从单个案件来看，价格行为规制的机会成本要远远低于价格水平规制成本，但从全局来看，前者的机会成本也不低。值得一提的是，由于价格行为规制成本往往被忽视，因而也容易造成一些资源浪费。

4.3.3 价格行为规制的效益分析

价格行为规制的效益可以从微观和宏观两个层次、经济和社会两个方面来分析，规制收益大于规制成本，规制就是有效的；否则，就是无效的，规制也就不存在。竞争性商品价格行为规制的收益主要体现在以下几个方面。

保护了市场参与者的权益。价格行为规制本意就是为了保护市场交易中的信息弱势方，防止市场参与者利用其信息优势地位侵害信息弱势的交易相对人利益。一方面，价格行为规制能够保护消费者的合法权益，这种权益不仅是指减少现金损失，如每年通过打击不正当价格行为为市场参与者减少了巨额损失，见表4-6。价格行为规制还包括确保经营者向消费者提供优质的商品和服务，这种优质服务既通过直接的质量要求来实现，也通过维护市场竞争来实现。另一方面，能够保护经营者的利益，其中，最重要的是通过法律保护经营者独立自由的定价权不被剥夺，同时，通过限制价格协调等方式防止垄断企业利用其优势地位损害分散经营的经营者的价格权利。总体来看，价格行为规制对市场参与者利益的维护既是直接的，又是间接的，效益不容小觑。

表4-6 1984—2018年查处不正当价格行为情况

年份	案件数/万件	查处违法所得/亿元	经济制裁/亿元
1984	25.92	0.72	0.72
1985	39.49	43.98	4.3
1986	35.03	4.02	36.83
1987	66.71	9.49	7.96

表4-6(续)

年份	案件数/万件	查处违法所得/亿元	经济制裁/亿元
1988	81.62	12.99	10.86
1989	99.37	19.67	16.52
1990	104.65	16.96	13.65
1991	87.36	12.52	10.15
1992	57.7	6.92	5.49
1993	31.61	9.43	6.64
1994	73.98	18.99	10.96
1995	71.53	23.91	15.37
1996	70.23	40.01	23.88
1997	69.49	44.66	25.54
1998	56.27	48.99	27.56
1999	36.78	48.63	27.51
2000	33.25	58.98	38.13
2001	29.19	65.43	44.90
2002	15.48	45.24	31.82
2003	18.64	49.40	29.81
2004	10.03	36.29	24.93
2005	2.54	9.69	7.29
2005	5.05	—	2.66
2006	8.48	33.42	22.23
2007	7.8	28.7	19.6
2008	7	13	19
2009	5.2	23.8	17.3
2010	4.7	10.8	—
2011	4.5	15.6	—
2012	3.78	—	21.22
2013	3.44	9.07	31.25
2014	2.49	—	44.72
2015	—	—	—
2016	5.2	—	—
2017	2.94	7.64	21.61
2018	2.6	—	23

4 竞争性商品价格行为规制的经济学分析

促进了宏观经济稳定。宏观经济稳定是市场有序竞争的结果，因而维护价格形成机制的良性运行就是在维护宏观经济的良性发展。在市场经济条件下，伴随着利益多元化的是价格决策的分散化，人体与个体之间、个人与社会之间、局部与整体之间的利益出现了较大分歧，个人边际效用函数与社会边际效用函数越来越一致，加上价格行为的外部性，使得有机会主义倾向的市场参与者可能会采取不正当的价格行为牟利。对价格行为进行规制，如加强对价格垄断行为的规制，能够减少个人边际效用函数与社会边际效用函数之间的差，更好地解决个体与社会之间的利益冲突，减少个体价格行为的外部性，维护市场的良性竞争，进而促进宏观经济的稳定。从表4-6可以看出，我国价格违法案件数与经济稳定程度成反比，1984年至今的案件数先是逐步上升，到1990年达到顶峰后稳步下降，特别是近年来经济发展较为稳定的情况下，价格犯罪行为明显减少。

维护了社会基本价值。维护交易中的公平正义是价格水平规制的价格追求。价格水平规制本质上追求的是公平、正义、自由的社会价值。首先，强调市场参与者的平等权利，主张一切市场主体权利平等，反对市场活动中的一切歧视行为，并为此制定了相应的法律法规，禁止价格歧视行为。其次，强调获利渠道和方式的正义，反对任何市场参与者利用不正当的手段获取不正当利益，主张通过公平的交易实现财富在不同市场参与者之间的分配。最后，强调市场主体的自主定价权，反对任何经营者利用其市场优势，使用或明或暗的手段影响处于弱势地位的同行或交易相对人的定价自由。公平、正义、自由虽然无法具体量化，但却是社会福利的重要组成部分，社会价值的维护必然带来社会福利的增长。

4.3.4 价格行为规制的边际成本效益分析

边际分析法实际上是效用最大分析，即通过边际成本收益分析寻找最优的资源配置选择。将边际分析运用于价格行为规制，可以评估是否存在最优价格行为规制，更好地看出价格行为规制成本和收益变化规律，并能够更好地理解和改善价格行为规制。虽然同一个人的执法行为不具备连续性，但如果将所有价格执法部门视为同一人并从更广阔的空间来看，价格执法行为具有连续性。在此，将每一次价格执法行为都假设为同一标准的公共服务，分析随着价格执法行为的增加，边际成本和边际收益的变化。

价格行为规制的边际收益分析。价格执法收益=减少的经济损失+公平价值观的增长，后者即是每一次价格执法增加的社会福利总和，包括前者是物质，后者是非物质的。随着价格执法行为次数的增加，执法行为会越来越成熟，价格行为规制的体系会越来越完善，对于经营者而言，采取机会主义的价格行为的机会成本就会越来越大，因此，要么减少犯罪的次数，要么降低犯罪目标，从而降低自己的机会成本。随着价格执法次数的增加，为社会减少的经济损失也在减少。与此同时，价格执法的次数越多，公平公正的理念就越深入人心，执法带来的价值宣传效用也会逐步降低。总体来看，价格执法的边际收益呈下降规律，即每一次价格执法带来的社会福利的增量是下降的。

价格行为规制的边际成本分析。价格行为规制的成本分为固定成本和可变成本。随着价格执法行为的增加，在固定成本相对稳定、可变成本相对较低的情况下，平摊到每一次价格执法中的成本是呈下降趋势的；但随着价格执法次数的增加，可变成本也会稳步增长，甚至固定成本也会稳步增加，当可变成本增长到一定水平时，每一次价格执法平摊的成本就会逐步上升，即随着价格执法活动的增加，某种商品价格行为规制的边际也呈现出先递减后递增的性质，边际成本曲线也会呈现 U 型。

价格行为规制的边际效用最大化。既然价格行为规制的成本和收益均呈现出边际特征，因此存在价格行为规制效用最大化。理论上当价格执法边际收益为零时，此时价格行为规制的总收益最大，此时的制度安排最优。而总收益最大时，价格执法的边际成本也必然为零。此时，如果继续扩大价格行为规模或增加价格执法次数，必然会增加边际成本，损害总收益。

4.4 案例分析

本书前面部分从交易费用角度探讨了竞争性商品价格行为规制的发生机制和作用机理，对竞争性商品价格行为规制，通过提高机会主义的成本减少因信息不对称和机会主义带来的交易成本的提升。但这些停留在较为抽象的层次上，在本节，我们将以具体的不正当价格行为为分析对象，利用成本—收益的分析方法，探讨对竞争性商品价格行为规制的效率。

4.4.1 案例一：青岛天价虾

4.4.1.1 案情简介

2015 年，一只 38 元的青岛大虾霸占了各大媒体的头条，炒得沸沸扬扬。2015 年 10 月 4 日，两位游客在青岛"×××海鲜烧烤家常菜"海鲜店消费后，店主称游客所吃的"海捕大虾"是 38 元一只，而不是 38 元一份。在店主的威胁下，两位游客分别支付了 2 000 元、800 元餐费后离开。后经青岛市物价局现场检查，这家海鲜店大排档提供的菜品虽有明码标价但十分不规范，存在误导消费者的行为，对其作出罚款 9 万元、责令停业整顿并吊销营业执照的行政处罚。

4.4.1.2 案件分析

此案例中，经营者滥用自主定价权非法牟取经济利益，直接损害了消费者的合法权益。此时的市场是无法自发调节的，"天价"这类事件要么发生在封闭区域，要么发生在敏感时段，消费相对集中，供需短时失衡，都是在缺少竞争或竞争不充分的市场环境下，交易无法在公平公正基础上进行。相对于外地游客去旅游消费，本地的经营者具有某种强势地位，从口音等外形即可判断出游客特征，对本地餐饮等消费行业价格、排位等信息不了解，即本地经营者与外地游客之间存在信息不对称，由此引发的市场价格形成机制的失灵，强迫、引诱等以价欺诈牟取暴利的行为就容易出现，需要法律进行规制。

尤其是在普通商品和服务交易中，发生价格欺诈的可能性更大。波斯纳认为这是因为针对此类交易行为的规制不健全。由于利害关系大小与规制成本成反比，利害关系越小的领域的规律规制成本越高。而且必须等到不正当价格行为发生后，甚至伤害造成以后才能对其进行纠正、弥补，因而需要耗费更多的资源，但价格规制的效率或对社会福利的增加却并不明显。

近年来发生的各类价格欺诈典型案例，激起了消费者的极大愤慨。这种愤慨会极大地影响消费者的消费决策，如果不能得到及时制止和纠正，会产生极大的负面影响。以"青岛大虾案"为例，价格欺诈行为影响的不仅仅是消费者是否再去这家海鲜店消费或是否消费海鲜，而是决定是否再去青岛。一方面，潜在游客会认为青岛旅游消费信息不透明，自己需要付出更多的成本去应对被欺诈的风险；另一方面，消费者维权成本较高，自己的利益得不到保证。降低自己消费成本的最优决策是"用脚投票"，减少甚至停止在青岛消费。如果放任价格欺诈行为发生，将极大地降低市场交易效率。

然而，如果法律规定更加明确细致，一则可以促进价格透明化，降低消费者的信息搜寻成本、比价成本、决策成本，以及与经营者进行扯皮的谈判成本；二则可以通过大幅度提高犯罪成本，减少经营者的机会主义行为，降低消费风险；三则可以通过规范、简化价格执法监督机制，降低消费者维权成本。总之，完善的价格规制体系可以有效降低交易成本，提升交易效率。

在"青岛大虾案"中，青岛市物价局的作为可圈可点，通过依法对店主进行罚款、停业整顿、吊销执照等行为，让游客看到了地方政府维护正常的价格形成机制的决心。但总体来看，少数执法部门特别是市场监管部门对游客投诉的推诿行为，极大地增加了游客研判青岛旅游市场价格真实性、合理性的成本。但从地方政府的角度来看，虽然价格欺诈行为的出现产生的是负经济效益，自身是愿意对此进行严格处理的，但查处这种"天价"行为消耗了大量公共资源，收益却并不明显，查处行为的机会成本较大，因而不到万不得已是很难主动作为的。

4.4.1.3 总结

"天价"行为，破坏了经营者与消费者之间的信赖，增加了信息沟通成本，造成了价格信号失灵，扰乱了市场秩序，不仅直接损害了消费者权益，而且会影响消费者对城市的评价，甚至会发酵为公共事件。政府对这类行为的规制，其规制成本包含立法上的成本和执法上的成本。虽然立法成本高昂，相比于市场上众多经营者千千万万的暴利行为，一次立法可以规范那么多的违法行为，效益也是可观的。执法成本虽也客观存在，但对某个违法企业的惩罚，可以提高多个消费者的福利，从而规范和引导市场中所有竞争主体的行为，以此看来收益巨大。如果放任市场中的这类"天价"行为，其他经营者就会采取相同和类似的行为，消费者的权益也就无法保证。因此，政府对

"天价"暴利这类行为的规制，改善了交易环境、促进了交易以及消费者、社会的福利增加。

4.4.2 案例二：×××品牌耳机 RPM 案

4.4.2.1 案情简介①

2014 年 2 月以来，×××通信设备贸易（上海）有限公司在中国大陆市场销售×××品牌耳机产品。在销售过程中，×××通信设备公司实施了以下违法价格行为。

一是与交易相对人达成了"固定向第三人转售商品价格"以及"限定向第三人转售商品最低价格"的价格垄断协议。该公司一方面与×××品牌民用产品的"总代"（即"一级经销商"）签订含有固定转售商品价格内容的经销协议。其中包含了经销商"严格遵行×××设定的价格""在未取得×××批准的情况下不得偏离×××设定的价格表"等内容。上述协议的附件还规定了经销商应"严格遵守×××通讯中国销售团队制定的价格体系，所有价格必须经过×××通讯中国销售团队的批准"，同时该协议还规定了考核办法以及相应的奖励和惩罚措施。另一方面制定并下发×××品牌相关产品价格表。制定相关产品价格表并通过邮件下发给"总代"和其他各级经销商，同时明确要求经销商"严格遵守×××公司的价格体系"。上述相关产品价格表中列明了各销售环节的价格，包括"官网价格""天猫旗舰店价格""线下价格"等。另外涉案公司还制定并下发了×××品牌商用线上渠道产品价格表。

二是实施了与交易相对人达成的垄断协议。首先，根据×××品牌民用系列产品的交易相对人实际执行垄断协议的情况发放了季度返利。涉案公司"总代"实际执行了与涉案公司所达成的垄断协议，其转售价格均不低于涉案公司所制定的价格表上的产品价格，而涉案公司也在 2017 年第一季度结束后根据《经销协议》中的条款规定，分别向数个"总代"发放了当季度进货的返利。其次，对经销商采取其他限制措施强化价格控制效果。经查，涉案公司为线上渠道零售商设置"保证金"制度、终端销售价格"报备制度"，聘请第三方公司监控线上经销商的零售价格、聘请第三方公司以"侵犯知识产权"

竞争性商品价格规制研究

· 160 ·

的名义向电商平台举报"低价"商品,并要求电商平台删除"低价"商品链接。此外,还存在对于"低价"的经销商采取停止供货、取消授权的情况,进一步强化了×××品牌相关产品整个销售体系的价格控制效果。

上海市物价局依法于 2017 年 7 月 18 日开始对×××通信设备贸易(上海)有限公司的价格及相关行为进行调查,发现了以上违法事实。认为,该公司与"总代"属于独立市场主体,两者存在交易关系,该公司的行为违反了《中华人民共和国反垄断法》第十四条第(一)(二)项和《反价格垄断规定》第八条第(一)(二)项的规定,分别属于达成并实施"固定向第三人转售商品价格""限定向第三人转售商品最低价格"协议的违法行为,排除、限制了市场竞争,损害了消费者利益和社会公共利益。依据《中华人民共和国反垄断法》第四十六条第一款、第四十九条的规定,上海市物价局决定,责令涉案公司立即停止违法行为,并对涉案公司处上一年度相关销售额百分之三(2 305 559.79 元)的罚款。

4.4.2.2 案件分析

这是一则对价格垄断协议中转售价格维持行为规制的案件。对转售价格维持的规制问题在经济学、法学上争议较多,主张"本身违法原则"以及"合理原则"的声音此起彼伏。我国立法及司法实践中采用的是"本身违法原则",即"禁止加豁免"模式,即只考虑行为要素,而不考虑后果。

本转售价格维持行为案件,涉案公司通过控制相关产品整个销售体系的价格,排除、限制了品牌内经销商之间的竞争,还限制了经销商降低价格与其他品牌产品开展市场竞争的权利,使得优胜劣汰的市场机制荡然无存,经销商之间经营效率低下的机构也不会被淘汰。其行为侵害了经销商的自主经营权,损害了经销商合理竞争获取竞争优势的权利,经营更有效率的销售商不能将自己高效率带来的好处扩展至消费者,同时,消费者也不再有低于限制价格购买产品的机会,也只能接受较高的价格。在经济实践中,有些销售商也希望制造商强制规定最低转售价格,以消除销售环节的某些竞争。

从价格垄断规制成本来看,立法成本在前,执法成本在后。由于价格规制机构不能直接获取公司内部的机密材料以获得公司的真实信息,采取的规制手段只是对转售价格维持行为的市场主体进行事后的惩罚,通过威慑来降低潜在违规公司的转售价格维持行为，这种规制方式很大程度上取决于规制者规制能力的高低，提高规制的能力需要培训以及经验累积，这些都需要花费较大的成本。

虽然规制成本较大，但收益也十分明显。但这种收益主要是一种"减损收益"，即阻止行为造成的危害就是收益，极大地增进了社会福利。一是保护了市场竞争秩序。主张转售价格行为实行"合理原则"的学者认为，转售价格维持行为提高了厂商的效率，但生产商的效率与社会整体效率并不能画等号，即私人边际收益与社会边际收益不一定相等。转售价格维持具有明显的负外部性，这种负外部性表现为因限制竞争导致的效率降低以及消费者选择机会的减少。二是提高了消费者福利。×××公司限制一级经销商向消费者的转售价格，实际上是一种最低限价行为。与其他非固定零售价的商品相比，这种最低销售价格能够带来更多的利润，一方面会导致"逆向选择"，即销售者为追逐高利润而偏向于向消费者推荐此款产品，造成信息不对称，不利于其他更高质量的产品公平竞争，消费者有可能会以高价购买劣质产品，降低了生产者创新产品和技术的动力；另一方面可能会引起同行的模仿，导致商品零售价格普遍上涨，不仅损害了消费者的利益，而且会导致价格机制的崩溃。

4.4.2.3 总结

案件中的转售价格维持，是对价格的直接控制，与价格机制是根本不相容的，因此对于市场竞争的危害是巨大的。转售价格维持行为使消费者只能认某一价格购买产品。对这类行为的规制，阻止以及威慑转售维持价格行为的发生，社会效益要远大于规制成本，因而是有效率的。

4.4.3　案例三：×××价格串谋

4.4.3.1　案情简介

2011年3月22日，××中国公司发出通知，声称自4月1日起公司部分产品提价6%~16%；此后，××中国公司也向部分大型超市发出类似的通知。被举报后，国家发改委对此进行了调查，发现向大型超市发出提价通知的不仅有××中国公司，其他同类型公司怀也有此行为，日化企业串通涨价行为得到确认。国家发改委介入后，决定暂缓涨价。5月6日，国家发改委公布调查处理决定，认为××中国公司存在散布涨价信息扰乱市场秩序的行为，但考虑其及时停止不当行为，故由上海市对其作出 200 万元罚款的行政处罚。但据事后调查，此后一周上海超市日化产品销售量比前一周增长 21.2 倍。

4.4.3.2　案件分析

本案最终以罚款结束，国家发改委作出行政处罚的理由是××中国公司散布涨价信息扰乱市场价格秩序。这个理由容易让人产生疑问：一是企业不能自主提价吗？二是企业提议涨价就一定扰乱市场价格秩序要遭受处罚吗？结合本案实质，虽然发改委以扰乱市场秩序罚款，但是××中国公司提出涨价的目的并非扰乱市场秩序，而是价格串谋，试图操纵日化产品价格，这才是发改委出手调查并进行罚款的真正依据，但发改委进行调查的时候，这种行为只停留在"语言载体"上，还没有落实到行动上，没有具体的串谋行为，处罚更无从说起。

《价格违法行为行政处罚规定》明确规定，该类违法行为最高可罚款 300 万元。政府价格主管对××中国公司罚款 200 万元，是针对散布涨价信息扰乱市场秩序行为开出的首张高额罚单。这张罚单，并没有达到预期的效果，一是遭到公众质疑：产品价格决定权是谁、处罚是否依法办事？二是××中国公司随后照样悄悄提价，连带日化产品一起涨价，又构成了实质上的价格串谋行为，以达到操纵日化行业产品的价格。

本案中，价格串谋行为的隐蔽性增加了识别成本。企业价格串谋行为的识别有具体标准和程序：首先是看厂商是否聚集在一起制定了书面或口头协议，就共同提价达成一致协议；其次是看销售相同产品的企业是否在同一时间改变价格；再次要考察是否存在一个外部冲击致使价格迅速变化①。但这些识别方法都无法对本案的行为进行识别。本案表象只不过是×××中国公司放出涨价信息，提高了市场的涨价预期，扰乱市场秩序。正常来讲，尤其是在市场竞争十分激烈的情况下，经营者为避免因涨价而影响市场份额，因而对涨价行为都会讳莫如深，一般不会大肆声张。因而此次事件的实情是：由一家企业牵头发布涨价信息，等试探市场反应后，其他企业再跟进涨价，本质上

---

① 王文举，范合君. 企业价格串谋识别的博弈分析及模拟［J］. 商业研究，2010（5）：49-52.

仍是一种价格协同行为。

经营者的投机主义以及价格行为的复杂性不仅增加了交易成本，还增加了规制成本。从宣布涨价到其他日化行业跟风涨价，此次"串谋程序"具有很强的隐蔽性，非常考验价格管理部门的规制能力。由于物价部门依法给××中国公司开罚单时，价格串谋行为还未形成，因而有人认为国家发改委公布的证据无法让所有人信服。此时物价管理部门就处于十分尴尬的地位：若不管，价格串谋行为将成为事实；如果管，价格串谋行为还未形成。价格规制部门既要维护企业的自主定价行为，又要防止价格串谋行为，且两种行为交织在一起，价格串谋行为被自主涨价行为给掩盖了的时候，两者之间的拿捏及最终的决策，大大增强了规制成本。

与规制的成本难以衡量一样，本案的收益更不好量化，但仍然是有收益。规制部门的提前"管"是一个积极的信号，提醒所有经营者应依法行使自主定价、调价权，要严禁串通涨价、恶意炒作、哄抬价格等违法行为。当市场主体试图再以类似行为达到价格串谋的时候，形成一种威慑力。若不管，则会引起众多行业企业的效仿，市场秩序混乱，危害性则不可估量。

4.4.3.3 总结

价格串谋行为，哄抬价格，弱化市场竞争，减少社会福利，在保持企业的自主定价权及随时调整价格的权利的同时，对价格串谋行为必须进行规制。但价格串谋行为具有隐蔽性，很难进行识别，有时表象与实情不符，有时因受到成本冲击，所有企业几乎同时提高价格，再加上证据收集系统缺乏，更难鉴定价格串谋行为，这对物价部门的执法能力形成了考验。识别错误不仅会影响政府的形象，还会挫伤企业的经营积极性。但价格串谋行为的危害性又需要政府的规制。因此，规制成本与收益的考量要兼顾社会整体福利。

5 竞争性商品价格水平规制的经济学分析

竞争性商品价格水平是价格调节机制运行的结果，是引导市场调节供需的信号。价格调节机制运行是一系列市场要素相互作用的过程，与其他市场机制一样，这个过程并不是零成本的，而是有一定成本的。当价格调节机制运行成本过高时，就会造成价格信号失灵，价格水平无法反映正常的市场供求关系，需要利用有形之手进行调整。对竞争性商品价格水平规制进行经济学分析，根本上是要分析经济、法律和行政调控手段对价格调节机制运行成本的影响，研判竞争性商品价格水平规制的效率，对于更好地理解和完善竞争性商品价格规制和价格总水平调控具有重要意义。

5.1 竞争性商品价格水平规制的实践

保持价格水平基本稳定与经济增长、就业充分、国际收支平衡，始终是我国政府宏观调控的四大目标。随着价格体制改革的深入推进，我国逐步建立了市场价格形成机制以及以间接调控为主的价格管理机制①，在价格水平规制方面积累了丰富的实践经验。

---

① 王志国. 创建一套宏观价格监测调控的新参照系 [J]. 价格月刊, 1996 (2): 21-23.

5.1.1 竞争性商品价格水平规制的内涵、原则与意义

5.1.1.1 竞争性商品价格水平规制的内涵

所谓竞争性商品价格水平规制，是指政府通过经济、法律和行政手段，对某种商品的价格水平或价格总水平的变动进行直接或间接的干预、约束和控制的系列行为总和①。竞争性商品价格水平进行规制是在尊重价值规律和各种价格关系的基础上，根据不同的目标和条件而采取的一种宏观调控措施②，一方面能够弥补市场机制自身的缺陷，另一方面是为了创造有利于市场有效运行的良好环境③，其目的是为了保持价格的基本稳定和促进价格合理形成，进而稳定经济，安定人民生活，合理利用资源。之所以需要对竞争性商品价格水平进行规制，是因为价格调节机制本身具有一定的局限性，其中最重要的包括以下几个方面：

一是效应的滞后性，即价格调节对经济运行是一种滞后调节④。虽然市场化的价格调节机制能够灵敏地反映市场供需，但就具体的市场主体而言，一方面获得、研判价格信息需要一定的时间，另一方面，根据价格信号组织和调整生产也需要一定的时间，必然会造成价格信号变化与供需调整节奏之间的不一致，供需调整往往滞后于价格信号，完全依靠价格机制进行自我调节可能会引起市场的盲目性。二是价格机制的分配效应，不正常的价格水平可能会导致社会资源的不合理分配，进而造成收入分配的不平等，最终会导致两极分化，甚至社会动荡。三是价格水平的剧烈波动会导致价格信号失灵，扰乱市场信息，甚至会导致市场机制崩溃⑤。正因为价格调节机制无法实现价格水平总是在合理的区间波动，也无法保证形成合理的供需关系，因此需要政府对价格水平进行适度干预。

与公共产品和服务价格调控不同，竞争性商品价格水平规制是以尊重价格机制的正常运行为前提的：首先，政府的各项规制是建立在对当前价格走势以及经济形势的研判的基础上的，力争通过传导机制影响微观主体的价格行为；其次，政府的规制措施应尽可能不破坏和威胁市场主体独立自主的定

---

① 沈福权. 价格调控要不断向纵深发展 [J]. 价格理论与实践，1997（5）：19-22.
② 肖湘，高峰. 浅论宏观价格调控策略 [J]. 学术交流，1990（4）：31-35.
③ 徐丽红. 价格宏观调控法律问题研究 [M]. 北京：中国社会科学出版社，2013：19.
④ 冷崇总. 试论价格机制的局限性 [J]. 经济师，1997（2）：32.
⑤ 蒋和胜. 供求机制不能完全调节价格 [J]. 经济理论与经济管理，1990（2）：38-40.

价权，即不损害市场化的价格形成机制；再次，政府的规制的根本目标是恢复价格的调节功能，引导价格机制正常运行，推动微观市场主体根据商品价值和市场供求采取合理的价格行为，而不是以行政手段取代价格调节功能；最后，理论上政府对竞争性商品价格水平进行规制能够有效弥补市场机制之不足，但实践中，政府的价格水平规制措施并不总是科学的，还需要通过市场反应来进行检验，并根据商品价格水平波动情况进行动态调整。

5.1.1.2 竞争性商品价格水平规制的原则

竞争性商品价格水平规制是新型价格管理体制的重要组成部分，这种新型价格管理体制的主要内容是：企业自主定价，即企业能够根据供需自由定价；市场形成价格，即通过竞争形成商品的平均价格；政府间接调控，即政府不干预微观主体的价格决策；社会全面监督，即全社会共同监督经营者和政府的价格行为。新型价格管理是一种具有高度灵活性的价格形成、运行和调控的机制，在充分尊重市场决定价格地位的同时，有效发挥有形之手的调节作用，优化价格结构，进而优化资源配置。对竞争性商品价格水平进行规制，必须按照新型价格管理体制的内在要求，始终遵循下列基本原则：

尊重价值规律的原则。即在对竞争性商品价格水平进行规制时，必须尊重和反映价值规律的要求，始终坚持"谁生产、谁经营、谁服务、谁定价"这个基本前提，政府主要通过信息服务、降低市场壁垒、利益诱导等方式，引导市场主体根据市场供求和竞争机制决定价格行为。换言之，竞争性商品价格水平的规制方式、规制范围、规制力度等选择，应该促进而不是阻碍微观市场主体的自主定价权利，应该是有利于而不是有害于市场决定价格机制的运行，价格水平规制仅仅是价格机制运行的重要变量之一，而不是市场决定价格的机制的替代。

间接调控为主的原则。计划经济体制下以直接的、行政手段为主的价格水平调控手段，虽然操作简单，能够使各类商品价格波动幅度不受供求关系影响而限制在某一既定的调控目标之内，但由于这种限价的方式极大地限制或取缔了供求关系的作用，造成了巨大的负面影响：一是政府无法对所有商品价格水平波动情况进行科学研判；二是无效的政府价格管理机制浪费大量的人力物力；三是价格信号不再反映真实的供需关系，价格信号失灵导致市场失去应有的活力和效率。新型的价格管理体制要求对竞争性商品价格水平进行规制必须尊重价格机制的规律，从直接的、微观的干预转向宏观的、间接的价格水平调控，通过法律、经济和行政手段引导微观市场主体根据正确的市场信号调整自己的行为，调整市场供求关系，进而反过来又促使价格信号更加真实地反映市场供需关系。

统筹协同施策的原则。竞争性商品价格水平波动是一系列因素共同作用的结果，对其进行规制也必须坚持综合施策、统筹推进的原则，在形式上，必须坚持经济的、法律的和行政的手段三管齐下；在内容上，必须坚持价格、投资、财政、金融、劳动等不同政策之间的统筹协调，使各种措施协同运作；在力度上，必须根据不同因素的影响，采取不同的力度，避免平均用力，同等用力，导致更多的问题。

增进社会福利的原则。与对经营者的价格行为规制不同，一般情况下，竞争性商品价格水平规制的并不是经营者的不正当价格行为，但价格水平规制是一种调节供需的行为，必然会导致利益结构的调整，即一部分经营者将会获得更多的利益，而另一部分合法经营者的利益却会受到损害。对竞争性商品价格水平规制效果的评价与对经营者价格行为规制的评价应该不同，前者应该着眼于更为宏观的视角，即是否促使了财富更为合理的分配。如果竞争性商品价格水平规制能够促进社会经济平稳可持续增长，有利于更好地促进社会财富的生产和积累，有利于更好地发挥价格机制的分配效应，促使国民收入更加均等化，即能够增进社会福利，这种规制就是有效的；反之，则是无效的。

5.1.1.3 竞争性商品价格水平规制的意义

如前所述，对竞争性商品价格水平进行规制既有理论上的原因，也有实践上的需要；既有宏观上的影响，也有微观上的影响。理论上，作为市场机制的重要组成部分，价格机制也存在失灵问题，需要政府的有形之手进行弥补；实践上，竞争性商品价格水平的急剧波动不仅会在短期内影响国民的生活质量，而且会影响资源配置效率，进而影响经济的可持续发展和社会福利的增进。因此，对竞争性商品价格水平进行规制具有重要的经济、政治、社会和理论意义。

经济意义：有利于经济可持续发展。竞争性商品价格水平也是国民经济运行的综合反映，体现了商品的市场供求关系，关系到某一产业甚至整个国民经济的持续、健康、稳定发展。对竞争性商品价格水平进行规制，创造有利于市场价格形成的条件，调整不合理的价格体系，有利于激励市场竞争，引导生产要素在微观层次上进行优化，提升资源配置效率；有利于引导建立合理的消费结构，在国家或区域资源有限的情况下，通过对过多耗费社会资源的竞争性商品进行价格干预，能够推动形成合理的消费水平以及消费和积累的关系；有利于避免通货膨胀或通货紧缩对经济造成的极大危害。

政治意义：有利于提升党领导经济工作的能力。价格水平是宏观经济管理的重要依据。稳定价格水平是衡量政党经济工作水平的标志之一。新中国成立以来，中国共产党始终把价格水平作为各项经济决策的重要参数和宏观调控的重要目标，一方面立足价格水平，合理确定利率、汇率、货币发行量等；另一方面又根据价格水平波动情况调节企业和居民的经济行为。为此，国家建立了一整套完善的价格水平规划和调控机制，通过价格水平调控调节生产要素的投入，保持宏观经济平稳运行，实现党对经济工作的宏观领导。

社会意义：有利于社会的和谐安定。价格机制是政治、经济、社会关系的连接点，因而竞争性商品价格水平规制的影响不仅局限在经济领域，还必然会渗透到社会政治领域。价格水平的大幅波动会直接引起生产和生活成本的提高，导致通货膨胀或通货紧缩，并会造成财富的不公平、不合理的分配，进而会造成人心浮动，影响人民群众的生活信心，触发一系列的社会问题。2018 年以来法国的"黄马甲"运动，充分证明价格水平规制是社会治理过程中不可回避、不可或缺的重要问题。

理论意义：有利于深化对价格机制的理解。传统的理论研究多关注价格机制的运行和功能，但对价格机制的生成过程关注不多，认为价格机制是市场经济条件下不证自明的存在。但实践证明，一个完善的价格机制的形成是需要很多前提条件的，而市场机制本身并不能自发地提供所有这些条件，需要政府有形之手予以创造统一、稳定、公平的市场竞争环境；此外，价格机制本身也存在一定的缺陷，需要有形之手予以弥补。竞争性商品价格水平规制的实践能够加深对市场化价格决定机制的理解，有助于更好地处理政府与市场的关系。

5.1.2　竞争性商品价格水平规制的对象、手段与特点

5.1.2.1　竞争性商品价格水平规制的对象

竞争性商品价格规制的主体是政府，客体是"价格水平"或市场价格。

但对"价格水平"的理解却不一致，绝大多数学者将"价格水平"定义为"价格总水平"，但从实践来看，政府价格调控的对象不完全是"价格总水平"，还包括对某一种或某一类商品价格水平进行规制。

"价格水平"与"价格总水平"。一些学者将"价格水平"等同于"价格总水平"。根据《中华人民共和国价格法释义》，"价格总水平"是全社会的而不是局部的，是所有的商品和服务而不是特定的商品和服务的加权水平[①]，反映全社会所有商品和服务价格的变动状况，是衡量全国或区域经济运行状况的重要参考指标[②]。然而，价格水平是指一定地区、一定时期某一项或多项商品或服务项目综合的平均价格指标，既包括单个商品价格水平、分类商品价格水平，也包括价格总水平。因此，"价格水平"的内涵和外延更加广泛，既是宏观经济的概念，也是微观经济范畴[③]。

"价格水平"与"价格指数"。价格水平变动情况往往利用"价格指数"来表达。价格指数是一种相对数，被称为"价格总指数"，或称"价格指数"，反映的是报告周期全部商品和消费价格或特定商品或服务价格变动情况。价格指数有很多类型，常见的有消费者价格指数（CPI）和生产者价格指数（PPI），前者是"综合反映一定时期内居民所购买的所有消费品（包括货物和服务）的价格变动程度的相对数"，后者"反映生产者在初级市场（非零售市场）上出售或购买的产品的价格变动情况"[④]。除此之外，我国统计部门编制的价格指数还有居民消费价格指数、商品零售价格指数、工业品出厂价格指数、农业生产者价格指数、农业生产资料价格指数、固定资产投资价格指数等。但"价格指数"反映的某一时期内商品和服务项目价格水平变动的方向、趋势和程度的经济指标，是显示价格水平动态变化情况的工具，是一个相对量，而"价格水平"则是绝对数。

无论是某类商品或服务项目的价格水平或价格总水平的形成都会受到各种市场因素的影响，当这些因素发生变化时，竞争性商品价格水平也会发生变化。由于竞争性商品的价格并不是孤立存在的，都处于不同的流通环节上，

① 马凯. 中华人民共和国价格法释义［M］. 北京：经济科学出版社，1998.

② 殷霄雯，李永安. 政府在稳定价格水平中的经验教训与职能定位：基于政府与市场关系的视角［J］. 江西社会科学，2014（9）：55-59.

③ 刘昌兴. 加强价格水平的控制［J］. 天府新论，1986（1）：18-21.

④ 袁卫. 统计学［M］. 北京：高等教育出版社，2009：307-308.

彼此之间存在着复杂的联系，因此某种商品价格水平的变动往往会超过自身的范围，带来纵向（即产业链方向）或横向的连锁反应。当价格水平波动超过一定的幅度时，其影响无法被其他因素抵消，就会引起不同商品的比价变化，当价格上升部分与价格下降部分不能相互抵消时，就会导致价格总水平的变动。正是由于价格具有传导性，价格水平规制除了需要关注价格总水平的急剧波动，还应该关注特定商品或服务特别是商品房、粮食、运输收费等重点商品和服务价格的波动情况，避免单个商品价格水平波动导致价格总水平的大幅波动，甚至造成严重的通货膨胀或通货紧缩。

5.1.2.2 竞争性商品价格水平规制的手段

根据规制范围，竞争性商品价格规制方式可以分为综合规制、总体规制、重点规制和非重点规制四种。其中，综合规制是指综合运用各种手段对剧烈波动的竞争性商品价格水平进行多层次、多角度、全方位的干预，确保各种商品之间形成合理的比价关系，防止个别部门牟取不合理的利益，维护公平合理的竞争环境；总体规制，重点是指对价格总水平的规制，避免价格的剧烈波动影响国民的生活水平和社会的安定核心，每年国家对 CPI 进行规划、监测和干预即是如此；重点规制，是指对引起市场混乱甚至社会经济问题的某些重点商品进行规制，如对房地产市场的规制即是重点规制；非重点规制，是一种暂时的、短期的价格调控，范围有限，力度有限，如对"蒜你狠""豆你玩""苹什么""姜你军"等价格问题的干预等。四种规制方式彼此之间并非是互相排斥的，在某一时间内是有可能同时运用的。

《中华人民共和国价格法》规定，价格水平规制有 5 种具体方式：货币、财政、投资、进出口等经济政策、商品储备和价格调节基金、保护价格、价格备案制度、政府定价等。但为了防止滥用政府手段干预市场竞争，《中华人民共和国价格法》仅仅赋予国务院和省级人民政府竞争性商品价格水平的规制权限，且省级人民政府采取价格水平规制措施时必须报国务院备案[①]，其他各级人民政府及政府部门均无权决定实施这项权力。这一规定，确保了价格水平规制建立在尊重价值规律和市场机制的基础之上。

---

① 刘定华，肖海军. 宏观调控法律制度［M］. 北京：人民法院出版社，2002：437-438.

根据规制手段的属性，我们可以将价格水平规制手段分为经济手段、法律手段和行政手段①。目前，我国已经基本形成了以经济手段和法律手段为主、以行政手段为辅的价格水平规制方式，对价格水平的变动进行直接或者间接的干预和约束。其中，经济手段本质上是通过正向或负向的利益激励引导市场参与者按照市场规律采取价格行为，具有间接性、滞后性、综合性以及利益诱导性等特征。法律手段主要是通过直接惩戒的方式提高市场参与者不正当价格行为的成本，禁止市场参与者的投机行为，同时也严格约束政府的价格行为，具有规范性、直接性、严肃性和稳定性的特征。行政手段更为灵活，既可以直接调控价格也可以调控价格行为，是市场经济下补充经济手段和法律手段不足的非常规手段，具有灵活性、主观性、局部性和直接性等特征，因而也必须严格依法执行，防止权力滥用。

竞争性商品价格水平规制的基本手段见表 5-1。

表 5-1　竞争性商品价格水平规制的基本手段

规制手段	具体方式	内　容
经济手段	货币政策	调节市场货币供应量和货币使用方向，从而实现国家对市场货币流通量的调节，达到调节社会总需求和总供给的平衡，实现价格总水平的稳定
	财政政策	通过调节政府行政支出的安排，即政府预算支出的变化引起相应的对商品及服务购买数量的变化，从而引起总需求和价格总水平的变化
	投资政策	通过调节投资总规模，促进社会总供给与社会总需求的基本平衡，从而实现价格总水平的基本稳定
	进出口政策	在市场供不应求的情况下，政府可以通过采用限制出口、扩大进口的政策手段；在市场供过于求的情况下，政府可以采取限制进口、鼓励出口的政策手段，从而达到稳定国内价格总水平的目的
	重要商品储备制度	政府为平抑或稳定某些重要商品市场价格水平，建立起这些商品的调节性库存，并通过吞吐库存来调控市场价格的管理制度，具体包括重要商品储备的设置、重要商品储备的商品选择、重要商品储备的使用
	价格调节基金制度	政府为了平抑市场价格，用于吞吐商品、平衡供求或者支持经营者的专项基金，主要内容包括价格调节基金的设置范围、价格调节基金的筹集

① 刘学敏. 中国价格管理研究［M］. 北京：经济管理出版社，2001：82.

表5-1(续)

规制手段	具体方式	内　　容
法律手段	《中华人民共和国价格法》《中华人民共和国反不正当竞争法》等	明确各级政府及价格管理机关的权限、隶属关系、管理范围、方式、手段等，规范政府价格规制标准、程序和方式，保障市场主体利益，维护经营者公平竞争，确保价格水平
行政手段	保护价格	在粮食等重要农产品的收购价格过低时，为了保护生产者和消费者的利益而且实行的一种最低保护价，即规定最低收购价格。当市场价低于保护价时，按保护价收购。保护价格的制定，要以补偿生产成本并有适当利润，有利于优化品种结构，并考虑国家财政承受能力为原则。随着国家财力的增强，要逐步提高保护价格水平，在条件具备时向支持性价格过渡
	限定差价率或者利润率	当某些商品和服务的价格显著上涨或者有可能上涨时，规定经营者的进销差价率、批零差价率或者经营的利润率，以控制价格上涨
	规定限价	当某些商品和服务价格显著上涨或者有可能上涨时，对出售或者购买某些商品或者提供服务所规定的价格限度。限价有最高限价与最低限价
	提价申报制度	由经营者自主制定的比较重要的价格，在一定的时间内，为控制价格过高或者频繁上涨，维护市场价格秩序，经营者在提高价格时，必须在规定时间内向价格主管部门申报。价格主管部门批准，经营者可以提价；价格主管部门没有批准，经营者就不能提价
	调价备案制度	由经营者自主制定的比较重要的价格，在一定的时间内，为控制价格过高或者频繁上涨，维护市场价格秩序，经营者在提高价格时，必须在规定时间内向价格主管部门备案。对提价不当的，价格主管部门有权责令其不提价、少提价或者推迟提价，经营者必须执行；在规定的时限内，价格主管部门没有提出异议，备案视作同意，经营者可以提价。
	集中定价权限	在特殊情况下，将定价目录规定的政府有关部门的定价权，临时收归本级政府、上级政府或者价格主管部门
	部分或者全面冻结价格	在特殊情况下，政府采取的临时性管制价格的防范性措施，即规定在一定时期内，价格保持在现有的水平，不得提高

5.1.2.3　竞争性商品价格水平规制的特点

与价格行为规制相比，竞争性商品价格水平规制具有自身的特点，主要表现在以下几个方面：

从规制的原因来看，对价格行为进行规制的直接原因在于经营者的不正当价格行为，即价格法规定的 8 种类型的行为。经营者的不正当价格行为根源于机会主义。但对竞争性商品价格水平规制的直接原因却不是由于经营者的违法行为，相反，经营者的一切行为都是合法的。竞争性商品价格水平规制的直接原因在于价格机制自身不足、价格调节机制失灵导致价格不能正常地反映供求关系，进而造成资源配置不合理和国民生活水平下降，甚至会导致经济社会发展的延滞。

从规制的层次和方式来看，价格行为规制是针对微观的经营者行为而进行的，是一种微观的、直接的规制，主要通过法律手段纠正或禁止经营者的不正当价格行为。相反，价格水平规制虽然改变的是微观的经营者行为，但最终的目标是要调节市场的供求关系，并不关注某个具体的经营者的具体价格行为，其是一种宏观的兼有直接方式和间接方式的手段，且规制手段更加多种多样。

从规制的主体和对象来看，价格行为规制主体包括各级人民政府和各级人民政府的价格主管部门，通过价格执法的方式，确保有关价格的法律法规落实到位，维护公平、透明、竞争的市场环境；但价格水平规制的对象是某类商品价格水平或价格总水平，避免价格剧烈波动破坏经济社会发展进程，最主要主体是国务院，省（自治区、直辖市）进行相关价格规制的措施必须向国务院报备，省级以下人民政府及其价格主管部门无权进行价格水平规制。

从规制的目标来看，价格行为规制的主要目的是避免因信息不对称和机会主义造成的价格形成成本过高，增加消费者和经营者价格决策成本，降低经济活动频率；价格水平规制则是恢复或提升价格调节机制的功能，一方面提升价格信号的灵敏性，避免价格信号失灵；另一方面减少价格调节的时滞效应，缩短价格信号形成与供需关系改变之间的时间，恢复价格机制的调节功能。

价格行为规制与价格水平规制之比较见表 5-2。

表 5-2　价格行为规制与价格水平规制之比较

	规制层次	规制方式	规制手段	规制主体	规制对象	规制目标
价格行为规制	微观规制	直接规制	法律手段	各级价格主管部门	经营者的不正当价格行为	维护价格形成机制
价格水平规制	宏观规制	直接规制、间接规制	经济和法律手段为主，行政手段为辅	国务院及省级人民政府	某类商品价格水平或价格总水平	恢复或提升价格调节机制

5.2　竞争性商品价格水平规制的内在逻辑

价格水平反映了商品的供求状况，也反映了资源配置的趋势，是引导市场主体是否参与市场竞争或调整参与市场交易方式的重要信号，既是价格调节机制运行的结果，又是价格调节机制运行的起点。自发状态下，价格调节机制的内在不足造成了价格水平或价格信号的变动与交易参与者自我行为调整的方向并不总是负相关，需要借助政府有形之手恢复价格调节机制的功能。为此，找出价格调节机制失灵的内在机理，对于更好地理解和改进竞争性商品价格水平规制具有重要意义。

5.2.1　价格调节机制失灵

5.2.1.1　价格水平波动

价格水平波动是商品供求关系变化的外在表现，具有综合反映性、系列衔接性、市场依存性和利益消长性等特征[①]。竞争性商品价格水平波动是一种重要的市场信号，贯穿于市场交易全过程，极大地增加了市场的透明度：一方面，价格水平波动较好地解决了信息不对称问题，使得市场主体之间的交易变得越来越容易；另一方面，市场透明度的提升，方便了市场"监管"，通过跟踪研判价格水平波动情况能够把握市场"脉搏"，从而能够根据实际需要调整资源配置，保护和增加社会福利。

① 贾秀岩. 价格学原理［M］. 天津：南开大学出版社，1984：302-311.

价格水平波动频次、方向、时效等不同，对市场主体间的信息交流的影响也十分不同，但总体来看，作为一种市场信号，价格水平波动传递的信息具有以下特点：廉价，即市场主体能够以较低的成本获得这种市场信息；公开，竞争性商品价格水平都是公开的，容易被市场参与者、潜在竞争者、消费者以及市场监管主体发现；共享，理论上竞争性商品价格水平波动情况不仅仅是交易双方以及潜在竞争者独享的，而是整个市场共享；高频，对于某种商品而言，交易越频繁商品的信息越充分，价格水平波动频率和幅度越小；未来，即价格水平波动调节的市场主体未来的行为，或者市场主体行为的效果体现在未来。

价格水平波动具有传播性[1]，一种商品价格水平波动必然会导致整个产品链的价格水平波动，因而价格水平波动特别是价格总水平情况一直被视为市场经济运行的晴雨表，或某个行业发展的温度计，既是反映社会经济运行总体状况或某个行业发展景气的重要参数，又能够指示市场交易双方采取不同的经济行动维护自己的利益。

理论上竞争性商品价格水平存在涨、跌、平三种状态，即上涨、下跌和稳定三种趋势。每一种趋势反映的市场经济状况不同，而且每种状态下市场主体采取的行为也并不相同。但从长期来看，价格水平波动的最终趋势均为上涨趋势，因此，政府多关注的是价格上涨水平，不同的国家根据本国国情制定了CPI合理波动区间，一旦超过最高水平就会对价格水平进行规制。

5.2.1.2 价格调节机制

价格调节机制的内涵。关于价格调节机制的定义大同小异，简而言之，就是价格信号引导市场主体调节资源配置的机制。具体而言，是指由于价格水平变动与供给关系存在内在联系，并同供求同时存在正相关或负相关，即"价格上升时，供给扩大，需求下降；价格下降时，供给减少，需求增加"[2]。价格调节机制不仅是价格机制的主体，而且是整个市场机制的核心，价格水平波动，既能刺激微观市场主体调整经济行为，如改进技术、创新产品、降低成本等；又能从宏观上调节社会各生产部门的要素配置情况，调整资金、

---

① 冯云廷，李怀. 价格传导机制研究及其现实意义 [J]. 财经问题研究，1997（1）：56-59.

② 殷克胜. 价格调节机制与价格改革 [J]. 社会科学，1988（10）：65-68.

劳动力、自然资源等在各社会生产部门之间的分配①。通过价格反馈机制，价格调节机制与价格形成机制形成了一个相互联系的反馈环路，即价格波动—供求调整之间的循环往复，确保了价格机制运行的连续性，进而推动生产要素的不断优化组合并实现供给和需求之间的均衡。

价格调节机制的运行动力。价值是价格的基础，而价格是价值的货币表现。价格调节机制运行过程本质上是一种价格与价值关系的矫正过程，价格与价值的偏离是其持续不断运行的动力之源。在竞争性商品价格一定的情况下，商品价格偏离商品价值多少意味着企业的利润空间就是多少。因此，当价格水平波动时，必然会造成企业盈利空间的变化，触动企业的根本利益，刺激企业调整自己的要素配置策略，尽可能将要素配置到利润更高的部门或环节②，进而引起价格与价值的新变化。可以说，价格调节机制的运行过程实际上是价格与价值一致与背离的矛盾运动过程，"如果没有价格背离价值，也就没有价格机制的调节作用。"③ 因此，可以说价格调节机制发生作用的内在动力就是企业的盈利动机，为了更多盈利，企业必须确保自己生产的商品价格始终偏离商品价值，扩大盈利空间。

价格调节机制的功能。与价格形成机制相比，价格调节机制是价格功能的综合作用，其特点是：利益性，价格水平的波动造成了市场参与者收入的增加或减少，改变了市场原有的利益格局；诱导性，市场活动中价格是一种释放利益的诱导信号，显示着利润的空间和利润生产领域，能够诱导市场主体调节生产；分配性，价格与价值的一致或偏离意味着社会福利分配是否公平，交易双方成本是否得到了恰当的补偿，此外，价格波动还会引起社会劳动分配的调整。

价格调节机制的效应。调整生产要素配置是价格调节的最终结果，这种结果直接表现为一些可见效应：同价效应，即"一物一价"，在同一个市场范围内，一个商品一种价格进而导致不同企业不同的利润水平；结构效应，商

① 邓学文，范尊武. 价格机制的转换——一场深刻的市场革命 [J]. 广西社会科学，1993 (5)：24-27.

② 隋广军. 国家调控价格杠杆与价格自动调节机制的比较研究 [J]. 暨南学报（哲学社会科学），1987 (2)：12-17.

③ 张剑辉. 论市场性价格机制 [J]. 湖南商学院学报，1995 (1)：3-8.

品价格的比例关系造成了一种商品价格的变化引起其他商品价格变化，进而导致价格总水平结构的变化；连锁效应，即一种商品价格变化会触发相关商品价格的同向连续波动；替代效应，即当一种商品价格大幅度上涨时，消费者可能会选择功能或质量相同、相近但价格相对较低的商品代替[①]。

5.2.1.3　价格调节机制失灵

价格弹性（price elasticity）。弹性用来表示因变量对自变量的反应的敏感程度。需求和供给的价格弹性指一定时期内特定商品的供需关系变动针对该商品价格波动情况的反应，因而是一种比值[②]。需求和供给的价格弹性公式可以为：

$$Ep = \frac{\frac{\Delta Q}{Q}}{\frac{\Delta p}{p}} = \frac{\Delta Q}{\Delta p} \cdot \frac{p}{Q} \tag{5-1}$$

当 | Ep | <1 时，商品是缺乏弹性的，此时商品价格降低或上涨并不会带来造成销售量的增加或减少，即商品的价格波动和销售量波动是同向的。

当 | Ep | =1 时，商品是单一弹性的，需求与价格以同一比率增加，主要涉及一些刚需商品如粮食，人们不会因为价格上升或下降改变自己的饭量，影响这种需求的只有消费者数量。

当 | Ep | >1 时，商品是富有弹性的，即经营者和消费者都能根据价格信号调整自己的供给和需求，当商品价格高时减少购买量，相反则增加购买量，供需波动与价格波动方向是相反的。

| Ep | 的大小表示变化程度的大小，绝对值越大，商品的价格弹性越大，即商品的供给和需求对价格水平的波动的敏感性越强。

价格弹性假设。价格弹性表明供求与价格水平波动之间的依存关系，或者说，反映了商品的供求对价格水平的敏感程度，生产商可以根据商品供求的价格弹性采取不同的价格策略，确保企业盈利水平。总体来看，供求的价格弹性一直被视为竞争性商品的基本属性，即是一种稳定的、内在的甚至是不变的特征，并根据是否具有价格弹性将商品划分为富有弹性的商品、缺乏

---

① 胡援成. 价格调节机制与市场优化 [J]. 当代财经，1989（2）：35-38.
② 高鸿业. 西方经济学 [M]. 北京：中国人民大学出版社，2004：36-54.

弹性或非弹性商品以及单一弹性的商品三类。此外，价格弹性理论还有另外的含义，即本理论仅在竞争性商品领域有效。

价格弹性变化。根据价格弹性理论，当称一个商品的供给和需求富有弹性，意味着价格水平波动就会导致价格供给和需求的变化，即价格调节机制能够发挥作用，调整要素的配置。但商品是否价格敏感并不是一成不变的，相反，商品的价格敏感性是具有一定的前提的，即必须是完全竞争市场，特别是信息必须充分且完全对称[①]，只有具备这些外部条件，价格调节机制才能发挥它的积极作用[②]，商品的价格敏感性特征才会显示出来。

实践中，虽然市场参与者的确通过价格信号来了解现状和预测未来，并相应调整自己的经济行为[③]，但商品的价格敏感性实际上是由人的决策和行为的效率决定，即便价格信号是准确的，对于具体市场参与者而言也不一定是充分的或及时的，市场主体做出进出或退出市场的决策并付诸实践的并不一定就是有效率的。简而言之，在信息不充分的情况下，市场参与者无效率的决策和行动可能会导致商品的价格弹性降低，即价格信号调节商品的供需的能力降低，甚至功能会暂时失效。

5.2.2 价格调节机制失灵的发生机理

5.2.2.1 非确定型决策

决策（decision making）。价格的调节生产要素配置的功能是通过市场参与者的一系列的决策实现的，"价格机制是以分散的决策为基础，以私人利益为动力，通过竞争和价格波动来实现资源配置的一种经济机制"[④]。市场参与者决策的效率是决定价格调节机制运行是否有效的根本原因。目前对决策的理解并不完全一致，但一般认为决策就是一种选择，是从复杂环境中找出最优的方案。这个选择是一种机制，由"决策者、决策对象、信息、决策理论

① 赵儒煜. 论传统市场理论价格机制的局限性［J］. 河南大学学报（社会科学版），2018（5）：51-66.

② 郭明奇. 略论价格调节功能与价格体制改革［J］. 经济问题，1985（5）：2-5.

③ 汪钰华. 弱价格信号条件下的协调机制：论现阶段我国宏观经济的控制和调节［J］. 经济理论与经济管理，1986（6）：10-16.

④ 穆鸿铎，张宇，曹建军. 价格机制论［M］. 重庆：重庆出版社，1991：19.

与方法、决策结果构成"①。决策并不是瞬间的行为，而是一个复杂的选择过程，包括前期的预备、中期的计划分析、后期的评价反馈四个环节②，这些环节整体循环。根据决策环境的差异，可以将决策行为分为确定型决策、不确定型决策两种类型，后者又可分为风险型决策和非确定型决策。

确定型决策（decision making under certainty）。决策不仅受决策者自身影响，而且受其他力量的影响，其中外部环境是其重要因素之一。传统的价格理论假设决策者所面临的环境是确定的，认为市场参与者的决策是"既定信息下最大效用的行为"③，当商品价格水平波动时，市场参与者做出的决策是确定型决策，即一方面决策者面临的环境是完全确定的、不含风险的，另一方面决策者是完全理性的。确定型决策是建立在完全理性基础上④，"以经济人为假设，决策目标为经济人所获取的最大经济利益，决策准则为期望最大化，"⑤ 并能够运用确定性原则、极大极小法则、边际原理以及概率法则实现效果最优。在环境确定的情况下，当价格水平波动时，由于充分地掌握市场信息和完全的理性，市场参与者能够根据效用最大化原则，迅速从诸多备选方案中找出最有利于自己的方案。确定型决策下，价格水平波动能够迅速地触发商品供求格局的调整，市场参与者在感受到价格信号变化后，能够以极低成本甚至零成本进行决策，并通过具体的进入市场或退出市场的行动在市场表现出来。总而言之，确定环境下，价格调节机制的运行成本极低，甚至是零成本的，此时市场效益最优。

非确定型决策（decision making under uncertainty）。确定型决策有三个基本的前提建设：目标和问题清晰；信息充分，能够对不同的备选方案进行评估；能够预测未来可能发生什么。然而，不仅市场参与者的认知能力是有限的，而且其所处的环境也充满了不确定性，⑥ 市场参与者的决策多是在不确定的环境中做出的。所谓非确定型环境，是指市场主体所面临的市场环境是动

---

① 姜圣阶，曲格平，张顺江，等. 决策学基础 [M]. 北京：中国社会科学出版社，1986.

② 西蒙. 管理决策新科学 [M]. 北京：中国社会科学出版社，1977：33.

③ Aumann R J. War and peace [M]. Stockholm：Nobel Foundation，2006：350-358.

④ 西蒙. 现代决策理论的基石 [M]. 杨砾，徐立，译. 北京：北京经济学院出版社，1989.

⑤ 刘婧颖，张顺明. 不确定环境下行为决策理论述评 [J]. 系统工程，2015，33（2）：13-15.

⑥ 方霏. 不确定情境下的理性决策 [J]. 山东经济，2005（3）：9-15.

竞争性商品价格规制研究

· 180 ·

态的、复杂的和不可预测的①。市场参与者必须在不确定的情境下进行决策，而在高度不确定的环境下，理性预测是不可行的②。古典经济学已经对不确定性环境下的决策进行了研究③，经济学家 Knight 提出不确定性的概念，并对不确定与风险进行辨别，认为在不确定性情况下，决策者无法预估决策结果的概率分布和决策结果；而风险的决策结果的概率分布是可知的④。20 世纪 50 年代 Simon 系统地质疑了确定型假设的前提，认为完全理性和确定性环境都是不存在的⑤，因而备选方案和预期存在不确定性。在 Simon 理论的基础上，先后发展出预期效用理论⑥、一般预期效用理论⑦和前景理论（Prospect Theory）⑧。

20 世纪 80 年代以来以决策情境的不确定性为假设发展起来行为决策被称为非确定型决策，即决策所涉及的条件是未知的且各种自然状态出现概率无法预测条件所做的决策。根据 Knight 的理论，非确定型决策又具体分为两种⑨——风险决策和模糊决策，前者指虽然不确定决策所涉的随机因素，但能够指导这些因素的概率分布；后者又称为不确定型决策，指各种自然状况出现概率无法预测的决策。无论哪种决策理论，其核心都是探究有限理性的决策者是如何克服不确定性带来的多重挑战，选择最优方案。目前，非确定型决策常用模型包括增量分析模型（边际分析模型）、决策树模型、矩阵决策模型、部分期望决策模型、模型模拟方法、敏感性分析方法等。此外，贝叶斯决策方法、动态决策方法、竞争性决策方法、模糊风险决策方法、资产组合方法、在险价值方法等方法也常常在不同情境下被采用⑩。

① 张琦. 动态环境下的企业战略过程［M］. 武汉：中国地质大学出版社，2008：29.
② Sarasvathy S. Causation and effectuation：Toward a theoretical shift from economic inevitability to entrepreneurial contingency［J］. Academy of Management Review，2001，26（2）：243-263.
③ 张荣楠. 不确定性情境下行为决策研究之综合述评［J］. 现代管理科学，2004（11）：37-40.
④ Knight F. Risk，Uncertainty and profit［M］. New York：Sentry Press，1921.
⑤ Talcott Parsons. The structure of social action［M］. New York：McGraw-Hill，1937.
⑥ Schwartz Hugh. Herbert Simon and behavioral economics［J］. Journal of Socioeconomics，2002，31（3）：181-189.
⑦ Foss Nicolai J. Bounded rationality in the economics of organization："Much cited and little used"［J］. Journal of Economic Psychology，2003，24（2）：245-264.
⑧ Tversky A，Kahneman D. Judgment under uncertainty：kahneman and biases［M］. Cambridge：Cambridge University Press，1982.
⑨ Knight F H. Risk，uncertainty and profit［M］. Dover：Dover Publications，2006：682-690.
⑩ 于英川. 现代决策理论与实践［M］. 北京：科学出版社，2005.

在价格水平较大幅度波动的情况下，市场参与者面临的是一个充满了不确定性和模糊性的市场环境①，这个市场环境存在两个或两个以上的随机自然状态，而且人们本来就不具备运用经济学和概率论的知识来全面分析问题和做出判断的能力，以预测和计划为核心思想的相关决策理论就难以成立，市场参与者也无法通过准确估计系统行动方案所处状态概率进行决策②。因此，当价格水平急剧波动时，市场参与者只能在信息及所掌握资源条件的约束下进行非确定型决策。在不确定的市场环境下，市场参与者要根据商品价格波动导致的所有可能出现的随机市场状态提出备选方案，并对各种方案进行评估和选择，决策成本要远高于确定型决。由此可见，与其他制度一样，价格调节机制运行是存在成本的，并不存在零成本的生产要素调节情况。

5.2.2.2　机会成本

机会成本（opportunity cost）。价格调节机制运行的过程实际上是由一系列决策行为构成的，每一次决策都是一次选择，即从众多备选方案中选择最优方案，而选择的标准就是机会成本的大小。"机会成本"③这一概念由费里德里克·冯·维塞尔（Friedrich Von Wieser）提出。萨缪尔森认为，在资源稀缺和资源用途多样化的情况下做出选择的同时也意味着放弃，而放弃的那些即是机会成本④；欧文·塔克认为"机会成本是进行一项选择所放弃的其他最佳选择"⑤；斯蒂格利兹将机会成本定义为某种资源的次优用途⑥；科斯视之为市场主体"如不接受特定的决策而可能获得的利益"⑦；曼昆认为机会成本就是为了得到这种东西所放弃的其他东西⑧。

无论哪种定义，机会成本都被视为因选择一种机会而放弃的另一种机

① 崔连广，张敬伟，邢金刚. 不确定环境下的管理决策研究：效果推理视角 ［J］. 南开管理评论，2017（5）：105-115.

② 摩根. 不确定性 ［M］. 王红漫，译. 北京：北京大学出版社，2011.

③ 维塞尔. 自然价值 ［M］. 陈国庆，译. 北京：商务印书馆，1982：39-51.

④ 萨缪尔森，诺德豪斯. 经济学 ［M］. 萧琛，译. 北京：人民邮电出版社，2008.

⑤ 塔克. 经济学概论 ［M］. 邹薇，译. 武汉：武汉大学出版社，2008.

⑥ 斯蒂格利茨. 经济学 ［M］. 黄险峰，等译. 北京：中国人民大学出版社，2006：6.

⑦ 科斯. 企业市场与法律 ［M］. 盛洪，陈郁，译. 上海：上海三联书店，1990：105.

⑧ 曼昆. 经济学原理 ［M］. 梁小民，译. 北京：机械工业出版社，2003.

会①，另外一种机会是可以和被采用的机会相替代的。因此机会成本又被称为"替代性成本""机会损失"等。机会成本存在的根本原因在于资源是稀缺的、切实可以流动的，同时这种稀缺资源存在多种经济属性，只有这样，稀缺资源才会有不同的投入方向和选择机会。对机会成本的分类一般采用二分法，如作为消费品的机会成本和作为投资品的机会成本、有限理性机会成本和完全理性机会成本②、私人机会成本和社会机会成本③。与生产成本不一样，机会成本并不是实实在在的物质消耗，而是一种可能性，是一种用来评估某种特定决策效用的替代标准。

机会成本特征。有学者将机会成本等同于生产成本，认为机会成本也包括隐性成本（implicit costs）和显性成本（explicit Cost）④。但更多的学者接受曼昆的观点，认为机会成本就是隐性成本⑤。机会成本的产生前提是资源的稀缺性和同一资源功能的多样性，稀缺性使得人们在使用资源时必须选择最优的资源，而用途多样性则为市场主体选择和放弃某种特定的方案提供了前提；机会成本并不是实际发生的生产成本或者说并不是一种可见的成本，而是市场主体在选择过程中面临的可能的损失，因此，机会成本的计算是十分主观的；机会成本仅仅是评估某种决策的价值的对标对象，并没有实际发生，也不需要补偿。

机会成本测量。鉴于资源的属性不同、市场主体的有限理性和市场环境的不确定性，估量非确定型决策的机会成本很容易受到决策者自身因素的影响，使得评估结果具有很大的主观性和不确定性。目前衡量机会成本的方法有三种：要素价格法。由于机会成本的衡量存在"事前性"，并且资源配置的效用尚不确定，因而只能将资源配置环节上的所有要素价格之和称之为机会成本；历史比照法，即以类似会计学上的历史成本原则对机会成本进行估算；替代法，即参照其他同类同质的资源配置的效益，对某种资源某种配置的效益进行估算，通过对其替代性因素的变化所引发的成本来间接描述。通过对

① 胡源绶，钱嘉福. 英国会计师是怎样看待机会成本 ［J］. 外国经济与管理，1981（9）：32-34.

② 王威. 沉没成本与机会成本决策相关性辨析 ［J］. 财税研究，2015（13）：238-240.

③ 刘厚俊. 现代西方经济学原理 ［M］. 南京：南京大学出版社，2005：95-97.

④ 池峰. 机会成本内涵、表达与使用的探究 ［J］. 长春理工大学学报，2011（11）：27-29，42.

⑤ 王威. 沉没成本与机会成本决策相关性辨析 ［J］. 财税研究，2015（13）：238-240.

规制的机会成本间接构成部分的定性计量可以计算出机会成本。无论哪种衡量方法，机会成本的估算都只能在特定的时空条件下进行，离开特定的条件，就无法进行。此外，三种衡量方法的结果都是不确定的，只具有理论参考意义，不具有会计学上的意义。

5.2.2.3 价格调节机制失灵

理想的价格调节机制应该满足以下条件：价格信号是准确的，并且反映的信息是充分的；市场参与各方对价格水平波动的感知都是充分的；市场主体的决策和行动都是灵敏的，等等，在此情境下，市场参与者能够做出"序贯决策"，即针对价格水平的每一次波动选出平均收益最大的方案，通过反复循环这种选择，实现效用最大[①]。在这种状态下，价格调节机制以近乎零成本的状态运行，实现对资源的有效优化配置。

实际上，价格调节机制在特殊的情境下，甚至可能是一种高成本的调节机制。市场环境具有不确定性，造成了市场交易双方应对价格波动的决策是一种非确定型决策，无法保证做出的决策都有效率。而决定市场主体决策效率的关键是机会成本的不确定性，也是价格调节机制的运行成本的最终决定者，从而决定着交易成本的高低。决策中决策主体参考的机会成本是一种主观评估结果，存在多种可能性，而且具有不确定性。这种不确定性主要是由市场环境的复杂性、动态性以及无限性所决定的。

决策是一种选择，当价格水平波动时，市场参与者面临的是一个不确定的市场环境，交易双方的信息也是不对称的，决策者面临的机会成本是不确定的[②]。随着市场环境不确定性的增强，市场参与者对市场信息的控制感会越来越少，决策成本就会越来越高，市场参与者的行动效率就会越来越低，因此就会出现延迟决策。

5.2.3 价格水平规制的内在逻辑

在资源稀缺的世界里，决策具有机会成本[③]。价格调节要素配置的过程是

---

① 王玉民，周立华，张荣. 序贯决策方法的应用 [J]. 技术经济，1996 (11)：57-59.

② Ajzen I. The theory of planned behavior [J]. Organizational Behavior and Human Decision Processes，1991 (50)：179-211.

③ 萨缪尔森，诺德豪斯. 经济学 [M]. 萧琛，译. 北京：人民邮电出版社，2008.

由一系列决策构成的交易过程，当决策成本（交易成本）过高，以至于市场参与者行动效率下降到价格信号失灵时，就会出现取代价格机制作用的非市场化的调节方式①。

5.2.3.1 价格水平规制的内在动因

价格水平规制作为一种政府调节经济、维护和增进社会福利的重要内容，其动因可以从价格调节机制之不足和政府调节的优势来分析。

价格水平规制的直接原因在于价格调节机制运行失灵。因为价格调节机制运行是由一系列的决策构成，在机会成本越来越不确定的情况下，市场参与者的决策成本越来越高，当这个成本超过一定水平时就会导致"延滞决策"现象，即市场参与者会延滞做出进入/退出市场的决策，进入/退出市场的行动效率因而降低，生产要素配置仍然会按照既定的趋势发展下去，价格水平会保持既定的趋势发展下去，并导致新一轮的上涨或下降，如此往复。价格水平上涨或下降无法调节生产要素的配置状况，价格调节机制失灵，需要借助"有形之手"来调节价格调节机制的运行成本，从而恢复价格信号的调节功能。

价格调节机制失灵的根本原因在于个体理性的不足。当价格水平波动时，每个市场参与者都独立运用自己的理性自主决策，根据价格上升和下降做出进入或退出市场的决策。但建立在个体理性基础上的个人决策具有局限性。因为作为市场参与者对市场信息的掌握往往十分有限，当价格波动幅度超出正常预期时，独立的市场参与者往往只能通过单纯的价格波动信号来研判市场的供求状况，并做出决策。根据集体行动理论，众多个体的理性决策可能会带来集体行动的不理性，导致价格调节机制失灵。卢卡斯也认为理性预期会扭曲商品的价格水平，伤害经济运行②·③。

政府对价格水平规制是利用群体决策的优势。政府决策是群体决策的典型代表，当价格水平波动超出正常预期时，来自不同部门的个人能够更广泛、

① 科斯. 企业市场与法律［M］. 盛洪，陈郁，译. 上海：上海三联书店，1990：105.

② Lucas Robert E. Expectations and the neutrality of money［J］. Journal of Economic Theory, 1972（4）: 103-124.

③ Lucas R E. Some international evidence on output-inflation tradeoffs［J］. American Economic Review, 1973, 63（3）: 326-334.

更全面、更准确地接收来自市场信息，能够对商品价格对价值的偏离情况做出更准确的判断，且能够提出更多的解决方案，进而弥补个体理性之不足。

政府价格水平规制根源于集体理性的支配。政府是集体理性的化身和实践者，通过经济、法律或行政手段降低交易成本，确保市场参与者能够顺利且充分的交流并达成合作，在尽量满足独立的市场参与者的诉求的同时，实现社会的长远发展。

5.2.3.2 价格水平规制着力重点

信息与决策。信息是市场参与者做出决策的依据和要素，联系着决策环境与决策过程，架起了市场参与者与交易对象之间的桥梁，信息与资源、利益紧密结合在一起构成了价格机制[①]，对市场参与者的决策和行动有着重要影响，应将信息不完全等因素纳入市场参与者的决策分析中。但有学者已经充分证明了信息不是完善的，更不是无偿的，"企业的选择只能是信息效率的最优化"[②]。与此同时，还有学者认为信息是"有限理性"假说中的重要构成部分，由于市场参与者的信息处理能力有限，因而信息也成为"有限理性"假设希望解决的核心问题之一[③]。信息对市场参与者的决策结果有着重要影响，在市场环境不确定的情况下，市场参与者对信息的价值计算更加困难[④]。

信息与不确定性。信息与不确定性之间存在着千丝万缕的联系，信息既是不确定性的重要表现又是降低和消除不确定性的重要工具。所谓不确定性本质上就是指市场信息的不确定，无法预测未来的结果，不确定性既可能带来损失也可能带来收益。从概率的角度来看，所谓不确定性即是指信息引发的结果概率分布难以计算，结果不可统计[⑤]。从信息角度来看，市场环境不确定的原因在于：市场本身具有复杂性；决策者掌握市场信息的不充分；决策者能力有限[⑥]。随着信息的增加，市场环境的不确定性会逐步降低，并提高市场参与者的决策能力。

---

① 万解秋，李慧中. 价格机制论 [M]. 上海：上海三联书店，1989：13.
② 同①：4.
③ 西蒙. 现代决策理论的基石 [M]. 杨砾，徐立，译. 北京：北京经济学院出版社，1989.
④ 茅于轼. 物价检查无助于控制物价水平 [J]. 价格理论与实践，1988 (9)：49-51.
⑤ 拉夫特里. 项目管理风险分析 [M]. 李清立，译. 北京：机械工业出版社，2003.
⑥ 陈克文. 论风险及其与信息和不确定性的关系 [J]. 系统辩证学学报，1998，6 (1)：83-87.

信息与非确定型决策。所谓"非确定"主要是指决策者掌握的信息不确定，主要表现为市场信息的不全面、不及时、不准确。当价格波动时，市场参与者面对的不确定性增强，决策的难度将会大大增加。

信息与帕累托改进。在完全分散的价格机制中，信息充当着交易双方的联系桥梁，信息不对称意味着交易双方获得对方的真正信息需要很大的代价，即交易成本，特别是当获得的信息无法被证实的时候，信息成本将无穷大。因此，交易问题可以视为一种交易成本问题，当信息成本无穷大时，交易便停止。可以说，信息对称与否关系到交易成本的大小，进而关系到社会福利的增加或减少。如果能够消除信息不对称问题，让价格能够以最小的成本反映市场供需，就能够实现社会福利的帕累托改进[①]。

5.2.3.3 价格水平规制的作用机制

价格水平规制的关键是降低市场环境的不确定性，进而降低机会成本的不确定性，尽量减少生产参与者的决策成本，进而提升市场交易的效率。由于在价格调节机制失灵状态下，除了商品成本、交易成本外，竞争性商品的价格对市场供需也有显著影响，价格越高，竞争性商品的需求量就会增加，如公式（5-2）。

$$M = a - bP - cT - dT' + eP' \tag{5-2}$$

其中，P'代表竞争性商品价格，a、b、c、d、e 为系数。系数 e 表示当其他影响因素不变的情况下，竞争性商品价格提高一个单位，商品需求会相应提高 e 个单位。

根据式（5-2），P'的波动变小，竞争性商品价格对商品需求的影响（即 dP'）会保持在一定的范围内；价格规制成本 T' 如果处于较低的水平，那么，价格规制成本对商品需求的影响（即 eT'）也较小。因此，当对竞争性商品价格水平进行规制且价格规制成本较低时，竞争性商品价格和价格规制成本对商品需求的影响（即 $dP' - eT'$）变化较小，可以降低市场环境的不确定性。

如前所述，价格调节机制失灵被视为市场信息不确定的结果，因此价格水平规制的主要目标是改善市场信息，进而恢复价格的本性。价格水平规制

---

① 姚遂，陈卓淳. 不对称信息的交易成本分析 [J]. 石家庄经济学院学报，2007（5）：77-82.

作用机制包括以下几个环节：政府研判市场发展趋势或经济形势，通过规制价格水平为市场参与者提供更为全面和准确的市场信息，提升市场参与者研判不确定性的市场环境的能力，降低决策机会成本的不确定性，提升市场参与者的行动效率，在一定程度上恢复价格的本性①。由此可见，通过提供更全面的信息，降低机会成本的不确定性是价格水平规制的关键。价格水平规制降低机会成本不确定性的重点环节主要有两个。

价格水平规制改善了市场信息供给。信息不对称、不全面是导致市场运行不能达到帕累托最优的重要原因②，当价格水平波动幅度超过市场预期，可能会导致市场参与者无法全面研判市场信息，进而导致价格狂热或崩溃。无论是哪种价格水平规制方式——改变供给或直接的限价措施等，都极大地改善了市场环境，即通过政策供给改变市场环境的不确定性；同时，价格水平规制是政府汇集和研判各方信息结果，弥补了独立的市场参与者无法获得全面信息的不足；此外，价格水平规制还能够抑制市场的机会主义行为，减少投机行为带来的不确定性，有利于价格回归价值，进而恢复价格信号敏感性。

价格水平规制改善了信息传递渠道。决策成本不仅受机会成本确定性程度影响，而且受信息传递的效率影响。信息传递的方式和效果决定着市场参与者的决策和效果③，当信息有效传递时，能够使得市场参与者决策成本最小④，否则，企业很难做出有效决策⑤。信息传递效率有两层含义，一是单位时间内有多少价格信号传递给市场参与者；二是单位时间内有多少市场参与者能够充分把握价格信号传递的信号。信息论认为，信息不对称的关键在于缺乏足够的信息传递管道⑥，可以通过赋权或引入专门化组织来发掘交易中的私人信息。价格水平规制下，一方面，政府暂时充当了市场上私人信息发掘者的角色，使之变成一种公共信息；另一方面，政府提供了较为统一的信息

---

① 刘学敏. 价格规制：缘由、目标和内容 [J]. 学习与探索，2001 (5)：54-60.

② 张红凤. 西方规制经济学的变迁 [M]. 北京：经济科学出版社，2005.

③ 陈畴镛，鄢冰文. 信息共享对供应链合作价值的影响 [J]. 杭州电子科技大学学报，2005 (12)：1-5.

④ 黄梦醒，潘泉，邢春晓，等. 三级供应链信息共享的价值 [J]. 工业工程，2008 (3)：6-9，45.

⑤ 隋如川. 信息共享在供应链管理中的价值：Zipkin 模型以及拓展 [J]. 物流科技，2006 (1)：80-82.

⑥ 姚遂，陈卓淳. 不对称信息的交易成本分析 [J]. 石家庄经济学院学报，2007 (5)：77-82.

渠道，极大地提高了信息传递效率。

总之，价格水平规制通过改变市场信息供给效率，降低了机会成本的不确定性，进而降低了决策成本，提升了市场参与者的行动效率。但价格调节机制的运行成本是不可能被降到零的，规制的目的只是让其限制在合理的范围之内①。因此，价格水平规制必须手段和程度恰当，否则会导致一系列新的消极后果②。

5.3　竞争性商品价格水平规制的效率分析

从法经济学的角度来看，价格水平规制也是一种经济行为，是政府为了实现某种最大利益而做出的选择，包含着成本—收益的衡量过程，只有价格水平规制的收益大于成本时，方案才是可行的，收益越高方案越佳③。考察价格水平规制的成本和收益，可以为价格水平规制方案选择提供较为客观的、可供操作的标准，有利于实现社会福利最大化。

5.3.1　价格水平规制效率的基本问题

5.3.1.1　个人主义视角下的价格水平规制效率

法经济学延续了经济学的传统，以个人主义（individualism）方法论为基础。个人主义将个人视为经济问题研究的基本单位、问题起点和最终归宿，将个人利益的满足程度作为评价经济效率的标准。个人主义方法论传统可以追溯到斯密和边沁，其核心是认为一切行动都应还原为个体的行动，而集体或社会是无意识的，其意志、行为、价值观等由组成它的个体所决定，因而分析集体行为必须分析理性的个人行为④。Ludwig von Mises 归纳出个人主义方法论三条基本原理：任何行为都是个人的，包括集体行为；社会过程是个

① 应飞虎. 合同法如何降低交易成本：基于法经济学视角对合同法功能的审视 [J]. 深圳大学学报（人文社会科学版），2003（1）：61-66.
② 李书田. 物价在宏观调控中的作用 [J]. 价格与市场，2007（11）：10-15.
③ 考特，尤伦. 法和经济学 [M]. 张军，等译. 上海：上海三联书店，1999：3.
④ 陈振明. 政治与经济的整合研究：公共选择理论的方法论及其启示 [J]. 厦门大学学报（哲学社会科学版），2003（2）：30-39.

人行为过程，没有个人也就没有社会和社会过程；集体无法具体化，个人行为赋予集体行为以意义。

个人主义方法论并不否认集体或社会的存在，只是认为集体或社会的行为必须还原成个体的理性人的活动才能得以认识。集体或社会仅仅是一种功能性的存在，是个人实现目标的手段，依附于个人的理性而存在，集体或社会行为仅仅是个人选择的结果。个人主义方法论具有很强的解释能力，能够将大多数经济制度和经济活动纳入其中。其中，最常见的就是"理性人"假设同样被引入政府行为分析之中，认为无论是市场过程还是非市场过程都是个人活动的结果，政府行为是个人偏好和选择的结果，分析政府行为的基本单位仍然是个人，因此解释政治现象和解释经济现象一样都应该从个人动机出发。因此，分析政府行为时，个人主义方法论也被称为"政治过程的个人主义理论"。

价格水平规制是政府提供的一种"公共服务"，虽然其目标是为了维护公共利益、实现社会福利最大化，具有集体理性的特征，但其基础仍是个人主义的：价格水平规制实际上是利益一致的集体行动，是市场参与者根据自己利益做出的选择，最大的受益者是市场参与者，从短期来看受益者可能是商品提供者也可能是商品需求者，但从长期来看受益者是所有的市场参与者。因此，分析价格水平规制效率也应该从个人主义出发，即认为价格水平规制的效率应该反映在市场参与者的行动效率上，市场主体的行动效率是社会福利改善的基础，无论是卡尔多—希克斯（Kaldor-Hicks）标准还是帕累托优化。

5.3.1.2 价格水平规制的效率

与所有的政府规制一样，竞争性商品价格水平规制的目的也是为了"克服市场失灵，实现社会福利最大化"①，这里的"社会福利"指的是"公共利益"，其中，克服价格调节机制失灵是直接目标，而实现"社会福利"或"公共利益"的最大化才是最终目标。因此，考察价格水平规制是否有效率的标准有两个——恢复价格调节机制和增进公共利益。如前文所述，无论是哪

---

① 张红凤. 西方规制理论变迁的内在逻辑及其启示 [J]. 教学与研究，2006（5）：70-77.

个标准，对价格水平规制效率的分析都应该坚持个人主义方法论，即坚持用效用最大化的观点对价格水平规制的效率加以分析和预测，即分析价格规制手段是否给社会带来了尽量多的幸福和满足。

但"经济政策问题还涉及一些'超经济'因素，在目标选择以及手段选择的问题上都是如此。"[①] 虽然"效率"是法经济学的唯一价值取向，但一旦涉及"公共利益""社会福利"等复杂问题时，"超经济"的价格取向就会被考虑进来，如政治因素、社会因素等，"效率"作为唯一的价值取向就会受到质疑[②]。Whincop 指出，效率不是最强有力的冲突法规则的判断标准，正义可能是更好的标准，且符合正义要求的规则往往也是有效率的[③]。这些理解大多数是从"效率"与政府伦理的不协调出发，而不是从法经济学自身的逻辑出发，如果坚持其他的"超经济"价值，法经济学存在的意义就会大打折扣。

本书坚持"效率唯一论"，将价格水平规制的效率视为克服交易成本的障碍而成就财富最大化的交易[④]。价格水平规制的目标具有多样性，财富、安全、正义、平等、自由等价值均是其重要内容，但评价这些价值是否得到维护和增进的标准只有一个，即"效率"，通过成本—收益分析可以评估价格水平规制是否维护和增进了市场经济的基本价值和现代社会的基本价值，如是否使市场交换更有效率，是否增进了社会财富，是否促进了公平公正，等等。只不过有些"效率"容易量化，有些不容易量化比较而已。但在对价格水平规制进行成本—收益分析时，无论是可量化的还是不容易量化的"效率"都应该考虑到，避免因过多强调经济效益而忽略其他的社会效益，过多强调可见效益而忽略不可见收益，过多强调当前收益忽略长期收益，从而违背政府的理性要求。当然，无论是对那种收益进行效率评估，其落脚点都是个人，价格水平规制效率分析所涉及的总量指标的背后是个人，评估的是价格水平规制背景下个体对市场参与者将会如何做出选择，以及这种选择如何增进社会福利。

总之，对价格水平规制效率分析的重点仍然是经济效率，包括发展和平

① 丁伯根. 经济政策：原理与设计 [M]. 张幼文，译. 北京：商务印书馆，1988.

② 孔令杰. 冲突法的经济分析 [D]. 武汉：武汉大学，2005.

③ Micheal J, Whincop, Mary Keyes. Policy and pragmatism in the conflict of laws [M]. Dartmouth：Dartmouth Publishing Company, 2001：78-80.

④ 波斯纳. 法理学问题 [M]. 苏力，译. 北京：中国政法大学出版社，1994：450.

等两个内涵，前者关注的是价格水平规制是否有利于当前的经济运行，后者关注的则是公平竞争的环境能否得到维护、社会经济能否长久平稳运行。但由于宏观经济政策目标关注点较多，对价格水平规制效率评价的标准也是多种多样的。Howard R. Vane 和 John L. Thompson 强调提出宏观目标应该包括充分就业、价格稳定、经济增长、国际收支平衡以及再分配五个具体目标①。斯蒂格利茨强调了充分就业、价格稳定和快速增长三个目标②。保罗·克鲁格曼认为可以分为内部平衡和外部平衡两个目标，内部平衡包括物价稳定和充分就业，外部平衡则是指避免过度的国际收支失衡③。无论什么分法，价格水平稳定都是其中的重要内容，但由于个人的偏好和目的受制于制度，价格水平规制的效率也必须从其他不同的关注点来分析价格水平规制对市场参与者的目的和偏好的影响④。

5.3.1.3 福利最大化

作为政府调节宏观经济的重要手段，价格水平规制的目标是为了实现社会福利的最大化。福利（welfare）一般被定义为人们对生活的满意程度，即一个人的幸福（well being）或快乐⑤。福利经济学定理认为：国民收入的数量代表了一个社会的经济福利，收入增加意味着福利增加，在国民收入数量既定的情况下，分配越平等则社会福利就越大。福利并不完全来自物质财富，而是依赖于非物质财富的生产，如个人自由、社会公正等，因此福利是客观和主观感受的综合。

传统的福利经济学观点认为市场充分竞争是实现福利增加和福利分配的重要手段，且社会福利增加和分配的改善程度可以通过个人效用来衡量。但阿玛蒂亚·森认为个人福利信息很难获得且也不是"价值中立"的，因而很难作出比较；市场竞争无法带来社会福利的增加和财富的优化分配，相反，

① Howard R Vane, John L Thompson. A introduction to macroeconomic policy [M]. New York: Harvester Wheatsheaf, 1993.

② 斯蒂格利茨. 经济学 [M]. 黄险峰，等译. 北京：中国人民大学出版社，2006.

③ 克鲁格曼，奥伯斯法尔德. 国际经济学 [M]. 黄卫平，等译. 北京：中国人民大学出版社，1998.

④ 黄少安. 现代产权经济学的基本方法论 [J]. 中国社会科学，1996 (2)：6-26.

⑤ 黄有光. 福利经济学 [M]. 北京：中国友谊出版社，1991.

社会福利水平的提高来自个人能力的培育和个人能力的提高①。价格水平规制的重要目标是解决价格分配功能的缺陷问题。由于帕累托最优配置可能会使部分人极端富有而另一部分人极端贫穷，因此有必要通过对价格水平进行规制来调节社会福利分配。

由于政府能够得到比市场参与者更多的信息，因此其能够有效降低市场参与者收集市场信息的成本，降低市场交易成本，提高市场交易效率，矫正市场供需关系，引导资源配置优化，不仅增进了社会福利，而且调整了社会财富的分配。但由于社会福利具有综合性、复杂性的特征，因此价格水平规制效率评价标准也具有综合性、复杂性的特征。考虑到社会福利包含了诸多非物质的主观感受，如社会稳定、公共安全、公民健康、劳动力资源供给、社会经济持续发展等，价格水平规制的效率权衡难以量化，但价格水平稳定与其他因素之间的关系能够得到验证。

5.3.1.4 价格水平规制失灵

近年来，在我国房地产和药品价格水平规制中出现了"双重失灵"现象，即为克服市场失灵而进行的政府规制也失灵了，最终形成了市场机制和政府手段同时失灵的局面。价格水平规制不仅可能会出现失灵的状况，而且可能会产生"诺斯悖论"所描述的情况，即价格水平规制一方面可能保护市场参与者的个人权益，增进社会福利；另一方面也可能威胁市场参与者的权益，损害个人利益，增进和维护社会福利的目标使得政府在极力降低交易成本的同时有可能会降低政府机制的效率②。价格水平规制失灵的最重要表现是价格不再受竞争性商品的供求关系调节，而竞争性商品的供求关系也不再受价格信号的调节。

价格水平规制失灵的原因有很多，理论上主要有以下几个方面。一是信息不完全和交易成本问题。市场参与者之间处于一种不完全信息状态，会导致价格信号失灵和机会主义，极大地增加了市场交易成本。二是政府行为存在外部性。政府对价格水平进行规制在改变市场参与者行为的同时会对第三

---

① 森. 以自由看待发展 [M]. 任赜，于真，译. 北京：中国人民大学出版社，2002.

② 何立胜，杨志强. 政府行为外部性与"诺斯悖论"的相关研究 [J]. 江汉论坛，2006 (1)：44.

方产生某种成本或收益行为，给其他市场主体的利益带来或正或负、或大或小的影响①，这也属于公共产品供给外部性②。三是"集体行动困境"。与价格行为规制不同，价格水平规制要复杂得多，涉及诸多政府部门，实践中由于多部门参与，价格水平规制很容易陷入"集体行动的困境"③。四是"规制俘获"。价格水平规制会给不同的利益群体带来收益或损失，不能排除某些公共机构转化为特殊利益集团的代表，市场参与者或推动政府规制或拒绝规制实现自己的利益，从而产生"规制俘获"④。此外，政府官员理性的有限性、机会主义等因素也是造成价格水平规制失灵的重要原因。

目前，我们对政府失灵的了解还比不上对市场失灵的了解⑤。价格行为规制作为政府失灵的重要表现之一，具有一些明显不同于市场行为外部性的显著特征。一是价格水平规制的结果往往是一部分人获利而另一部分人受损，往往会同时产生正外部性和负外部性，但私人行为的外部性则只是二者有其一。二是受价格水平规制外部性影响的群体是多样而广泛的，私人行为外部性的承受者仅限于某些群体或区域，但价格水平规制具有广泛性，其影响超越了特定群体和区域的限制，承受者之间仅仅存在事前或事后不一致的利益差别⑥。三是价格水平规制中的政府与市场主体的地位不平等。政府是一种高度组织化的权力拥有者，虽然市场参与者众多，但十分分散且处于无组织状态，因而无力与政府进行谈判，因此，很难与政府通过谈判实现价格水平规制的外部性的内部化。

5.3.2 价格水平规制的效率分析

5.3.2.1 价格水平规制的成本分析

价格水平规制过程是一个决策—行动—评估过程，其可以分解为各个阶段的物质、时间和精神耗费，即决策成本、执行成本、监督成本和机会成本。

① 孙鳌，陈雪梅. 政府外部性的政治经济学 [J]. 学术论坛，2006（3）：84.

② Roland N Mckean, Jacquelene M Browing. Externalities from government and nonprofit sector [J]. Canadian Journal of Economics, 1975, 8 (4)：585.

③ 奥尔森. 集体行动的逻辑 [M]. 陈郁，译. 上海：上海人民出版社，1995.

④ 韦登鲍姆. 全球市场中的企业与政府 [M]. 张兆安，译. 上海：上海三联书店，2002：44.

⑤ 沃尔夫. 市场或政府 [M]. 谢旭，译. 北京：中国发展出版社，2004：4.

⑥ 德雷泽. 宏观经济学中的政治经济学 [M]. 杜两省，译. 北京：经济科学出版社，2003：8.

决策成本主要是一种信息成本和谈判成本，包括价格监测、价格研判、决策谈判成本三个部分。价格监测是指政府为收集竞争性商品价格波动而进行长期监测跟踪。如，国家已经建立全国重要生产资料价格监测报告制度、全国重要消费品和服务价格监测报告制度以及汽车、房地产、能源、期货、钢材等重要商品价格监测报告制度等，各省也建立了本地的重点商品价格监测制度，为价格监测付出了巨大的成本。价格研判是对商品价格波动情况进行研判。国家发展改革委《价格监测规定》《价格异常波动监测预警制度》要求价格监测管理部门加强价格信息研判，并规定当粮食、食用油、肉蛋等主要食品及副食品价格一次性涨幅超过5%，棉花、药品等重要商品及服务价格一次涨幅超过10%，以及出现其他市场异常波动征兆等警情。价格主管部门及其价格监测机构应密切关注市场动向，及时调查研究提出政策建议。价格规制水平决策的做出非常复杂，涉及很多行业主管部门、政府部门之间以及政府与市场主体之间的信息沟通、利益博弈，这些都需要耗费成本。因此，决策成本一方面是物价部门的运行成本，另一方面也包括所有参与决策的部门、市场主体、消费者所花费的时间和精力。

执行成本是在执行过程中，运用各种方式、手段所付出的成本，如经济手段、行政手段以及法律手段等。经济手段包括货币、税收、汇率、财政、投资、进出口、重要商品储备和价格调节基金等一系列措施。行政手段也多种多样，如财政支出中最低收购价格制度，占用了政府和收储企业较大的资金，增加了价格水平规制的成本。法律手段，如加强安全、质量、环保等执法力度等，尤其是为了环保，化解过剩行业产能，虽然很多企业拥有合法的生产资质，仍然依法对其淘汰产能进行了补偿，但花费了较大的成本。

监督成本发生在价格水平规制过程中，指为保证各部门和市场参与者按照既定的规制方案采取行动而付出的成本。价格水平规制形势复杂，监督难度和监督成本也较大。如对房地产价格水平规制的监督，有的是政府执行规制，政府监督规制实施，有的是企业执行规制，政府监督实施，同时，银行、媒体都有监督职能，也会花费一定的成本。

机会成本是价格水平规制决策的重要参考标准，虽然很难量化，但证明了价格水平规制的意义。价格水平规制是政府为了弥补市场之不足而采取的手段，政府为此放弃了服务大众的其他机会。政府可以将价格水平规制的费用投入到其他迫切需要发展的产业，以取得最大的收益，可以投入到更多的公共服务，提供更好的公共产品，如基础教育、医疗、就业等焦点领域，能够更好地服务群众，也可以投入到拆迁等社会矛盾突出的方面，从而更好地维护社会稳定。

5.3.2.2 价格水平规制的收益分析

一是稳定稳定宏观经济。价格水平规制为宏观经济平稳运行以及其他领域的改革做出了重要贡献。价格水平规制的收益主要表现为以下几个方面。稳定经济发展速度。改革开放以来，我国始终保持了较高的发展速度，甚至有一段时间经济发展速度出现所谓的"过热"情况，但由于始终对价格水平进行规制，我国宏观经济总体上一直运行在合理的区间。促进产业结构调整。通过价格水平调节，政府和市场逐步调整资源投入方向，为产业转型升级提供了较好的市场信号，引导产业结构有序调整。促进经济领域对外开放。与传统的以行政手段为主的价格水平规制相比，法制化、规范化的价格水平规制措施提高了我国价格管理的透明度，稳定了外资对我国经济的预期，同时有利于国内国际两种价格的逐步对接，为我国吸引外资发挥了较好的作用。

二是实现物价稳定。实现价格总水平或特定商品价格水平稳定是价格水平规制的直接收益。改革开放40多年来，我国在稳定商品价格水平方面进行了不懈的努力，初期多采用行政手段，但在经济急剧转型期间，价格水平规制成效并不明显。进入新世纪后，我国价格水平规制的手段越来越成熟，效果较为明显。一方面，通过建立和完善重要商品储备制度、粮食最低收购价制度、棉花目标价格制度以及进出口调节机制等，运用各种价格调控手段，应对价格异常波动，保持了价格总水平基本稳定，价格总水平规制的计划目标与实际结果偏离的情况得到了明显改变。另一方面，特定商品价格水平规制成效明显，特别是稻谷、小麦、棉花、玉米等价格稳定，为经济和社会稳定发展做出了重大贡献。

三是维护市场竞争。如果说物价保持稳定、经济发展平稳是价格水平规制的收益的外在表现，那么恢复价格机制调节功能，维护市场有序竞争，则是价格水平规制的内在要求。价格水平波动幅度超出预期是市场机制运行的结果，但市场参与者的地位并不完全相同，供需之间的谈判以及同行之间的竞争并不是公平的，特别是在供给方把持谈判格局的情况下，需求方的权利就无法得到保障。规制是一种约束，价格水平规制对于所有市场参与者的约束并不完全一致，虽然对需求方的约束是明显的，但相对而言对于供给方的约束力更大，特别是限价等措施的实施，一方面约束了市场强势一方的优势，使得其不能无限地使用其支配地位；另一方面直接抑制了强势一方的利益空间，为市场的可持续发展提供了空间。可以说，如同环境规制一样，正是由于约束的存在，才使得市场主体不敢滥用其优势地位，限制了市场参与者行为的负外部性，使得市场能够得以持续下去。

四是增进政治收益。价格水平规制的政治收益是十分明显的，这种收益可以通过很多途径反映出来。首先，促进了居民生活水平的提升。总体来看，价格水平规制的主要商品与人民群众的生活密切相关，如粮食、药品、住房等，因此，价格水平规制的一个重要出发点是为了降低居民的消费支出，直接降低居民生活成本，维持居民生活水平。其次，宏观经济稳定不仅能够稳定就业，而且能够促进社会稳定，有利于构建和谐社会。最后，价格水平规制是政府服务大众的重要途径，能够展示政府为人民服务的形象，能够拉近政府与人民之间的距离。总体来看，价格水平规制通过直接或间接地改善社会状况和人民的生活水平，改善政府形象，因而能够有效地增进政治效益。

5.3.2.3 价格水平规制的边际成本收益分析

边际分析的前提是基准数量的变化不是离散的而是连续的。由于价格水平规制的成本和收益变化非常复杂，按照前述标准很难看出边际分析是否适用于价格水平规制的成本和收益分析。因此根据个人主义方法论，可以将宏观的价格水平规制的边际成本收益分析转化为"个体分析"或"个量分析"，即分析特定商品价格水平规制下，市场参与者的经济行为的成本和收益边际效应。本书以房地产价格水平规制为例，分析购房者购房行为的成本和收益边际效应。

价格水平规制的边际收益分析。价格水平规制的收益体现为社会总福利（总效用）的增加，而增加的社会总福利由很多社会福利构成。在房地产价格水平规制背景下，每购买一次商品房带来的社会福利增长的量=交易成本下降的量+商品房价格下降的量+满足感。商品房的效用不仅包括物质上的满足，还包括精神上的满足。在一定的时间和区域内，人们拥有的商品房数量越多，商品房的交易成本越低，商品房的价格越低，同时商品房带给人们的精神上的满足感也越低，有效的价格水平规制下商品房交易所带来的社会福利增长的量呈下降趋势。由此可见，价格水平规制存在边际效用递减规律，即在价格水平规制情况下，每一次特定商品交易所增加的社会福利增量即边际效用是递减的①。

价格水平规制的边际成本分析。价格水平规制成本也可以分为固定成本和可变成本，固定成本是指决策成本，可变成本包括执行成本和监督成本。价格水平规制的边际成本也呈现出先递减后递增的性质。还是以房地产价格水平规制为例，在一定时间内，在外在条件不变的情况下，如果价格水平规制成本在所有商品房交易中分担，平均可变成本会呈现出规律性的变化：商品房交易量较少时，每一次交易所承担的成本较高，随着商品房交易量增加，每一次交易承担的规制成本逐渐降低；然而，随着商品房交易次数的增加，价格水平规制的可变成本——执行成本和监督成本也会逐渐增加，当可变成本增加到一定程度的时候，边际成本就会呈现上升态势。因此，价格水平规制的边际成本曲线也会呈现 U 型。

价格水平规制的边际效用最大化。根据边际效率递减规律，当某种商品的边际效用为零时，此时的总效用最大。在商品房价格水平规制过程中，随着拥有商品房的居民的数量增加，单位商品房交易带来的边际收益会稳步降低，但由商品房交易带来的社会福利却稳步增加，当单位商品房交易带来的边际收益为零时，商品房价格水平规制产生的社会福利最大。此时商品房交易分担的规制成本为零。继续扩大商品房交易规模就会使每次交易分担的规制成本大于每次交易带来的收益，从而减少社会福利。

5.3.3 我国价格总水平规制的效率分析

5.3.3.1 改革开放以来我国价格总水平的波动特征

改革开放 40 多年来，我国价格总水平波动存在 8 个明显的周期（见表 5-3），其中，较大幅度的波动出现 7 次，呈现出较为明显的特征（见表 5-4）。

---

① 高鸿业. 西方经济学 [M]. 北京：中国人民大学出版社，2004.

表 5-3　改革开放以来我国 CPI 波动周期划分及波动幅度

周期序号	起止时间	峰值/%	谷值/%	波动幅度
1	1978—1983	6.0	0.7	5.3
2	1984—1990	18.8	2.8	16
3	1991—1999	24.1	-1.4	25.5
4	2000—2002	0.7	-0.8	1.5
5	2003—2006	3.9	1.2	2.7
6	2007—2009	5.9	-0.7	6.3
7	2010—2014	5.4	2.0	3.4
8	2015—2018	2.6	1.7	0.9

以通货膨胀为主。7 次较为剧烈的价格总水平波动中，比较严重的通货膨胀发生了 5 次，而通货紧缩仅有 1 次。而且前 4 次价格波动几乎都是严重的通货膨胀（每年物价上升比例在 6% ~ 9%），其中，1988—1998 年这 10 年期间的价格波动尤为剧烈，1988 年、1989 年、1993 年、1994 年、1995 年分别为 18.8%、18.0%、14.7%、24.1%、17.1%，形成了飞奔的通货膨胀（每年物价上升比例在 10% ~ 50%）。通货紧缩发生在 1998—2003 年，最低值为-1.4%（1999 年）。总体来看，我国物价水平波动与经济发展速度有关，经济持续高速增长是我国价格总水平持续上升的根本原因，价格总水平波动周期与幅度与国民经济周期循环高度一致，呈现出正相关关系[①]。2012 年，我国价格总水平进入低速增长阶段，与我国经济进入新常态也有直接的关系。

波动发生频率前密后疏。1998 年，我国经济已经逐步摆脱"短缺经济"状态，开始更深入地融入世界经济，社会保障体制转轨。以此为界，可以看出改革开放前 20 年我国价格总水平发生波动较为频繁，20 年中共有 4 次，平均 5 年发生一次较大的价格波动；而 1998 年以来的 20 年真正意义上的价格波动仅有 1998—2003 年和 2007—2011 年两次，2012 以来价格总水平处于低位温和上涨状态。之所以出现这种情况，原因在于改革开放初期，我国经济处于"放"和"管"不断交替的状态，极大地影响了价格运行。1998 年以后，

① 郭利. 我国经济周期性循环中的价格总水平波动特征研究 [J]. 经济研究信息，2006（12）：10-18.

我国社会主义市场经济体制逐步建立完善，国家发展社会主义市场经济的意愿稳定，调控经济的手段更加成熟。

波动幅度呈下降趋势。根据"谷-谷"法来确定我国 CPI 周期波动的转折点。改革开放 40 多年来，我国 CPI 波动存在较为明显的 8 个周期，其中，2000 年以前经历了 3 轮周期，而 2000 以后经历了 4 轮周期。从表 5-4 中可以看出，总体来看，改革开放前期我国 CPI 波动幅度较为剧烈，表现为大起大落。此后波动幅度明显下降，虽然个别周期出现了较大的波动幅度，但总体上明显低于前期。从峰值来看，2000 年以前的峰值均较高，但 2000 以后峰值也明显低于前期。波动幅度下降，表明了我国经济的稳定性逐步增强。

表 5-4　改革开放以来我国 CPI 波动周期长度变化　　　　单位：年

周期序号	起止时间	周期长度
1	1978—1983	6
2	1984—1990	7
3	1991—1999	9
4	2000—2002	3
5	2003—2006	4
6	2007—2009	3
7	2010—2014	5
8	2015—2018	4

波动周期长度越来越短。改革开放以来，我国 CPI 周期长度不一，最长的达到 9 年，最短的仅有 3 年，平均约为 5 年左右。从趋势来看，我国 CPI 周期长度有不断变短的趋势，2000 年前的 3 次周期长度分别为 6 年、7 年、9 年，平均为 7.3 年；但此后的 5 次周期长度分别为 3 年、4 年、3 年、5 年、4 年，平均为 3.8 年，明显短于前期。但从 CPI 在高位或低位持续的时间则呈现出越来越长的趋势，根据表 5-4 所示的 7 次价格总水平较为剧烈波动情况来看，1998 年的 4 次价格波动幅度在高位延续的事件均在 1~4 年，但此后的 3 次波动在低位延续时间均在 4 年以上。这与 1998 年以后，我国价格影响因素更为复杂、国家调控价格的方式方法更为间接有关。

5.3.3.2 改革开放以来我国价格总水平波动的主要影响因素

社会总供求关系是影响价格总水平运行的根本原因。1996年以前，在短缺经济状态下，社会总需求急剧膨胀，导致了改革开放前期的价格总水平的几次较大幅度波动。此后，我国社会总供求发生了根本性的变化，总体上形成了供过于求的状况，导致了价格总水平低迷不振的状况。由于投资和出口的拉动，有一段时期出现了较大幅度的价格波动，但内需不足，价格总水平总体上处于温和上涨的态势，特别是2012年以来，受国内外宏观经济形势影响，我国价格总水平保持了较低的波动幅度，周期性不再明显。

供需结构失衡是影响价格总水平波动的又一基本因素。一是工业和农业产品价格失衡是价格总水平波动的重要原因，特别是改革开放前期，农产品价格改革成为触发价格总水平上升的重要因素。二是工业内部结构失调是导致价格总水平波动的原因之一，改革开放初期，由于轻工业价格首先放开，与农产品一起成为影响价格总水平波动的关键因素。20世纪90年代中期以后，我国再次加快了重工业化进程，原材料产业和能源产业价格集聚上升，成为影响我国价格总水平的关键因素之一。三是基础设施建设提速，特别是交通基础设施、城市建设和房地产开发速度的加快，更加造成了投资结构的不均衡，极大地影响了价格总水平。

内需水平变化是价格总水平波动的直接因素。从改革开放初期到20世纪90年代，随着家庭联产承包责任制的实行和国有企业改制的逐步开展，城乡居民收入明显增长，1991—1996年，我国城乡居民人收入均年增长超过20%，收入水平的高增长极大地扩大了消费需求，对价格总水平上涨起到了强烈的拉动作用。但1996年以后，居民收入增长明显放缓，不仅低于此前，而且低于同期GDP增速，快速的工业化、城市化在急剧增加社会财富的同时，也急速地拉开了收入差距且稀释了城乡居民的购买能力，从而导致价格总水平波动幅度明显下降[①]。

制度变迁是价格总水平波动的重要因素。一是国有企业改革，放开了国有企业的生产经营和定价权，极大地推动了价格波动；二是价格体制改革，

---

① 王双正. 改革开放以来我国价格总水平运行与调控分析 [J]. 经济研究参考，2007（51）: 9-19, 30.

从逐步放松部分商品价格管制开始，到价格"双轨制"，再到"价格闯关"，再到推动公共产品和服务价格改革，再到推动生产资料价格改革，我国逐步纠正被严重扭曲的价格体系，逐步形成了市场化的价格形成机制和价格传导机制，不仅导致了价格水平的明显波动，而且改变了价格水平波动的特征，1985 年和 1988 年国家调价引起物价上涨占全部涨价额的 45.5% 与 43.2%[①]；三是汇率制度改革，改变了我国货币的供给方式，极大地影响了商品进出口，进而影响了货币价值和市场总需求；四是深化对外开放，加入 WTO 后一些重要商品的价格逐步接轨国际市场，与国际市场价格发生共振，特别是国际粮食价格和国际市场资源类产品价格涨跌对国内价格总水平会产生较大影响[②]。

5.3.3.3　价格总水平规制的基本做法

改革开放以来，我国价格总水平规制在摸索中不断前进，从一开始以行政手段"急刹车"逐步调整为经济、法律手段的"慢刹车"，实现了从"一放就乱，一乱就抓，一抓就死，一死再放，再放再乱"的恶性循环，逐步过渡到"小起小落""软着陆"的良性状态。我国价格总水平规制的主要做法包括以下几个方面。

调整社会总需求。调节生产和需求是稳定价格总水平的最重要办法。在改革开放初期，由于国有经济占主导地位，因而经常采取控制国有企业投资计划和调节消费基金等方式。如，1985 年国务院决定此后两年各地投资规模维持在 1985 年的水平，同时，严格控制消费基金的过快增长，采取了征收奖金税和工资调节税，严格约束社会的购买力。虽然非公经济占到了我国经济的绝大比例，但调节社会总需求始终是我国价格总水平调控的重要手段，其中，最重要的是调控投资规模。固定投资的快速增长对价格总水平上升具有拉动作用[③]，投资驱动型的经济增长模式促使我国形成了"投资需求膨胀—经济过热—价格水平上涨—产能过剩—经济增长放缓—价格水平下降"这样一种循环性的价格水平波动机制，[④] 因而调控固定资产投资规模始终是我国调控

---

① 李慧中. 中国价格改革的逻辑 [M]. 太原：山西经济出版社，1998.
② 陈学彬. 我国宏观价格波动与控制机制探析 [J]. 价格月刊，1995 (2)：12-16.
③ 姚小清. 浅析投资价格变动与固定资产投资状况 [J]. 价格与市场，1996 (12)：18-19.
④ 李慧中，胡志平. 新中国 60 年稳定物价的政治经济学分析 [J]. 上海金融，2009 (9)：5-10.

供给的重要手段。与此同时，根据新的经济形势，我国在调节需求方面也做了一定的尝试，如建立最低工资制度，等等。

调整货币供给。频繁地使用财政和货币手段，是改革开放以来国家调控价格总水平的首要特征。如，在1982年，因为国民经济出现下滑趋势，国家就开始实行宽松的财政和货币政策，通过放松银根，增加有效供给。1984年，中央银行制度确立，标志着我国开始实施真正意义上的货币政策。与此同时，高度重视财政手段的实施，如1988年，针对过热的经济，在收紧银根的同时，采取紧缩的财政政策，紧缩中央财政开支，化解需求膨胀。总体来看，改革开放初期货币政策和财政政策形成了"松—紧"循环，而且急刹车式的"双紧"政策很容易造成市场流动资金的紧缺，调控的效益逐步下降。2000年以后，货币和财政政策虽然仍然作为配套实施的措施，但在力度上却不再完全一致，如2010年采取的就是积极的财政政策和适度宽松的货币政策。近年来，我国财政和货币政策进一步健全，财政和货币政策更为积极稳健，避免了忽松忽紧的货币供应造成的新的经济问题。

调整价格结构。我国价格改革初期的核心目标就是形成较为合理的价格结构，1984年以后的目标是建立市场化的价格形成机制和灵敏的价格调节机制。改革开放初期，国家先后进行了6次大规模的价格结构调整，重点是大幅度提高农副产品、化肥、煤炭、水泥等商品价格。20世纪90年代，国家对粮食、生产资料等重点产品价格又进行了结构性调整。进入21世纪，虽然我国已经逐步形成了市场化的价格形成机制，且商品价格结构已经较为合理，但仍然没有放松对重点商品价格的监管，价格结构调整仍是价格水平调控的重要内容，一方面，国家进一步推动推进煤电油气运等生产要素价格改革；另一方面，国家继续高度重视房地产、粮食、药品等与民生密切相关或影响价格水平波动的关键商品的价格调控和管理。

加强物价调控和管理。20世纪80年代末、90年代初，建立和完善价格宏观调控体系成为价格体制改革的重点。《中华人民共和国价格法》虽然确立了以经济和法律为主的价格水平调控体系，但仍然肯定了行政干预的地位和作用。事实上，直到20世纪90年代初，我国价格水平调控的主要手段仍然是行政手段，如为了治理1987—1991年的通货膨胀，国家采取一系列强化价格管理的措施：实行物价管理目标责任制，把物价控制目标分解到省、地

（市），并作为各级政府考核的重要依据；出台措施严格控制涨价；加大对重点能源、原材料和主要农业生产资料价格的整顿和管理，实行最高限价；大力整顿流通领域价格，对已放开价格的产品，不少城市实行提价申报的方法予以控制。直到现在，行政手段仍然是价格水平规制的重要手段，如为了防止商品房价格过快上涨，各地都加强了住房销售价格监管工作，很多地区实行商品房销售价格备案制度，要求商品房公示价和实际售价均不得高于备案价。

当然，价格总水平规制是一项非常复杂的工作，单靠某一种手段无法达到目标，一般是多管齐下，综合施策。除上述几个重要手段外，税收、进出口、汇率等手段也是经常采用的办法，见表5-5。

表5-5　改革开放以来价格总水平波动及应对措施

	时间	CPI 峰值	触发价格波动的主要原因	主要影响	应对措施
1	1979—1980 年	6.0%	较大幅度提高粮食、棉花等18种主要农产品收购价格；新建和续建120个大型项目，基建投资相当于过去28年的总和，严重脱离实际情况；调高部分城镇职工工资，使得职工工资总额有了较大幅度增加	财政赤字严重，外贸赤字扩大，外汇储备迅速下降	压缩基础建设，收缩银根，管制物价
2	1984—1987 年	8.8%	财政"放权让利"、投资审批权限放宽、拨改贷，价格"双轨制"，货币年增量猛然扩大，基建规模扩张，货币化工资改革，社会消费扩大，发行大面额钞票	经济过热、技改投资扩大，经济发展不协调	削减投资规模，加强物价监管，严格信贷规模管理
3	1988—1989 年	18.8%	价格改革"闯关"，双轨制价格并轨，放开粮食等生活必需品，未形成有效的价格约束	工农业比例失调较为严重，工业内部比例关系失调更加突出，抢购生活必需品，银行挤兑，消费品价格飞涨	暂停价格"闯关"，严厉紧缩财政、信贷，且力度较大

表5-5(续)

	时间	CPI 峰值	触发价格波动的主要原因	主要影响	应对措施
4	1992—1996 年	24.1%	价格市场化改革，提升工资，对外开放，人民币贬值，开发区房地产热升温，投资规模猛涨，金融领域乱集资、乱拆借、乱设金融机构，货币供应量增长，重工业化进程加快推进，农业自然灾害，外汇体制改革	恶性通胀，煤电油运等基础产业负担加剧，钢材等生产资料价格急剧上涨，金融秩序混乱	调控手段增强，紧缩货币和财政、保值储蓄、整顿金融秩序、实行分业经营
5	1998—2003 年	-1.4%	整个国民经济逐步摆脱了传统计划经济时期的"短缺经济"状态，社会保障体制转轨，企事业单位改革，就业教育和住房体制改革，经济体制改革，居民增加储蓄、减少消费；征收个人所得税，通缩性货币政策，投资管制，行政性产业结构调整，环保政策强化，出口下降，垄断商品价格上涨	投资规模缩减，泡沫破灭，流通货币减少，居民收入下降，产品供大于求，企业负债增加，效益下滑，盲目过度竞争	积极的财政政策，改革住房制度，积极加入WTO，引进外资，发展汽车行业，赋予民营企业出口自主权，调整税率，降低存款利率和存款准备金率
6	2007—2011 年	5.9%	信贷投放的超常规增长；房地产吸引了大量资金；劳动力、土地资源等成本上升；若干发达经济体采取量化宽松的政策，导致国际大宗商品价格的上涨；国际粮食石油等初级产品价格持续上涨，国际收支持续大幅顺差导致货币供应增加，农副产品价格居高不下	经济过热，房地产价格迅速上升，生产成本快速上涨	对内上调准备金率、对外加快人民币升值

表5-5(续)

	时间	CPI 峰值	触发价格波动的主要原因	主要影响	应对措施
7	2012—2018 年	2.6%	工业需求不强,国外市场萎缩,农业生产稳定,房地产价格涨幅稳定	经济增速逐季回落,消费品价格高位运行,外贸顺差减少,消费品增速回落,投资与消费关系失衡,收入分配差距较大	稳定价格,提高存款准备金率和利息,下调关税,控制融资平台贷款,调控房价,增值税试点,推进境外投资,消费品补贴

5.3.3.4 价格总水平规制的成效

我国现有价格行政执法机构 3 000 多个,执法人员 3.5 万名;2008—2018 年国家发展改革委出台的价格法律法规、规范性文件就达到 375 个,平均每年近 40 个;此外,还不算其他经济和行政手段的直接投入,国家为稳定价格总水平付出了巨大代价。但仅仅从价格总水平计划目标与实际执行成果来看,价格总水平规制的效率并不明显。其中,1989—1999 年实际执行结果与计划目标之间的偏差较大,2000 年以后除个别年份外,二者之间的偏差明显缩小。

2000 年价格总水平计划目标与实际执行结果出现较大偏差的根本原因在于当时我国经济正处于激烈的转轨时期,不确定因素较多,此外主观上还存在宏观调控经验不足、调控手段不完善等;社会总供需极度不平衡,经济运行经常大起大落,不容易预测;与价格总水平调控相配套的各种机制还未完善,如对货币、汇率的传导机制了解不深等;政策执行不到位。此外,还存在一些技术方面的因素,如对价格的"时滞"规律认识不够,使用的价格指数不科学,等等[1]。2000 年以后计划执行效果较好的根本原因在于供需关系逐渐平衡,政府对宏观经济运行的规律有了更好的认识和把握,宏观价格调控水平较以前有了较大提升[2]。1978—2018 年价格总水平规制计划与效果见表 5-6。

---

① 许光建. 论价格总水平目标的选择与确定 [J]. 价格理论与实践, 1997 (6): 29-30.
② 王双正. 改革开放以来我国价格总水平运行与调控分析 [J]. 经济研究参考, 2007 (51): 9-19, 30.

表 5-6　1978—2018 年价格总水平规制计划与效果①

年份	CPI/%	
	计划目标	实际波动幅度
1978	—	0.7
1979	—	2.0
1980	—	6.0
1981	—	2.4
1982	保持物价基本稳定	1.9
1983	—	1.5
1984	—	2.8
1985	—	8.8
1986	—	6.5
1987	—	7.3
1988	—	18.8
1989	CPI 上涨幅度明显低于上年	18.0
1990	CPI 上涨幅度低于上年	3.1
1991	—	3.4
1992	—	6.4
1993	6.0	14.7
1994	10.0	24.1
1995	15.0	17.1
1996	—	8.3
1997	—	2.8
1998	5.0	−0.8
1999	4.0	−1.4
2000	CPI 保持或略高于上年	0.4
2001	1.0~2.0	0.7
2002	1.0~2.0	−0.8
2003	1.0	1.2

① 数据来自历年政府工作报告和统计年鉴，1978—1985 年居民消费价格指数用全国商品零售价格指数代替.

表5-6(续)

年份	CPI/%	
	计划目标	实际波动幅度
2004	3.0左右	3.9
2005	4.0	1.8
2006	3.0	1.5
2007	3.0	4.8
2008	4.8	5.9
2009	4.0	-0.7
2010	3.0	3.3
2011	4.0	5.4
2012	4.0	2.6
2013	3.5	2.6
2014	3.5	2.0
2015	3.0	2.6
2016	3.0	2.1
2017	3.0	1.7
2018	3.0	2.1

·208·

从社会福利的角度来看，改革开放以来我国价格总水平规制非常有效。国家发改委将价格总水平规制的贡献概括为"一个关键，四个促进"，其中，"一个关键"指的是关键作用，就是价格体制改革是我国市场经济体制改革的关键，在经济转轨过程中发挥了关键作用。"四个促进"是指：促进了资源配置优化，提升了资源配置的效率；通过运用各种价格调控手段，有效应对价格异常波动，促进了宏观经济健康平稳运行；通过稳定商品价格，有效促进了商品和服务供给治理和效率的提升，促进了人民生活水平改善；规范化、法治化的价格管理机制提高了价格政策的透明度，有力地促进了对外开放①。

---

① 国家发展改革委价格司. 中国价格改革的成就与经验（1978-2018年）［J］. 价格理论与实践，2018（12）：17-21.

6 研究结论与对策建议

本书尝试运用交易成本理论和成本—收益分析法,从经济学的角度对竞争性商品价格规制的合理性、必要性进行理解,并评估现有竞争性商品价格水平规制的效率。这种尝试有益于为加深对价格机制内在规律的认识提供一些视角,增进了对价格机制在竞争性商品领域的运行规律认识,并对进一步完善相关制度和措施提供了可供参考的启发。

6.1 基本结论

6.1.1 交易成本决定了价格机制运行效率

在理想的完全竞争市场里,价格总是被视为一种应激反射的结果:市场参与者对市场供求关系变化的灵敏反应的结果。因此,在完全竞争条件下,价格机制总是被描述成"灵敏"的,其暗含的意思包括:时间极短,能够迅速实现信号变化;能够反映市场供需的微弱调整;价格信号的变化和价格信号的传递过程是低成本甚至是零成本的;所有的市场参与者都具有充分捕捉价格信号的能力。因而,价格机制能够自发而灵敏地调节竞争性商品的供需,并使之达到均衡。因此,完全竞争市场排斥政府干预,将政府视为一种增加交易成本的因素,反对政府的价格行为。

然而,价格机制的这种"灵敏性"是相对的。除了各种人为的制度性成本以及投机行为外，市场信息的获取、传输、存储、加工、利用和反馈都需要付出大量的物质和非物质成本，这些成本（也是交易成本）决定了价格机制的运行效率，进而决定了市场交易效率：成本较低，价格机制运行效率越高，即对市场交易调节的效率越高，市场交易效率越高；随着成本的上升，价格机制运行效率就会逐步降低直至失灵，市场交易的效率也会越来越低，甚至停滞，此时的价格只是一种信号，与现实的市场供需无关。

交易成本来自价格机制运行的不同环节，对不同环节的作用方式和作用结果也不相同。

在价格形成机制中，交易成本受各种因素影响，但主要是由市场交易者的定价行为决定，当交易双方特别是供给方的定价行为、谈判策略被投机主义支配时，彼此均需要付出较高的成本去收集、研判信息并需要具有较高的谈判艺术，这种情况下形成真正交易的成本较高，市场难以均衡，也难以形成稳定的价格信号。相反，当交易双方彼此能够提供较为充分的信息，释放较为准确的意图，交易成本就会极大地降低，较为容易形成稳定的价格信号。

在价格调节机制中，交易成本主要受机会成本不明确影响。我们将价格调节功能的实现过程视为一定的价格信号下的市场参与者的一系列的决策过程，这一决策过程不排除交易双方因素的直接影响，但更重要的是受市场环境的不确定以及因专业化等因素造成的不确定性影响。市场环境越不确定，决策的机会成本就越不确定，市场参与者很难找到新的准确的决策参考对象，当这种不确定性达到一定程度时，决策成本就会无限增大。在此情况下，就会出现"延迟决策"现象，即供给双方均可能做出延迟进入或退出交易的决定，供需关系调整的速度就会下降。价格调节市场供需的效率同样取决于市场参与者的决策成本，即判断机会成本的成本。

6.1.2 竞争性商品价格需要适度规制

根据上述结论，我们可以得出这样的推论：根据交易成本理论，竞争性商品与非竞争性商品的区别在于，价格机制能够以较小的成本实现对前者供需的调节，后者则相反。由此可以看出，竞争性商品和非竞争性商品之间并非存在天然的鸿沟，相反，二者的界限并不是很清晰。实践中，各国对二者的理解也不一致，对非竞争性商品所涉领域的划定各不相同。因此，并不应以是否是竞争性商品来确定是否适用价格规制，而是应以价格机制运行成本高低与否来确定，因为价格机制运行成本高低除了与商品自身的属性有关外，还受其他很多外部因素影响。

因此，竞争性商品不应该拒绝政府对其进行价格规制。从政府的角度来看，导致竞争性商品价格规制的原因主要有两种：积极的原因和消极的原因。前者是指政府在综合研判某种商品价格波动情况后主动提供的价格规制服务；后者则是在利益诱导下，市场参与者主动请求政府对商品价格进行规制。竞争性商品价格规制的方式和内容也可以大致分为激励性的和限制性的，前者是通过利益诱导的方式引导市场参与者按照政府的意图行动；后者则是通过禁止或限制市场参与者采取某些交易行为，避免价格机制失灵。当然，无论是竞争性商品还是非竞争性商品的价格规制都应该建立在尊重价格机制的基础之上，即应该以恢复市场价格机制的功能为目标，并尽量减少对市场机制的干预。

影响价格规制供给的因素较多，除了竞争性商品本身的属性外，最重要的包括三个方面：政府的意愿和能力，这里的意愿既指政府通过科学研判做出的决策，还指政府是否坚持某种指导行为的价值观，如是否绝对相信市场的力量，是否站在某个利益集团一边等，而能力则是是否具备制定和执行价格规制的经济、人才、技术等条件；价格规制的成本，即价格规制的成本及其预期的成效；现有制度特征，既有的各种制度和政策也如同"沉淀成本"一样影响新的制度和政策的制定和实施。因此，竞争性商品价格规制一般采取的是一种温和的方式并渐进地推动，极少采用限价等极端措施。

6.1.3 竞争性商品价格规制的核心是降低交易成本

价格规制在价格形成机制和价格调节机制中的作用逻辑并不完全相同，但其核心都通过适当的规制有效降低价格机制运行成本，恢复价格机制的自发调节功能。

政府规制对价格形成机制的调节一般通过对价格行为规制体现出来。通过规范市场主体的价格行为，有效形成商品价格，维护公平竞争的市场秩序。价格行为规制主要从以下几个方面降低价格形成成本：降低信息费用，如通过要求交易双方对商品进行明码标价、公布产品效能等，使市场参与者的私人信息变成公开信息，能够有效降低信息搜集和处理成本；降低谈判成本，通过限制垄断价格、价格欺诈等不正当价格行为，能够有效减少价格形成过程中的机会主义影响；降低风控成本，一方面较为充分的信息和较少的投机行为降低了交易的风险，另一方面通过规制能够极大地提高不正当价格行为的成本，进而能够减少合同履行过程管理和交易风险控制成本；降低非市场交易成本，政府规制有效提高了价格管理法制化、规范化水平，减少了繁文缛节、廉洁成本等非交易成本。

价格水平规制通过政府之手为交易双方提供较为充分的市场信息，降低市场环境和决策机会成本的不确定性，降低决策成本，进而提高市场参与者的决策效率，减少"延滞决策"的发生，提升市场参与者进入或退出市场的效率，最终恢复价格的调节功能。总体来看，价格水平规制是通过两个环节实现其目标：一是改善市场信息供给，改变市场环境中的不确定因素；二是调整市场信息的传递渠道，为市场参与者提供较为权威和统一的信息传递渠道，让更多的市场参与者及时获得较为确定的信息。如此，价格水平规制通过降低市场信息的不确定性，逐步恢复价格信号的灵敏性。

总体来看，价格规制的着力重点是信息供给和机会主义。其中，改变作为交易桥梁的信息供给更为重要，信息是否充分、及时、全面决定着价格机制运行成本的高低，进而导致社会福利的增加或减少。信息的作用在市场参与者决策中尤为突出，信息的不确定性是决策成本存在的直接原因，要使得决策成本降低必须通过改善信息供给推动不确定型决策向确定型决策转变。目前，政府对价格机制中的机会主义影响的关注不够多，但在价格形成过程中，投机行为可以视为一种信息策略——垄断信息或释放有限信息、传递错误信息，在实现信息优势一方利益的同时，极大地增加了信息弱势一方的信息获取和研判成本。因此，要降低价格机制运行成本必须通过政府行为减少价格形成过程中的机会主义行为。

6.1.4　竞争性商品价格规制应将"效率"作为效用评估标准

政府在干预经济方面有着独特的优势[①]，除意愿和能力外，决定政府是否

---

① 诺斯. 经济史中的结构与变迁 [M]. 陈郁，罗华平，译. 上海：上海人民出版社，1994：210.

对某种竞争性商品价格进行规制的因素还包括规制成本和预期效用，即规制是否有"效率"。此处的"效率"具体指是否有利于克服市场失灵、实现社会福利最大化，特别是后者。竞争性商品价格规制的根本目标不是实现个别交易者的利益，而是促进社会福利最大化，只有当规制的效用大于规制的成本时，社会福利才会增加，规制才是有效的。无效率的规制是不必要的，也是不正义的。

但效率作为一种评价标准，并不否定稳定、安全、公平、正义等标准，相反，法经济学认为这些标准和效率是一致的，是能够通过效率表现出来的。因此，评价竞争性商品价格水平规制效率应该采用卡尔多-希克斯效率标准而不是帕累托效率标准，一方面因为前者更符合社会现实，另一方面"假想补偿原理"更具有实践意义，而后者则不具有这些品格。具体可以运用成本—收益分析法对竞争性商品价格规制的效益进行分析，当总收益能够弥补规总成本时，规制就可以被视为是有效的。

无论是价格行为规制还是价格水平规制，其成本主要都包括决策成本、执行成本、监督成本和机会成本，其中，决策成本主要包括价格监测、价格研判、决策谈判成本，是决定是否开展规制以及选择何种规制方案所形成的成本；执行成本，是指政府运用经济、法律和行政手段时的物质和非物质投入，其中最重要的是物质投入；监督成本，指在价格水平规制过程中，为保证各部门和市场参与者按照既定的规制方案采取行动而付出的价值牺牲，在价格行为规制中，监督成本还包括司法成本；机会成本，不是实际发生的成本，但机会成本却是价格水平规制决策的重要参考标准。

竞争性商品价格水平规制的收益在价格行为规制和价格水平规制中表现并不完全一致。从短期来看，前者更多地表现为当事人的收益，即减少不正当价格行为给市场参与者带来的损失，但由于价格行为规制改变的是信息供给，维护了市场的正常秩序，实现了市场的长期可持续发展，因而其收益也表现为社会福利的增加。价格水平规制更多的是一种宏观的调控行为，其收益直接表现为物价水平的平稳适当、宏观经济的稳定发展、市场主体的有序竞争、社会状况的和谐稳定，这是一种更宏观的、更长远的补偿，体现了卡尔多-希克斯效率的精神。

本书经过分析发现，竞争性商品价格规制成本和收益呈现出边际效应规律，一方面当政府对某种竞争性商品价格进行有效规制时，这种商品的每一次交易所增加的社会福利或对某种不正当价格行为处理所带来的社会福利是递减的，符合边际递减规律；另一方面，随着交易活动的增加或价格执法活动的增加，某种商品价格规制的边际成本或执法的边际成本呈现出先递减后递增的规律。因此，竞争性商品价格规制也存在最优选择，即价格规制边际收益为零时的制度安排就是最优的。

6.2　存在问题

改革开放 40 多年来，我国价格体制改革取得了长足的进步，价格规制效益十分明显，特别是竞争性商品价格规制，已经成为中国特色社会主义市场经济体制建设的突出成果之一。然而现有的竞争性商品价格规制并不完善，根据效率的标准，如果一项制度或行为降低价格规制成本不明显、降低价格机制运行成本不明显或社会福利增加不明显，就可以认为需要进行改进。目前我国竞争性商品价格规制存在的不足主要体现为以下几个方面。

6.2.1　成本过高——不利于降低价格规制成本

目前，竞争性商品价格规制的成本过高，主要表现为价格规制的各种投入太大，不利于社会福利的增长，具体表现为如下几点。

价格调控成本总量大。我国是大国，几乎每一项全国性价格政策的实施都要付出巨大的成本。以大豆目标价格补贴为例，2013 年，我国大豆临时收储价格为 4 600 元/吨，而进口完税成本为 4 060 元/吨，比国内临时收储价格低 540 元。为了改变这种状况，2014 年财政部出台了《关于大豆目标价格补贴的指导意见》（财建［2014］695 号），规定对内蒙古、辽宁、吉林、黑龙江省（区）大豆实际种植者进行目标价格补贴，当年大豆目标价格为 4 800 元/吨。为兑现这一政策，2016 年中央财政拨付大豆目标价格补贴资金601 077万元，其中内蒙古自治区 96 881 万元、辽宁省 14 112 万元、吉林省27 840万元、黑龙江省 462 244 万元。除此之外，对稻谷、小麦、棉花等产品的补贴每年都需要付出巨大的成本。

部门工作协同成本大。政出多门、职能不集中是造成价格规制成本居高不下的重要原因,如涉及不正当竞争的部门就有发改、市场监管、商务、海关等;涉及市场监管的有发改、商务、市场监管等;涉及价格监管的部门有发改、审计、财政、商务、市场监管、卫计委等部门,部门之间协调难度较大,工作协调成本较高。此外,还存在工作职能交叉等问题,根据 2013 年《国务院办公厅关于继续做好房地产市场调控工作的通知》要求,执行房地产价格调控的部门包括住房城乡建设、公安、民政、税务、国土、人民银行、人力资源社会保障、发展改革、金融、统计、工商等 10 多个部门,要实现这些部门力量协同,需要付出巨大成本。

价格规制处理周期长。以房地产为例,为了抑制 2000 年以来房地产价格水平持续走高的态势,国家进行了长期的、艰苦的调控,先后出台了上百个调控政策文件,其中由国务院办公厅出台的综合性文件就超过 10 个,而且措施一次比一次严格。此外,不正当价格行为处理的程序非常复杂,流程非常长。2014 年《价格违法行为举报处理规定》规定,"价格投诉应当自受理之日起 60 日内办结,并告知消费者。"但实践中有的案件会拖很长时间才予以解决,耗费了大量的人力物力。正常的价格违法行为处理或价格行政处罚的环节均超过 10 个以上,每一个都要耗费一定的人力物力和时间精力。国务院出台的控制房地产价格的相关文件见表 6-1。

表 6-1　国务院出台的控制房地产价格的相关文件

出台时间	文件名称	文号
2003 年	国务院关于促进房地产市场持续健康发展的通知	国发〔2003〕18 号
2005 年	国务院办公厅转发建设部等部门关于做好稳定住房价格工作意见的通知	国办发〔2005〕26 号
2006 年	国务院办公厅转发建设部等部门关于调整住房供应结构稳定住房价格意见的通知	国办发〔2006〕37 号
2007 年	国务院关于解决城市低收入家庭住房困难的若干意见	国发〔2007〕24 号
2008 年	国务院办公厅关于促进房地产市场健康发展的若干意见	国办发〔2008〕131 号
2010 年	国务院办公厅关于促进房地产市场平稳健康发展的通知	国办发〔2010〕4 号

表6-1(续)

出台时间	文件名称	文号
2010 年	国务院关于坚决遏制部分城市房价过快上涨的通知	国发〔2010〕10 号
2011 年	国务院办公厅关于进一步做好房地产市场调控工作有关问题的通知	国办发〔2011〕1 号
2011 年	国务院办公厅关于保障性安居工程建设和管理的指导意见	国办发〔2011〕45 号
2013 年	国务院办公厅关于继续做好房地产市场调控工作的通知	国办发〔2013〕17 号
2015 年	国务院关于进一步做好城镇棚户区和城乡危房改造及配套基础设施建设有关工作的意见	国发〔2015〕37 号
2016 年	国务院办公厅关于加快培育和发展住房租赁市场的若干意见	国办发〔2016〕39 号

应该看到的是，竞争性商品价格规制成本高低是相对而言的，既可以指总量，也可以指具体规制行为的成本。在我国，由于经济活动规模大，且不同区域情况不同、发展水平不同，竞争性商品价格规制面临的情况更为复杂，更为棘手，付出更多的成本也是在情理之中。值得指出的是，竞争性商品价格规制的成本高低在时间上也具有相对性，为了价格规制而进行的短期高额投入很可能在将来能够以现金的方式得到补偿，如为了稳定粮价而进行的最低收购，通过出售粮食就可以有效地补偿成本。总而言之，竞争性商品价格规制的成本是短期的、刚性的，但收益却是长期的、缓慢显现的，因而不能就成本高低做出是否应该对竞争性商品进行规制的判断。

6.2.2　效率较低——不利于降低价格机制运行成本

效率较低是指现有的部分制度和因素安排对于降低价格机制运行成果有限。造成这种情况的主要原因在于：现有的措施并不明显改变市场信息供给，也不能明显地减少价格形成中的投机行为。其主要表现在以下几个方面。

价格规制体系不协调。这一点主要表现为价格法律内容之间的矛盾和冲突，特别是有关不正当价格行为的规定，不同的法律有不同的要求。如，《中华人民共和国价格法》规定县级以上人民政府的价格主管部门负责监督检查经营者的不正当价格行为，但《中华人民共和国反不正当竞争法》则规定由县级以上政府的工商管理部门负责。两个部门的职能不同，对法律规定的解释和处理方式也不同，如对于价格误导行为，价格主管部门将其视为价格欺诈，属于违法行为；而工商部门（现在改为市场监管部门）定义为虚假宣传，是一种违规行为，只需接受行政处罚。此外，现有的法律对经营者的自主定价权的规定过于原则，没有更进一步的评估细则，因而很难操作。价格规制体系之间的不协调，部分规定缺乏操作性，为市场交易中的机会主义留下了很大的空间。

关键法律未能与时俱进。《中华人民共和国价格法》自起草至今已经30多年，自出台至今已有20多年，我国经济环境已经发生了巨大变化。《中华人民共和国价格法》开始起草于1989年，当年的GDP为17 179.7亿元；出台于1997年，当年的GDP为79 715.0亿元，经济活动规模较小，与现在不可同日而言。2018年我国GDP超过90万亿元，经济活动总量规模要比30年前、20年前复杂得多，如对外贸易的急剧扩张、工业化城镇化对经济结构的改变、电子商务的蓬勃发展等。随着信息技术的发展，价格行为所表现的多样性和复杂性前所未有地增加，对竞争性商品价格规制的内容和方式方法均提出了前所未有的挑战，如缺乏兜底条款、司法解释不一致、价格监管权的司法审查、价格暴利的标准、违规使用强势地位等，都需要进一步予以补充和修订。

价格规制能力有待提升。截至2017年年底，我国97%的商品和服务实现了市场价格形成，由市场调节价格，但价格主管部门本身能够使用的经济手段较为有限，只能通过协调其他部门实现调控，协调难度较大，决策时间往往很长。此外，价格行为规制的法律手段不足，由于价格法律体系未能与时俱进地予以修订，因而很多纠正不正当价格行为的法律规定还很不健全，缺乏可供操作的细则。因此，我国价格规制的手段还有很大一部分为行政手段，不仅于法无据，也不符合市场经济发展需求。实践中，影响价格规制能力提升的另一个现实原因是基层价格主管部门人手有限、权力有限，执法人员素质低下，特别是县一级价格主管部门始终面临着检查难、处理难的问题。

价格信息服务能力不足。改善市场信息供给，降低信息成本，提高市场参与者决策效率，是竞争性商品价格规制，特别是价格水平规制的重要任务。

但在实践中，由于不同的市场参与者对市场信息接收的渠道、方式均不相同，用统一的、简单的价格信息发布方式无法满足所有的市场参与者的价格信息需求。如农民最大的信息来源是电视，但现有的农产品价格信息发布主要通过网络和报纸，供给和需求之间存在错位，很大程度上影响了农产品价格信息服务的效果，政府进行价格规制的信息也很难及时传导给相关人员。

6.2.3 规制失灵——不利于或有损社会福利增加

竞争性商品价格规制是对价格机制失灵的补救，但价格机制失灵与价格规制有效性并不是等价的命题，作为一种前提，价格机制失灵并不必然得出价格规制有效，政府对市场的补救的有效性并不是无限的。实践中，竞争性商品价格水平规制失灵是最常见的，近年来棉花、药品、房地产等商品的价格规制的直接效果都十分有限。

以棉花为例，自 2007 年以来，国家就实行了棉花等农产品的临时收储政策，当新疆等主产区棉花市场价格低于临时收储价格时，国家对其进行保价收购。这种临时收储制度虽然稳定了主产区棉花生产，稳定了国内棉价，但对于增进社会福利的效果有限。由于国际棉价持续走低，对国内棉花价格进行直接的价格支持导致了国内棉价始终在高位运行，且高于进口棉价，2013 年，我国棉花临时收储价格为 20 400 元/吨，而进口完税棉花成本约为 15 580 元/吨，比国内临时收储价格低 4 420 元。由于这种差价的存在，使得国内的棉花收储企业不愿意入市收购，最后只能由国家收储，一方面增加了国家收储压力，另一方面由于国内、外产业链上下游价格关系扭曲，棉花质量下降，导致整个棉花乃至棉制品市场活力减弱。由于对棉花临时收储实际上是一种财政转移支付，并没有导致更多价值的生产，因而对于增加社会福利意义并不大。

房地产价格规制的成效也不明显。1998 年取消福利分房以来，在加速房地产市场化进程的同时，商品房价格过快增长等问题也逐渐暴露，为此，自 2004 年以来，国家频频出台各种政策调控房价。总体来看，2004 年以来的房价调控可以分为 4 个阶段：2004—2008 年、2009—2010 年、2010—2016 年、2017 年以来，且 2008 年以后的调控手段越来越严厉，但除 2008 年受国际金融危机影响房价小幅下调外，2009 年以来房价一直保持稳定增长，2016 年掀起了热潮。2017 年开始，国家开始以严格的行政手段进行干预，房地产进入"六限时代"，即限购、限贷、限价、限售、限商、限签，房价增速环比有所下降，但仍处于高位运行。从 2018 年 12 月 70 个大中城市新建商品住宅销售价格指数来看，与 2015 年相比，除锦州价格指数上涨低于 10 外（9.8），其他 69 个城市 3 年内房价均呈现较快增长，其中，30 个城市涨幅超过 30%，14 个城市涨幅超过 40%，合肥和厦门更是超过 50%。总体来看，2004 年以来的房地产价格水平规制的效果并不明显，与调控目标相去甚远。2018 年 12 月 70 个大中城市新建商品住宅销售价格指数见表 6-2。

表 6-2　2018 年 12 月 70 个大中城市新建商品住宅销售价格指数[①]

城市	环比	同比	定基	城市	环比	同比	定基
	上月 = 100	上年同月 = 100	2015 年 = 100		上月 = 100	上年同月 = 100	2015 年 = 100
北京	101.0	102.3	138.1	唐山	100.0	113.1	122.6
天津	100.1	101.7	130.8	秦皇岛	101.6	117.4	131.9
石家庄	102.5	114.9	142.2	包头	100.0	111.4	116.3
太原	100.9	111.2	124.4	丹东	101.9	117.1	119.1
呼和浩特	101.9	121.0	129.9	锦州	102.3	112.6	109.8
沈阳	100.5	112.7	129.5	吉林	100.7	112.6	122.1
大连	100.9	114.4	126.3	牡丹江	100.9	111.7	116.5
长春	101.1	111.8	125.9	无锡	99.8	105.2	140.8
哈尔滨	100.5	114.4	130.0	扬州	100.4	113.4	136.0
上海	100.6	100.4	146.4	徐州	101.0	117.6	141.1
南京	99.9	100.7	147.4	温州	100.3	101.9	115.8
杭州	101.1	105.6	140.5	金华	99.8	104.5	124.0
宁波	99.8	106.1	128.1	蚌埠	100.6	107.7	126.3
合肥	100.4	104.2	154.8	安庆	100.5	109.0	122.9
福州	100.3	108.5	139.2	泉州	99.9	101.5	112.4
厦门	99.6	99.6	151.2	九江	100.9	109.8	131.8

①　数据来自国家统计局网站.

表6-2(续)

城市	环比	同比	定基	城市	环比	同比	定基
	上月＝100	上年同月＝100	2015年＝100		上月＝100	上年同月＝100	2015年＝100
南昌	100.5	109.3	135.6	赣州	100.9	107.5	124.9
济南	100.7	115.9	140.9	烟台	101.5	113.5	129.2
青岛	101.2	113.3	133.4	济宁	101.1	112.6	123.0
郑州	100.3	109.4	142.3	洛阳	101.0	111.0	126.0
武汉	101.3	110.8	143.9	平顶山	100.7	108.0	119.7
长沙	100.4	111.1	140.0	宜昌	101.1	112.9	128.4
广州	103.0	108.3	149.3	襄阳	101.4	114.1	122.8
深圳	100.4	100.1	145.9	岳阳	99.8	108.5	123.3
南宁	101.6	108.9	134.2	常德	101.0	110.7	123.0
海口	101.4	122.1	137.5	惠州	100.2	103.9	135.9
重庆	100.8	111.6	132.1	湛江	100.7	107.7	125.4
成都	101.3	112.7	139.0	韶关	99.8	105.4	122.7
贵阳	100.6	118.8	137.5	桂林	100.4	108.2	121.4
昆明	100.9	116.6	132.6	北海	100.6	111.8	131.5
西安	101.1	122.4	148.5	三亚	100.2	115.7	145.3
兰州	100.9	110.8	120.9	泸州	100.2	111.8	122.3
西宁	101.4	112.0	119.6	南充	100.0	114.0	125.3
银川	100.8	109.2	114.6	遵义	100.7	113.8	123.3
乌鲁木齐	100.4	109.8	115.0	大理	101.8	118.8	128.3

　　价格规制失灵的原因有很多，其中，直接原因是规制不当，即价格规制的政策措施不科学，不仅不能弥补价格机制失灵而且会造成更严重的市场资源配置扭曲。从房地产价格调控来看，2008年以来的手段不可谓不严格，然而由于房地产价格调控目标多元化，政府容易陷入两难境地；调控环节不完善，房地产保有环节的调控政策缺失；调控政策缺乏独立性，往往成为宏观经济调控手段；调控政策缺乏严肃性，多以行政法规甚至临时通知的形式出台，法律法规少；调控政策缺乏连续性，政策波动较大，调控效果刚刚出现

便出台新的政策，又进入新一轮调控①，使得房地产价格进入了调控—上涨—再调控—再上涨的奇怪循环周期。但 2017 年以来，房地产价格调控目标独立，不再与宏观经济全部挂钩，调控效果明显好转。

间接原因是交易成本上升。在房地产价格调控中，机会成本对政府决策和行为的影响十分明显，主要表现为三个方面：一是房地产价格调控会直接影响地方政府财政收入，在财政分灶吃饭的情况下，房地产能够带来较为稳定和充足的土地出让金和税收收入，对于承担了较多事权的市县级政府具有极大的吸引力。二是房地产价格调控会影响地方经济发展，一方面，房地产具有极强的带动力，涉及钢铁、建材、化工、机械、银行、有色金属、工程承包等 60 多个产业；另一方面，房地产行业具有极大的就业容量，对于经济欠发达地区而言，房地产提供了极大的就业市场，特别是吸纳了大量的农民工。三是房地产调控可能会带来社会稳定问题。近年来多次发生地方政府通过约谈等方式制止房地产开发商降低房价的问题，客观来讲，地方政府的行为并不是完全是出于经济利益，很多时候是考虑到降价可能带来较大的负面的社会效应，造成社会不稳定。可以说，房地产价格水平规制成本是非常高昂的，特别是机会成本更是不明朗。

根本原因是政府有限理性。对竞争性商品价格进行规制，还基于对政府理性的信任，即集体理性能够有效弥补个体理性的不足。然而，集体理性也是十分有限的，一方面，个体理性的有限性决定了集体理性的有限性，实践证明，在市场经济中个体理性反而优于集体理性；另一方面，组成政府的个人和部门都是一个个独立的理性主体，即都在寻求自我利益的最大化。根据奥尔森的"集体行动的逻辑"，竞争性商品价格规制涉及部门越多，彼此之间越难以达成同一个目标，即便在集体目标既定时，也难以采取同样的行动以确保其共同目标的实现。实践中，由于权利和责任不同，官员个人和政府部门甚至可能通过损害集体利益和集体目标保护自己的利益。

9 研究结论与对策建议

---

① 李云峰，李建建. 近十年我国房地产宏观调控政策的回顾与思考［J］. 经济纵横，2013（10）：86-89.

6.3 对策建议

在法经济学发展大势的推动下，西方国家自 20 世纪 70 年代就开始将成本—收益分析作为立法影响分析的重要方法[①]。我国直到 2004 年才首次明确要求积极探索针对政府立法项目尤其是经济立法项目的成本—收益分析制度。政府立法不仅要考虑立法过程成本，还要研究其实施后的执法成本和社会成本[②]。但 2015 年修订《中华人民共和国立法法》时并没有将成本—收益分析作为提高立法质量的重要方法。实践中，虽然要求在制定法规和规范性文件过程中必须进行专家论证、风险评估、公平竞争审查等，但没有提出必须进行成本—收益分析。为此，席涛等学者纷纷呼吁采取成本—收益分析这一被国际普遍采用的立法影响分析方法。[③]

本书认为法经济学的视角为竞争性商品价格规制提供了新的可资借鉴的视角和方法，可以有效降低政府行为的感性和道德色彩，使之受到理性的更多约束。根据这一结论，笔者认为，要改变降低价格规制成本不明显、降低价格机制运行成本不明显或社会福利增加不明显等现有竞争性商品价格规制存在的问题，必须继续坚持法经济学主张的成本—收益分析框架，瞄准降低价格机制运行成本、降低竞争性商品价格规制成本、增加社会福利三大目标，以提升决策效率、执行效率、监督效率以及降低机会成本的不确定性为重点，加速完善现有竞争性商品价格规制政策措施。

6.3.1 关于提升价格规制决策效率的对策建议

所谓决策效率，一方面指快速的决策速度，另一方面指准确的方案选择，而这两者的前提都是掌握充分而准确的市场信息。因此，要提高竞争性商品价格规制决策效率应做好以下几点。

---

① 汪全胜. 我国立法成本效益分析制度构建的困境及出路 [J]. 安徽师范大学学报（人文社会科学版），2014（4）：451-457.
② 2004 年《全面推进依法行政实施纲要》第 17 条。
③ 席涛. 立法成本效益分析制度填补我国立法空白 [EB/OL]. http://cle.cupl.edu.cn/info/1007/1051.htm.

建立健全价格法律法规。充分认识与时俱进地完善价格法律法规对于竞争性商品价格规制的决策、执行、监督等具有重要意义。对于决策而言，完善的法律法规使得决策有法可依、有迹可循，可以极大地提升决策效率。一是根据我国市场经济活动的现实，特别是科学技术带来的经营模式的变迁，与时俱进地完善相关法律法规。二是针对我国深度融入世界经济的现实以及WTO等规则，积极推动国内价格法律法规与国际价格管理惯例接轨。三是着力完善经营者价格行为规制的法律体系，进一步细化相关法律，提升法律的针对性、操作性和有效性。四是进一步完善重点商品和服务价格规制的法律法规，突出抓好粮食、农副产品、药品以及物业管理等与群众生活密切相关的竞争性商品和服务的定价、标价、议价、履行价格承诺等规范，做好医疗等特定的行业和领域的价格行为规范。

加强价格信息跟踪监测。与单个的市场参与者相比，政府的优势之一在于其强大的市场信息获取能力，现有的价格信息监测体系已经较为完整，提升信息能力可以进一步做好以下几个方面：一是推动价格监测法制化。目前《中华人民共和国价格法》关于价格信息监测的规定并不明确，价格信息仅仅依靠价格主管部门调查监测难度较大。有必要就价格监测作出专门规定，明确相关主体责任，确保价格信息统计的真实、规范、及时、充分。二是进一步完善竞争性商品价格监测预警系统，重点抓好基本生活必需品和服务价格、对经济影响较大商品价格、价格弹性明显的重要商品等商品价格的监测，并建立系统的预警制度，做好价格应急预案。三是稳步扩大价格监测范围，一方面是要因时制宜地扩大价格监测的对象，特别是做好对于区域具有特殊意义商品价格的监测，另一方面要扩大空间范围，即将更多的区域纳入价格监测范围。

着力提升信息研判能力。决策是一种主观行为，是人的意志对客观世界的研判的行为，因而提升决策主体的能力十分重要。一是提升价格规制决策者的素质，进一步加强价格管理队伍建设，着力提升物价干部特别是基层物价干部的理论修养、业务能力和决策能力。二是着力完善价格调研制度，大兴调研之风，真正做到理论联系实际，将决策建立在坚实的市场实践之上，坚决反对主观主义。三是完善价格决策程序，坚持科学决策、民主决策、依法决策，加强价格决策的可行性论证，尽量减少个人经验对价格决策的影响。

四是充分运用好现代科学决策技术，依托信息技术和统计技术，切实提升价格决策的科学性、精确性、严密性和可行性。

6.3.2　关于提升价格规制执行效率的对策建议

竞争性商品价格规制执行效率一方面是指以最小的成本实现规制目标，另一方面是指尽量减少确保规制机构运行的成本。要改进价格规制执行效率，必须从这两个方面着手。

增强价格管理部门权限。总体来看，我国价格规制的难度要比工商管理、技术监督等难度大得多，价格行政执法更容易受到干扰，除了加强组织领导、充实职能、加强人员配置外，还应该特别针对不正当价格行为规制存在的调查难、取证难、处罚难的困境，直接赋予价格规制主体相应的权力：处罚权，赋予规制主体直接处罚不正当价格行为的直接责任人和管理人员的权限；建立直接罚没不正当价格行为款项的权力；赋予价格管理机构变卖扣押商品抵缴罚没款的权力，切实增加规制效率。

降低部门协同成本。进一步完善政府部门之间的协调机制，确保物价、土地、税收、金融、司法、市场监管等部门能够统一行动，提高价格规制执行效率，降低执行成本。其中，最重要的是统一价格执法权限，要根据《中华人民共和国价格法》和《价格违法行为处罚规定》统一不正当价格行为检查执法权限，避免政出多门、互相掣肘，提高执法效率。同时，建立管理权、监督权、司法权相互独立的决策、执行和监督体制，确保价格违法行为处罚依法进行、有效进行。进一步提高各部门价格行为的透明度，使参与价格规制的各部门能够及时掌握彼此的动机、目的和措施，更好地做好配合，降低部门之间的沟通成本，提升行动效率。

科学选择价格规制手段。根据价格行为规制和价格水平规制的要求不同，以及不同商品的不同属性、不同情境下的特殊需求，合理选择价格规制的方式方法，正确使用经济、法律和行政手段。总体来看，竞争性商品价格规制不存在哪种手段最好的问题，但在不同的情况下有些手段更为合适：在竞争性商品价格行为规制过程中，尽量以法律手段为主，行政手段为辅；而在竞争性商品价格水平规制过程中，尽量以经济手段为主，而以法律手段、行政手段为辅。但无论是价格行为规制还是价格水平规制，都应该慎用行政手段，避免滥用行政自由裁量权。

提升价格规制投入效率。此举就是尽量用有限的资源投入，取得更好的价格规制效果。2014年国家开始在东北实施大豆目标价格补贴后，财政部驻吉林省专员就发现补贴发放方式存在一些问题，补贴对象零散，补贴资金较小，工作环节烦琐、工作量大，极大地增加了行政成本，降低了政策效率①。要提升竞争性商品价格规制效率，必须认真评估各种方式的影响和效率，选择最优的方式，提升资源投入产出效率。

6.3.3　关于提升价格规制监督效率的对策建议

在竞争性商品价格规制中，监督包括三层意思：一是指政府部门对市场参与者行为执行价格规制情况的监督；二是指政府价格主管部门对其他部门执行价格规制情况的监督；三是监督因政府部门和市场参与者不当行为造成的经济、社会乃至政治损失。为了提升竞争性商品价格规制监督效率，建议相关部门进一步做好以下几点。

完善监管职能。把价格规制监督制度作为竞争性商品价格规制法律法规建设的重要内容，确保价格规制有力执行。价格主管部门按照全方位、整体性要求，真正意识到竞争性商品价格规制的合理性、必要性，既要抓好非竞争性商品价格的监管又要抓好竞争性商品价格规制，既要抓好城市价格监管也要做好农村价格监管。进一步健全价格举报制度，完善举报网络。进一步完善重点行业的抽查和定期报告制度，确保市场参与者能够全面执行价格规制各项规定。进一步建立价格应急管理制度，积极应对因价格问题引起的各类突发事件。进一步完善对重点监督对象的跟踪随访，认真做好整改情况的检查，确保各项政策落实到位。

创新对市场参与者的监管方式。不断提高对价格违法行为的识别能力、取证能力、定性能力和处理能力，增强对不正当价格行为的执法处罚力度。积极创新监管方式，提高价格监管的水平和效率。引导经营者建立健全内部价格管理制度。探索"柔性"监管方式，及时研判和发现可能出现的不正当

---

① 程继斌. 大豆目标价格补贴政策存在的问题及建议 [EB/OL]. http://www.mof.gov.cn/mofhome/jilin/lanmudaohang/caizhengjiancha/201606/t20160617_ 2329261.html.

价格行为，通过适当的方式进行干预，预防部门价格违法行为产生。协调企业掌握价格调整的合理时机，适当进行价格调整，避免较大的社会影响；加强宣传教育，引导市场参与者加强价格自律，维护市场秩序。充分发挥信用体系的约束功能，推动市场参与者主动加强自我价格自律，筑牢思想防线。

切实做好价格执法监督。加强市场参与者价格行为监督的同时，做好政府部门价格执法行为的监督，严格执法程序和标准，防止和制止执法行为"失范"。特别是要针对政府价格行为中存在的价格管理失控、"三乱"屡禁不止、地方保护主义严重、执法不严等问题①，加强价格执法队伍的法律教育；大力支持价格主管部门依法治价，严厉打击价格违法行为；切实加强法律监督和社会监督，确保价格管理部门不敢违法，维护经营者和消费者的合法权益。

做好价格规制影响评估。及时做好价格规制执行效果评估，避免因执法主体或市场参与者的不当行为造成负面影响。积极发展价格规制效果评估的技术和标准，及时对价格规制的效果做出判断，并据此修订相关的政策措施。价格规制评估既要重视事实层面的目标，即要关注各种投入和价格变动情况；也要关注价值层面的目标，即是否维护了政府的基本价值观，政策执行效果是否与价格规制的初衷吻合；既要关注预期影响，也要关注非预期影响，跳出被监控的商品和本区域或本部门审视价格规制影响，及时发现潜在的政策风险，避免产生较大的损失。

6.3.4 关于降低机会成本不确定性的对策建议

降低机会成本不确定的关键在于提供更充分的信息，让市场参与者能够对机会成本进行评估，从而为决策作出参考。重点要进一步做好以下几个方面的工作。

增强价格服务意识。一方面要进一步健全价格监测网络，及时掌握重点商品的价格波动情况，并就价格波动趋势进行综合分析和研判。完善成本调查制度，进一步完善重要商品市场的价格监测制度，主动运用市场信息引导价格形成，引导消费者明白消费。另一方面要及时向社会发布价格信息，除

---

① 李书田. 论政府价格行为规范问题［J］. 市场经济与价格，2012，（2）：8-12.

价格指数外，还应该发布重要商品和服务的价格与成本监测情况，为市场提供更多的供求信息，调节市场参与者的行为。对价格波动异常的情况，要根据市场情况以及政府价格规制目标，及时做好政策宣传，引导生产和消费行为。

完善信息强制披露制度。信息是一种稀缺资源，信息不完全与信息偏在是市场资源配置扭曲的直接原因之一。在交易中，拥有信息的多少决定了市场参与者的地位，因此，有些市场参与者故意隐瞒一些信息，误导对方，增加了谈判对手研判机会成本的难度。政府要进一步健全促使市场参与者主动披露信息的激励机制，即建立强制信息披露机制，确保市场参与者能够共享相关信息，避免交易活动中信息优势方以故意隐瞒、欺骗和传播虚假信息的手段损害信息弱势方的利益，减少经济活动中的机会主义。与此同时，政府也应该加强自身干涉经济的信息的披露，就是将政策制定过程和政策执行情况公开告知社会。

提高需求方的风险防范意识。虽然个体理性有限、专业知识有限和谈判技巧有限，但在有条件的情况下，还是应该尽可能地引导需求方提高风险防范意识，培养维权意识。当在交易活动中被不正当价格行为侵害后，鼓励受害人勇敢地捍卫自己的合法权益，尽可能地提高价格违法犯罪成本。

发挥舆论引导和监督作用。价格主管部门要发挥好舆论引导作用，充分利用好新闻媒体广泛宣传价格法规；另一方面要发挥新闻舆论的监督作用，通过公开曝光和社会讨论，对不法经营者形成强大的舆论压力，确保各项价格规制措施落实到位。

参考文献

主要中文参考文献

西蒙, 1989. 现代决策理论的基石 [M]. 杨砾, 徐立, 译. 北京: 北京经济学院出版社.

科斯, 1990. 企业市场与法律 [M]. 盛洪, 陈郁, 译. 上海: 上海三联书店: 105.

张维达, 1990. 价格改革的理论基础要坚持劳动价值论 [J]. 江西社会科学 (1): 5-10.

贾秀岩, 1990. 价格学原理 [M]. 天津: 南开大学出版社.

王天义, 1990. 马克思的价格理论及其现实意义 [J]. 河南大学学报 (社会科学版) (6): 7-12.

考特, 尤伦, 1991. 法和经济学 [M]. 张军, 译. 上海: 上海三联书店.

植草益, 1992. 微观规制经济学 [M]. 朱绍文, 胡欣欣, 等译. 北京: 中国发展出版社.

波斯纳, 1994. 法理学问题 [M]. 苏力, 译. 北京: 中国政法大学出版社.

范里安, 1994. 微观经济学: 现代观点 [M]. 费方域, 译. 上海: 上海三联书店, 上海人民出版社.

奥尔森, 1995. 集体行动的逻辑 [M]. 陈郁, 译. 上海: 上海三联书店, 上海人民出版社: 2.

李永宁，1995. 限价的性质与实施保障［J］. 理论导刊（7）：20-22.

斯蒂格勒，1996. 产业组织和政府规制［M］. 王永钦，薛峰，译. 上海：上海三联书店，上海人民出版社：210-212.

史东辉，1996. 市场经济国家对竞争性产业中企业价格行为的管制［J］. 外国经济与管理（7）：3-7.

张学鹏，1996. 政府干预价格在市场经济中的作用［J］. 价格与市场（5）：24-25.

理查德·波斯纳，1997. 法律的经济分析［M］. 蒋兆康，译. 北京：中国大百科全书出版社：26.

斯蒂格利茨，1998. 政府为什么干预经济［M］. 郑秉文，译. 北京：中国物资出版社.

林积昌，1998. 市场价格行为学［M］. 上海：上海三联书店：34，250.

马凯，1998. 中华人民共和国价格法释义［M］. 北京：经济科学出版社.

康芒斯，1999. 制度经济学［M］. 赵睿，译. 北京：华夏出版社.

博登海默，1999. 法理学：法律哲学与法律方法［M］. 邓正来，译. 北京：中国政法大学出版社：297.

麦乐怡，1999. 法与经济学［M］. 孙潮，译. 杭州：浙江人民出版社：2.

刘学敏，2000. 中国价格管理研究［M］. 北京：中国社会科学院出版社：82.

陈富良，2000. 我国经济转轨时期的政府规制［M］. 北京：中国财政经济出版社.

陈太福，2000. 从"理性经济人"到人的全面发展［J］. 改革与战略（2）：14.

王恒久，刘戒骄，2000. 竞争性商品的价格规制［J］. 中国工业经济（1）：68-71.

钱颖一，2000. 市场与法治［J］. 经济社会体制比较（3）：3-9.

刘戒骄，2000. 反垄断还是反竞争：评竞争性产业价格规制中的固定价格行为［J］. 福建论坛（经济社会版）（2）：9-13.

奥斯特罗姆，2000. 公共事务的治理之道［M］. 余逊达，陈旭东，译. 上海：上海三联书店：82.

刘戒骄，2001. 从工业品市场竞争的新现象看竞争性商品的政府管制 [J]. 社会科学 (1)：12-15.

薛耀文，李建权，武杰，2001. 对混合竞争性商品最低限价行为的研究 [J]. 生产力研究 (1)：13.

汪建坤，2001. 五种价格理论及其比较分析 [J]. 数量经济技术经济研究 (1)：91-93.

韦登鲍姆，2002. 全球市场中的企业与政府 [M]. 张兆安，译. 上海：上海三联书店：44.

张维迎，2002. 作为激励机制的法律 [M]. 北京：北京大学出版社.

高培勇，崔军，2002. 公共部门经济学 [M]. 北京：中国人民大学出版社：42-43.

魏建，2002. 理性选择理论与法经济学的发展 [J]. 中国社会科学 (1)：102.

刘定华，肖海军，2002. 宏观调控法律制度 [M]. 北京：人民法院出版社：437-438.

顾海兵，徐忠海，马燕敏，2002. 法国价格管理经验及其对我国的启示 [J]. 北京行政学院学报 (5)：38-40.

宁宣熙，刘思峰，2003. 管理预测与决策方法 [M]. 北京：科学出版社.

丁以升，张玉堂，2003. 法律经济学中的个人主义与主观主义：方法论视角的解读与反思 [J]. 法学研究 (6)：44.

于雷，2003. 市场规制法律问题研究 [M]. 北京：北京大学出版社.

郭宗杰，2003. 日本对不正当价格竞争行为的规制 [J]. 价格月刊 (6)：35-36.

德雷泽，2003. 宏观经济学中的政治经济学 [M]. 杜两省，译. 北京：经济科学出版社.

方敏，2003. 中国民航业价格管制的经济学思考：兼评中国民航总局的"禁折令" [J]. 价格理论与实践 (2)：43-45.

赵全新，2003. 德国的价格管理和价格调控 [J]. 价格月刊 (5)：1.

李书田，2004. 感慨瑞士：价格先生 [J]. 市场经济与价格 (7)：18-22.

斯密德. 2004. 制度与行为经济学 [M]. 刘璨，吴水荣，译. 北京：中国人民大学出版社.

沃尔夫，2004. 市场或政府 [M]. 谢旭，译. 北京：中国发展出版社.

张维迎，2004. 博弈论与信息经济学 [M]. 上海：上海三联出版社.

何俊志，2004. 新制度主义政治学的流派划分与分析走向 [J]. 国外社会科学（2）：8-15.

茅于轼，2004. 交易费用是生产价格的成本 [J]. 学术界（1）：5-7.

李发金，2005. 信息的不完全性与市场 [J]. 青海经济研究（3）：78.

姜榕兴，2004. 市场经济条件下中国价格管理研究 [D]. 福州：福建师范大学.

鲁宾斯坦，2005. 有限理性建模 [M]. 倪晓宁，译. 北京：中国人民大学出版社.

陈志广，2005. 反垄断法：交易费用的视角 [D]. 上海：复旦大学.

胡甲庆，2005. 反垄断的法律经济分析 [D]. 重庆：西南政法大学.

于英川，2005. 现代决策理论与实践 [M]. 北京：科学出版社.

张红凤，2005. 西方规制经济学的变迁 [M]. 北京：经济科学出版社.

蒋淑玲，2005. 价格管制的一般均衡分析 [J]. 财会研究（7）：70-72.

邓春玲，2005. "经济人"与"社会人" [J]. 山东经济（2）：7-8.

林立，2005. 波斯纳与法律经济分析 [M]. 上海：上海三联书店.

方霏，2005. 不确定情境下的理性决策 [J]. 山东经济（3）：9-15.

陈良，2006. 对相关决策成本有关问题的探讨 [J]. 中央财经大学学报（8）：93-96.

周春，蒋和胜，2006. 市场价格机制与生产要素价格研究 [M]. 成都：四川大学出版社.

简资修，2006. 经济推理与法律 [M]. 北京：北京大学出版社.

王志国，2006. 国民产品的价格模型方法 [M]. 北京：中国经济出版社.

刘宁，2006. 国食品安全社会规制的经济学分析 [J]. 工业技术经济（3）：132-134.

何立胜，杨志强，2006. 政府行为外部性与"诺斯悖论"的相关研究 [J]. 江汉论坛（1）：44.

孙鳌，陈雪梅，2006. 政府外部性的政治经济学 [J]. 学术论坛

（3）：84.

郭利，2006. 我国经济周期性循环中的价格总水平波动特征研究 ［J］. 经济研究信息（12）：10-18.

张正，2006. 价格行为概论 ［M］. 长沙：湖南教育出版社.

席涛，2006. 美国管制从命令—控制到成本—收益分析 ［M］. 北京：中国社会科学出版社.

冯玉军，2006. 中国法经济学应用研究 ［M］. 北京：法律出版社.

魏建，2006. 法经济学分析范式的演变及其方向瞻望 ［J］. 学术月刊（7）：76-81.

王双正，2007. 改革开放以来我国价格总水平运行与调控分析 ［J］. 经济研究参考（51）：9-19.

李稷文，2007. 中国证券市场政府管制研究 ［M］. 北京：经济科学出版社.

曲振涛，杨恺钧，2007. 法经济学教程 ［M］. 北京：高等教育出版社.

肖林，2007. 市场进入管制研究 ［M］. 北京：经济科学出版社,.

赵凤梅，李军，2008. 法经济学分析范式的历史性考察 ［J］. 山东大学学报（哲学社会科学版）（6）：80-85.

卫志民，2008. 政府干预的理论与政策选择 ［M］. 北京：北京大学出版社.

史际春，肖竹，2008. 论价格法 ［J］. 北京大学学报（哲学社会科学版）（6）：56-63.

唐家要，2008. 反垄断经济学理论政策 ［M］. 北京：中国社会科学出版社.

萨缪尔森，诺德豪斯，2008. 经济学 ［M］. 萧琛，译. 北京：人民邮电出版社.

王广起，2008. 公用事业的市场运营与政府规制 ［M］. 北京：中国社会科学出版社.

王云霞，2009. 改善中国规制治理的理论、经验和方法 ［M］. 北京：知识产权出版社.

吴东美，2009. 政府价格监管重构研究 ［D］. 北京：中国政法大学.

管斌，2010. 混沌与秩序：市场化政府经济行为的中国式建构 ［M］. 北京：北京大学出版社.

孙宝强，2010. 建设放开商品价格监管系统 ［J］. 市场经济与价格（5）：15-19.

卢现祥，刘大洪，2010. 法经济学 ［M］. 北京：北京大学出版社.

王文举，范合君，2010. 企业价格串谋识别的博弈分析及模拟 ［J］. 商业研究（5）：49-52.

王万山，伍世安，徐斌，2010. 中国市场规制体系改革的经济学研究 ［M］. 大连：东北财经大学出版社.

王耀忠，2010. 药品价格管制的经济分析：中国医药市场的成长之谜 ［M］. 上海：立信会计出版社.

维斯库斯，哈林顿，弗农，2010. 反垄断与管制经济学 ［M］. 陈甬军，覃福晓，译. 北京：中国人民大学出版社.

米德玛，2010. 科斯经济学：法与经济学和新制度经济学 ［M］. 罗君丽，译. 上海：格致出版社，上海三联书店，上海人民出版社.

弗里德曼著，2011. 价格理论 ［M］. 蔡继明，苏俊霞，译. 北京：华夏出版社.

袁庆明，2011. 新制度经济学 ［M］. 北京：中国发展出版社.

温桂芳，张群群，2011. 中国价格理论前沿 ［J］. 北京：社会科学文献出版社.

胡石清，乌家培，2011. 外部性的本质与分类 ［J］. 当代财经（10）：5-14.

王雅丽，毕乐强，2011. 公共规制经济学 ［M］. 北京：清华大学出版社.

郭薇，2011. 政府监管与行业自律：论行业协会在市场治理中的功能与实现条件 ［M］. 北京：中国社会科学出版.

吴雅杰，2011. 中国转型期市场失灵与政府干预 ［M］. 北京：知识产权出版社.

叶卫平，2012. 反垄断法价值问题研究 ［M］. 北京：北京大学出版社.

邹积亮，2012. 市场经济条件下的价格规制研究 ［M］. 北京：经济科学出版社.

史璐，2012. 价格管制理论与实践研究 ［M］. 北京：知识产权出版社.

参考文献

徐丽红, 2013. 价格宏观调控法律问题研究 [M]. 北京：中国科学文献出版社.

林积, 2013. 新加坡价格管理概述 [M]. 广州：广东人民出版社.

唐思文, 2013. 新价格论-两种经济学价格理论的统一 [M]. 北京：社会科学文献出版社.

席涛, 2013. 法律经济学：直面中国问题的法律与经济 [M]. 北京：中国政法大学出版社.

李云峰, 李建建, 2013. 近十年我国房地产宏观调控政策的回顾与思考 [J]. 经济纵横 (10)：86-89.

沙维尔, 2013. 法律经济分析的基础理论 [M]. 赵海怡, 史册, 宁静, 译. 北京：人民大学出版社.

威廉姆森, 2014. 反垄断经济学：兼并、协约和策略行为 [M]. 张群群, 黄涛, 译. 北京：商务印书馆.

梅黎明, 2014. 中国规制政策的影响评价制度研究 [M]. 北京：中国发展出版社.

汪全胜, 2014. 我国立法成本效益分析制度构建的困境及出路 [J]. 安徽师范大学学报（人文社会科学版）(4)：451-457.

曹国芳, 2014. 对放开商品价格如何加强监管的思考 [J]. 市场经济与价格 (10)：27-31.

霄雯, 李永安, 2014. 政府在稳定价格水平中的经验教训与职能定位：基于政府与市场关系的视角 [J]. 江西社会科学 (9)：55-59.

蹇洁, 袁恒, 陈华, 2014. 第三方网络交易平台与网店经营主体进化博弈与交易监管 [J]. 商业研究 (8)：142-149.

黄文平, 2014. 我国社会性规制的法经济学研究：基于冲突与纠纷解决的视角 [M]. 北京：经济科学出版社：51.

蒋潇君, 2014. 互联网企业滥用市场支配地位行为的反垄断法规制研究 [D]. 北京：对外经济与贸易大学.

殷霄雯, 李永安, 2014. 政府在稳定价格水平中的经验教训与职能定位：基于政府与市场关系的视角 [J]. 江西社会科学 (9)：55-59.

高锦涛, 蔡亲国, 2014. 日本价格监管制度及启示 [J]. 市场经济与价格

(9)：36-38.

舒拉发，格雷泽，2014. 价格理论及其应用 [M]. 李俊慧，周燕，译. 北京：机械工业出版社.

高锦涛，蔡亲国，2014. 日本价格监管制度及启示 [J]. 市场经济与价格 (9)：36-38.

法丽娜，2015. 当代中国利益矛盾的法经济学分析 [M]. 上海：上海社会科学出版社：89.

胡峰，曹荣光，2015. 我国自然垄断行业价格规制研究 [M]. 北京：中国经济出版社.

邹俊，徐传谌，2015. 价格垄断问题的行为经济学分析 [J]. 经济问题 (4)：23-28.

戈阅，2015 完善我国放开价格监管机制的研究 [J]. 价格月刊 (3)：19-22.

王威，2015. 沉没成本与机会成本决策相关性辨析 [J]. 财税研究 (13)：238-240.

刘婧颖，张顺明，2015. 不确定环境下行为决策理论述评 [J]. 系统工程 (2)：13-15.

高文进，高兴佑，2015. 自然资源价格理论与实践 [M]. 北京：光明出版社.

万江，2015. 中国反垄断法-理论、实践、与国际比较 [M]. 北京：中国发展出版社.

郭毓洁，张辉，2016. 中国竞争性行业产业规制问题新探 [J]. 社会科学战线 (6)：250-254.

王舒，2016. 价格欺诈的认定及法律规制 [J]. 湖北经济学院学报（人文社会科学版）(5)：96-98.

袁嘉，2016. 德国滥用相对优势地位行为规制研究：相对交易优势地位与相对市场优势地位的区分 [J]. 法治研究 (5)：124-131.

方振南，2016. 规范网络电商价格行为的政策研究 [J]. 商 (3)：94-98.

韩静静，2016. 机会主义行为对供应链企业间合作绩效的影响机制研究 [D]. 天津：天津理工大学.

陈奕熊，2016. 关于加强放开价格事中事后监管的几点思考 ［J］. 市场经济与价格（2）：21-23.

陈长石，2016. 政府激励与规制波动：机理、影响与治理 ［M］. 北京：中国社会科学出版社.

威廉姆森，2016. 治理机制 ［M］. 石烁，译. 北京：机械工业出版社.

徐建炜，邹静娴，毛捷，2017. 提高最低工资会拉升产品价格吗？ ［J］. 管理世界（12）：33-34.

鲍德温，凯夫，洛奇，2017. 牛津规制手册 ［M］. 宋华琳，等译. 上海：上海三联书店.

王俊豪，2017. 政府管制经济学导论 ［M］. 北京：商务印书馆：27-28.

斯科特，2018. 规制、治理与法律：前沿问题研究 ［M］. 安永康，宋华琳，译. 北京：清华大学出版社.

姜辉，许如宝，2018. 制度均衡及其有效性分析：基于制度供需理论的视角 ［J］. 经济论坛（10）：34-41.

赵儒煜，2018. 论传统市场理论价格机制的局限性 ［J］. 河南大学学报（社会科学版）（5）：51-66.

王波，2018. "政治理性人"的基本逻辑：政治学基本人性假设的新思路 ［J］. 海南大学学报（人文社会科学版）（1）：12-16

张慧，江民星，彭璧玉，2018. 经济政策不确定性与企业退出决策：理论与实证研究 ［J］. 财经研究（4）：116-129.

周开国，闫润宇，杨海生，2018. 供给侧结构性改革背景下企业的退出与进入：政府和市场的作用 ［J］. 经济研究（11）：81-98.

冯玉军，2018. 新编法经济学：原理·图解·案例 ［M］. 北京：法律出版社.

国家发展改革委价格司，2018. 中国价格改革的成就与经验（1978—2018年）［J］. 价格理论与实践（12）：17-21.

主要英文参考文献

Simpson F R, 1941. Price regulation and the public utility concept：The sunshine anthracite coal case ［J］. Journal of Land and Public Utility Economics,

17 (3): 378-379.

Baron D P, 1981. Price regulation, product quality, and asymmetric information [J]. American Economic Review (1): 212-220.

Baron D P, 1985. Regulation of prices and pollution under incomplete information [J]. Journal of Public Economics, 28 (2): 211-231.

Boyer K D, 1987. The costs of price regulation-lessons from railroad deregulation [J]. Rand Journal of Economics, 18 (3): 408-416.

Sibley D, 1989. A symmetric information, incentives and price-cap regulation [J]. Rand Journal of Economics. 20 (3): 392-404.

North D C, 1990. Institutions, institutional change and economic performance [M]. Cambridge: Cambridge University Press: 3-4.

Richard A, Posner, 1990. The problems of jurisprudence [M]. Mass.: Harvard University Press: 15.

Bradley I, 1993. Price-cap regulation and market definition [J]. Journal of Regulatory Economics, 5 (3): 337-347.

Nicholas M, Steven G, 1997. Medema, economics and law: From posner to post-modernism [M]. Princeton: Princeton University Press: 16.

Williamson O E, 1999. Public and private bureaucracies: A transaction cost economics perspective [J]. Journal of Law, Economics, and Organization, 15 (1): 306-342.

Fox J A, Hennessy D A, 1999. Cost-effective hazard control in food handling [J]. American Journal of Agricultural Economics, 81 (2): 359-372.

Wathne K H, Heide I B, 2000. Opportunism in solutions [J]. Journal of Marketing, 64 (4): 36-51.

Alexander E R, 2001. A transaction-cost theory of land use planning and development control: Towards the institutional analysis of public planning [J]. The Town Planning Review, 72 (1): 45-7 5.

Gans J S, 2001. Regulating private infrastructure investment: Optimal pricing for access to essential facilities [J]. Journal of Regulatory Economics, 20 (2): 167 -189.

参考文献

Sarasvathy, 2001. Causation and effectuation: Toward a theoretical shift from economic inevitability to entrepreneurial contingency [J]. Academy of Management Review, 26 (2): 243-263.

Ai C, Sappington D, 2002. The impact of state Incentive regulation on the us telecommunications industry [J]. Journal of Regulatory Economics, 22 (2): 133 -159.

Baake P, 2002. Price caps, rate of return constraints and universal service obligations [J]. Journal of Regulatory Economics, 21 (3): 289-304.

Newell R G, Pizer W A, 2003. Regulating stock externalities under uncertainty [J]. Journal of Environmental Economics and Management, 45 (2): 416-432.

Dobbs I M, 2004. Intertemporal price cap regulation under uncertainty [J]. Economic Journal, 114 (5): 421-440.

Lossa E, Stroffolini F, 2005. Price cap regulation, revenue sharing and information acquisition [J]. Information Economics and Policy, 17 (2): 217 -230.

Guthrie G, 2006. Regulating infrastructure: The on risk and investment [J]. Journal of Economic Literature, 44 (4): 925-972.

Knight F H, 2006. Risk, uncertainty and profit [M]. New York: Dover Publications Inc: 682-690.

Kyle M K, 2007. Pharmaceutical price controls and entry strategies [J]. Review of Economics and Statistics, 89 (1): 88-99.

Hans J K, Marko K, Guttorm S, 2009. On revenue and welfare dominance of ad valorem taxes in two-sided markets [J]. Economics Letters, 104 (4): 86-88.

Bardey D A, Bommier B, Jullien, 2010. Retail price regulation and innovation: Reference pricing in the pharmaceutical industry [J]. Journal of Health Economics, 29 (2): 303-316.

Das T K, Rahman N, 2010. Determinants of partner opportunism in strategic alliances: A conceptual framework [J] Journal of Business Psychology, 25 (1): 55-74.

竞争性商品价格规制研究

Casarin A A, 2014. Productivity throughout regulatory cycles in gas utilities [J]. Journal of Regulatory Economics, 45 (2): 115-137.

Wu J, 2014. Pharmaceutical pricing: An empirical study of market competition in chinese hospitals [J]. Pharmacoeconomics, 32 (3): 293-303.

· Sorek G, 2014. Price controls for medical innovations in a life cycle perspective [J]. Health

Okumura, Y, 2017. Asymmetric equilibria under price cap regulation [J]. Journal of Economics, 121 (2): 133-151.

Shi X P, Sun S Z, 2017. Energy price, regulatory price distortion and economic growth: A case study of china [J]. Energy Economics, 63: 261-271.

Basso L J, Figueroa N, Vasquez J, 2017. Monopoly regulation under asymmetric information: Prices versus quantities [J]. Rand Journal of Economics, 48 (3): 557-578.

Bernardo V, 2018. The effect of entry restrictions on price: Evidence from the retail gasoline Market [J]. Journal of Regulatory Economics (1): 75-99.

Bruggemann U, 2018. The twilight zone: OTC regulatory fegimes and market quality [J]. Review of Financial Studies, 31 (3): 898-942.

Fan J T, Tang L X, Zhu W M, 2018. The alibaba effect: Spatial consumption inequality and the welfare gains from e-commerce [J]. Journal of International Economics, 114: 203-220.

Esteves R B, Resende J, 2019. Personalized pricing and advertising: who are the winners? [J]. International Journal of Industrial Organization, 63 (3): 239-282.

后 记

　　生活中几乎任何一件物品都标有价格，物价关系到老百姓的"钱袋子"，物价的稳定是保持经济持续健康发展、化解社会矛盾以及深化改革顺利进行的重要基础和关键体现。

　　目前，我国97%以上的商品和服务都采取市场自主定价的方式，但市场自主定价并不是随意定价，也没有削弱政府的调控和管理，反而对政府的价格规制提出了更高的要求。近年来，价格违法行为屡禁不止，而且有愈演愈烈的趋势。这说明政府的价格规制是非常有必要的，也从侧面反映了当前的价格规制在一定程度上缺乏效率。

　　自从攻读法经济学专业博士学位以来，我主要的研究兴趣和关注点都在价格规制上，尤其是竞争性商品的价格规制。当前学术界对价格规制的研究主要集中在自然垄断领域和公用事业领域，竞争性领域的价格规制没有得到同样的重视。竞争性商品价格规制是《中华人民共和国价格法》的重点内容，也是政府保证价格机制正常发挥作用的关键。因此，我的博士学位论文主要围绕竞争性商品价格规制进行研究。

　　在研究过程中，经济形势发生了很大变化，新经济、新业态、新模式不断涌现，尤其是平台经济的崛起改变了传统经济活动的时空特征，也极大地改变了经营者的结构和价格行为，对政府价格规制带来了一些新挑战。因此，我的研究主要分为两个阶段，研究内容也分为两大部分，一方面从法经济学角度对竞争性商品价格规制进行分析，着重从整体上进行一般意义的定性研究；另一方面研究平台经济背景下竞争性商品价格行为规制，侧重于实证分析。本书即是第一阶段第一部分的研究成果。

感谢我的导师李天德教授在选题、开题、修改等阶段给予我的耐心指导和专业意见。感谢在写作过程中帮助我的同事和同学们，科研途中一路同行、互相扶持，感恩遇见！

感谢我的父母，耄耋之年仍发光发热，对我一如既往地包容和慈爱。感谢我的女儿，她聪明、可爱又省心，是我生活的甜味剂和力量的源泉。最后，感谢我的先生对我工作、学习及生活的全力支持和无私奉献！谨以此书献给他们！

陈红霞

2021 年 9 月 9 日于锦城湖畔